"中国村庄发展：浙江样本研究"丛书

主编　陈野

文化为基

衢州清漾村发展研究

CULTURE
AS CORNERSTONE
DEVELOPMENT STUDY
OF
QINGYANG VILLAGE,
QUZHOU

卢福营等◎著

ZHEJIANG UNIVERSITY PRESS
浙江大学出版社

图书在版编目（CIP）数据

文化为基：衢州清漾村发展研究 / 卢福营等著. —
杭州：浙江大学出版社，2021.11
　　（"中国村庄发展：浙江样本研究"丛书 / 陈野主编）
　　ISBN 978-7-308-21330-1

　　Ⅰ．①文… Ⅱ．①卢… Ⅲ．①农村经济发展－研究－
衢州 Ⅳ．①F327.555

中国版本图书馆CIP数据核字（2021）第081244号

文化为基：衢州清漾村发展研究

卢福营　等著

丛书策划	陈丽霞　宋旭华　赵　静
丛书统筹	赵　静　王荣鑫
责任编辑	吴　超
责任校对	吴　庆
装帧设计	林智广告
出版发行	浙江大学出版社
	（杭州市天目山路148号　　邮政编码　310007）
	（网址：http://www.zjupress.com）
排　　版	杭州林智广告有限公司
印　　刷	浙江省邮电印刷股份有限公司
开　　本	710mm×1000mm　1/16
印　　张	20.75
插　　页	4
字　　数	366千
版 印 次	2021年11月第1版　2021年11月第1次印刷
书　　号	ISBN 978-7-308-21330-1
定　　价	88.00元

浙江省文化研究工程指导委员会

"中国村庄发展：浙江样本研究"项目组研究人员名单

"中国村庄发展：浙江样本研究"丛书

丛 书 主 编　陈　野

首 席 专 家　闻海燕　顾益康

"文化为基：衢州清漾村发展研究"课题组简介

课题组组长　卢福营

课题组成员　张小玲　曾智洪　何　花　朱　瑾　郑高花　张　阳

　　　　　　　占建青　安亚琴　熊　兢　王子豪　丁沙沙　鲁晨阳

　　　　　　　苏梦博　叶君红　韩丹华　肖羽翊

清漾村鸟瞰图（沈天法摄）

村口（沈天法摄）

村景（沈天法摄）

石碑（课题组摄）

清漾毛氏族谱（课题组摄）

毛氏祭祖大典 （沈天法摄）

清漾毛氏祖祠 (沈天法摄)

村居环境（卢福营摄）

清漾塔（沈天法摄）

美丽新村民居（周中原摄）

古民居（沈天法摄）

浙江文化研究工程成果文库总序

习近平

    有人将文化比作一条来自老祖宗而又流向未来的河,这是说文化的传统,通过纵向传承和横向传递,生生不息地影响和引领着人们的生存与发展;有人说文化是人类的思想、智慧、信仰、情感和生活的载体、方式和方法,这是将文化作为人们代代相传的生活方式的整体。我们说,文化为群体生活提供规范、方式与环境,文化通过传承为社会进步发挥基础作用,文化会促进或制约经济乃至整个社会的发展。文化的力量,已经深深熔铸在民族的生命力、创造力和凝聚力之中。

    在人类文化演化的进程中,各种文化都在其内部生成众多的元素、层次与类型,由此决定了文化的多样性与复杂性。

    中国文化的博大精深,来源于其内部生成的多姿多彩;中国文化的历久弥新,取决于其变迁过程中各种元素、层次、类型在内容和结构上通过碰撞、解构、融合而产生的革故鼎新的强大动力。

    中国土地广袤、疆域辽阔,不同区域间因自然环境、经济环境、社会环境等诸多方面的差异,建构了不同的区域文化。区域文化如同百川归海,共同汇聚成中国文化的大传统,这种大传统如同春风化雨,渗透于各种区域文化之中。在这个过程中,区域文化如同清溪山泉潺潺不息,在中国文化的共同价值取向下,以自己的独特个性支撑着、引领着本地经济社会的发展。

    从区域文化入手,对一地文化的历史与现状展开全面、系统、扎实、有序的研究,一方面可以藉此梳理和弘扬当地的历史传统和文化资源,繁荣和丰富当代的先进文化建设活动,规划和指导未来的文化发展蓝图,增强文化软实力,为全面建设小康社会、加快推进社会主义现代化提供思想保证、精神动力、智力支持和舆论力量;另一方面,这也是深入了解中国文化、研究中国文化、发展中国文化、创新中国文化的重要途径之一。如今,区域文化研究日益受到各地重视,成为我国文化研究走向深入的一个重要标志。我们今天实施浙江文化研究工程，其目的和意义也在于此。

千百年来，浙江人民积淀和传承了一个底蕴深厚的文化传统。这种文化传统的独特性，正在于它令人惊叹的富于创造力的智慧和力量。

浙江文化中富于创造力的基因，早早地出现在其历史的源头。在浙江新石器时代最为著名的跨湖桥、河姆渡、马家浜和良渚的考古文化中，浙江先民们都以不同凡响的作为，在中华民族的文明之源留下了创造和进步的印记。

浙江人民在与时俱进的历史轨迹上一路走来，秉承富于创造力的文化传统，这深深地融汇在一代代浙江人民的血液中，体现在浙江人民的行为上，也在浙江历史上众多杰出人物身上得到充分展示。从大禹的因势利导、敬业治水，到勾践的卧薪尝胆、励精图治；从钱氏的保境安民、纳土归宋，到胡则的为官一任、造福一方；从岳飞、于谦的精忠报国、清白一生，到方孝孺、张苍水的刚正不阿、以身殉国；从沈括的博学多识、精研深究，到竺可桢的科学救国、求是一生；无论是陈亮、叶适的经世致用，还是黄宗羲的工商皆本；无论是王充、王阳明的批判、自觉，还是龚自珍、蔡元培的开明、开放，等等，都展示了浙江深厚的文化底蕴，凝聚了浙江人民求真务实的创造精神。

代代相传的文化创造的作为和精神，从观念、态度、行为方式和价值取向上，孕育、形成和发展了渊源有自的浙江地域文化传统和与时俱进的浙江文化精神，她滋育着浙江的生命力、催生着浙江的凝聚力、激发着浙江的创造力、培植着浙江的竞争力，激励着浙江人民永不自满、永不停息，在各个不同的历史时期不断地超越自我、创业奋进。

悠久深厚、意韵丰富的浙江文化传统，是历史赐予我们的宝贵财富，也是我们开拓未来的丰富资源和不竭动力。党的十六大以来推进浙江新发展的实践，使我们越来越深刻地认识到，与国家实施改革开放大政方针相伴随的浙江经济社会持续快速健康发展的深层原因，就在于浙江深厚的文化底蕴和文化传统与当今时代精神的有机结合，就在于发展先进生产力与发展先进文化的有机结合。今后一个时期浙江能否在全面建设小康社会、加快社会主义现代化建设进程中继续走在前列，很大程度上取决于我们对文化力量的深刻认识、对发展先进文化的高度自觉和对加快建设文化大省的工作力度。我们应该看到，文化的力量最终可以转化为物质的力量，文化的软实力最终可以转化为经济的硬实力。文化要素是综合竞争力的核心要素，文化资源是经济社会发展的重要资源，文化素质是领导者和劳动者的首要素质。因此，研究浙江文化的历史与现状，增强文化软实力，为浙江的现代化建设服务，是浙江人民的共同事业，也是浙江各级党委、政府的重要使命和责任。

2005年7月召开的中共浙江省委十一届八次全会，作出《关于加快建设文化大省的决定》，提出要从增强先进文化凝聚力、解放和发展生产力、增强社会公共服务能力入手，大力实施文明素质工程、文化精品工程、文化研究工程、文化保护工程、文化产业促进工程、文化阵地工程、文化传播工程、文化人才工程等"八项工程"，实施科教兴国和人才强国战略，加快建设教育、科技、卫生、体育等"四个强省"。作为文化建设"八项工程"之一的文化研究工程，其任务就是系统研究浙江文化的历史成就和当代发展，深入挖掘浙江文化底蕴、研究浙江现象、总结浙江经验、指导浙江未来的发展。

浙江文化研究工程将重点研究"今、古、人、文"四个方面，即围绕浙江当代发展问题研究、浙江历史文化专题研究、浙江名人研究、浙江历史文献整理四大板块，开展系统研究，出版系列丛书。在研究内容上，深入挖掘浙江文化底蕴，系统梳理和分析浙江历史文化的内部结构、变化规律和地域特色，坚持和发展浙江精神；研究浙江文化与其他地域文化的异同，厘清浙江文化在中国文化中的地位和相互影响的关系；围绕浙江生动的当代实践，深入解读浙江现象，总结浙江经验，指导浙江发展。在研究力量上，通过课题组织、出版资助、重点研究基地建设、加强省内外大院名校合作、整合各地各部门力量等途径，形成上下联动、学界互动的整体合力。在成果运用上，注重研究成果的学术价值和应用价值，充分发挥其认识世界、传承文明、创新理论、咨政育人、服务社会的重要作用。

4

我们希望通过实施浙江文化研究工程，努力用浙江历史教育浙江人民、用浙江文化熏陶浙江人民、用浙江精神鼓舞浙江人民、用浙江经验引领浙江人民，进一步激发浙江人民的无穷智慧和伟大创造能力，推动浙江实现又快又好发展。

今天，我们踏着来自历史的河流，受着一方百姓的期许，理应负起使命，至诚奉献，让我们的文化绵延不绝，让我们的创造生生不息。

2006 年 5 月 30 日于杭州

浙江文化研究工程成果文库序言

袁家军

　　浙江是中华文明的发祥地之一，历史悠久、人文荟萃，素称"文物之邦""人文渊薮"，从河姆渡的陶灶炊烟到良渚的文明星火，从吴越争霸的千古传奇到宋韵文化的风雅气度，从革命红船的扬帆起航到新中国成立初期的筚路蓝缕，从改革开放的敢为人先到新时代的变革创新，都留下了弥足珍贵的历史文化财富。纵览浙江发展的历史，文化是软实力、也是硬实力，是支撑力、也是变革力，为浙江干在实处、走在前列、勇立潮头提供了独特的精神激励和智力支持。

　　2003 年，习近平同志在浙江工作时作出"八八战略"重大决策部署，明确提出要进一步发挥浙江的人文优势，积极推进科教兴省、人才强省，加快建设文化大省。2005 年 7 月，习近平同志主持召开省委十一届八次全会，亲自擘画加快建设文化大省的宏伟蓝图。在习近平同志的亲自谋划、亲自布局下，浙江形成了文化建设"3+8+4"的总体框架思路，即全面把握增强先进文化的凝聚力、解放和发展文化生产力、提高社会公共服务力等"三个着力点"，启动实施文明素质工程、文化精品工程、文化研究工程、文化保护工程、文化产业促进工程、文化阵地工程、文化传播工程、文化人才工程等"八项工程"，加快建设教育、科技、卫生、体育等"四个强省"，构建起浙江文化建设的"四梁八柱"。这些年来，我们按照习近平同志当年作出的战略部署，坚持一张蓝图绘到底、一任接着一任干，不断推进以文铸魂、以文育德、以文图强、以文传道、以文兴业、以文惠民、以文塑韵，走出了一条具有中国特色、时代特征、浙江特点的文化发展之路。

　　文化研究工程是浙江文化建设最具标志性的成果之一。随着第一期和第二期文化研究工程的成功实施，产生了一批重点研究项目和重大研究成果，培育了一批具有浙江特色和全国影响的优势学科，打造了一批高水平的学术团队和在全国有影响力的学术名师、学科骨干。2015 年结束的第一批浙江文化研究工程共立研究项目 811 项，出版学术著作千余部。2017年3月启动的第二期浙江文化研究工程，已开展了52个系列研究，立重大课题65项、重点课题284项，出版学术著作1000多部。特别是形成了《宋画全集》等中国历代绘画大系、《共和国命运的抉择与思考——毛泽东在浙江的785个日日夜夜》等领袖与浙江研究系列、《红船逐浪：浙江"站起来"的革命历程与精神传承》等"浙100年"研究系列、《浙江通史》《南宋史研究丛书》等浙江历史专题史研究系列、《良渚文化研究丛书》等浙江史前文化研究系列、《儒学正脉——王守仁传》等浙江历史名人研究系列、《吕祖谦全集》等浙江文献集成系列。可以说，浙江文化研究工程，赓续了浙江悠久深厚的文化血脉，挖掘了浙江深层次的文化基因，提升了浙江的文化软实力，彰显了浙江在海内外的学术影响力，为浙江当代发展提供了坚实的理论支撑和智力支持，为坚定文化自信提供了浙江素材。

当前，浙江已经踏上了实现第二个百年奋斗目标的新征程，正在奋力打造"重要窗口"，争创社会主义现代化先行省，高质量发展建设共同富裕示范区。文化工作在浙江高质量发展建设共同富裕示范区中具有决定性作用，是关键变量；展现共同富裕美好社会的图景，文化是最富魅力、最吸引人、最具辨识度的标识。我们要发挥文化铸魂塑形赋能功能，为高质量发展建设共同富裕示范区注入强大文化力量，特别是要坚持把深化文化研究工程作为打造新时代文化高地的重要抓手，努力使其成为研究阐释习近平新时代中国特色社会主义思想的重要阵地、传承创新浙江优秀传统文化革命文化社会主义先进文化的重要平台、构建中国特色哲学社会科学的重要载体、推广展示浙江文化独特魅力的重要窗口。

新时代浙江文化研究工程将延续"今、古、人、文"主题，重点突出当代发展研究、历史文化研究、"新时代浙学"建构，努力把浙江的历史与未来贯通起来，使浙学品牌更加彰显、浙江文化形象更加鲜明、中国特色哲学社会科学的浙江元素更加丰富。新时代浙江文化研究工程将坚守"红色根脉"，更加注重深入挖掘浙江红色资源，持续深化"习近平新时代中国特色社会主义思想在浙江的探索与实践"课题研究，努力让浙江成为践行创新理论的标杆之地、传播中华文明的思想之窗；擦亮以宋韵文化为代表的浙江历史文化金名片,从思想、制度、经济、社会、百姓生活、文学艺术、建筑、宗教等方面全方位立体化系统性研究阐述宋韵文化,努力让千年宋韵更好地在新时代"流动"起来、"传承"下去;科学解读浙江历史文化的丰富内涵和时代价值,更加注重学术成果的创造性转化,探索拓展浙学成果推广与普及的机制、形式、载体、平台,努力让浙学成果成为有世界影响的东方思想标识;充分动员省内外高水平专家学者参与工程研究,坚持以项目引育高端社科人才,努力打造一支走在全国前列的哲学社会科学领军人才队伍;系统推进文化研究数智创新,努力提升社科研究的科学化水平,提供更多高质量文化成果供给。

伟大的时代,需要伟大作品、伟大精神、伟大力量。期待新时代浙江文化研究工程有更多的优秀成果问世,以浙江文化之窗更好地展现中华文化的生命力、影响力、凝聚力、创造力,为忠实践行"八八战略"、奋力打造"重要窗口",争创社会主义现代化先行省,高质量发展建设共同富裕示范区,提供强大思想保证、舆论支持、精神动力和文化条件。

丛书序言

中国乡村曲折艰难的现代化进程，步履艰难而又波澜壮阔。其意蕴之丰沛，与中国生活、中国社会和中国文化深切相连。回溯中国乡村自 1840 年中国社会开启现代转型以来走过的兴衰起伏之命运轨迹，可谓千回百转、曲折萦纡。数辈乡民身居不同时代，应对多重挑战，以吃苦耐劳、隐忍柔韧、顽强进取的品格精神，维系了村庄命脉和厚重历史。

一

当代乡村发展，承历史之重，开乡村现代化之时代新局。改革开放以来，浙江乡村变化巨大，以其走在前列的先行先试，开乡村发展的时代新局，呈现了发展中国家走向现代化的轨迹，为中国乡村的现代化发展提供了分析参照的样本。有鉴于此，本套丛书以"中国村庄发展：浙江样本研究"为主题，着力于从以下方面开展研究，并取得相应成果。

改革开放 40 多年，特别是自 2003 年习近平同志在浙江工作后，作为习近平新时代中国特色社会主义思想的重要萌发地，浙江乡村发展迈入新阶段，呈现城乡融合、"五位一体"全面发展的新态势。习近平同志以以人为本、执政为民的治理理念和统揽全局的思维方式，对浙江乡村发展全面布局，实施"千村示范，万村整治"等重点工程，从推动产业新发展、建设新社区、培育新农民、树立新风尚、构建新体制等维度全面推进乡村发展。习近平同志有关乡村发展的理性思考、创造性实践和历史性成果，是我们选择浙江村庄作为中国村庄发展样本加以研究的重要遵循和行动指南。

村庄是最基层的社会单位之一，是最为鲜活丰沛的日常生活之地，是中华历史文化传统的重要根基，是我国全面建成小康社会、开启全面建设社会主义现代化国家新征程的重要建设领域。然而，由古至今，村庄也是最缺乏历史记载和文献档案系统、最难听到它本真的话语呼声、最难触摸到它脉动的心灵、最难见到它在历史进程中完整形影的场所。本丛书旨在以长时段的历史研究视野，观察、记录和研析作为基层生活共同体的中国村庄，在面对社会转型期的急剧巨变时，如何通过调整、舍弃、更新、吸纳共同体内在结构和要素的策略，重建与生活、与生产、与社会、与时代均相契合的新型乡村社会生活的规则和秩序，以此维系村庄生存，推动村庄发展，提升村庄品质。同时，亦拟以翔实细致的个案性剖析，探求乡村传统建构的实际场景和内在机制。故此，在各专著框架中，特设"史地篇"，追寻村庄过往在其当下时段中的历史投射，记述村庄的整体性历史进程，定位其当今发展在乡村文明进程中的历史坐标，为观察、研究村庄建立长程的历史背景；特设"访谈篇"，以大量的村民口述访谈和全面系统的乡村档案收集整理，为一直以来缺乏史料积淀的村庄建立由文献、田野调查和口述访谈为架构的资料系统，记下了村民传承、维系、建设、发展村庄的种种心声；尤其重视以经济、政治、治理、文化、生态等各篇组合的整体性研究，通过深度驻村调研、深层次介入村庄内部生产生活环境，为不同类型村庄在当代社会变革时期所做的探索与发展，建立起完整的事实记录和分析样本，在浩瀚苍茫的历史时空中留下了我们这个时代的乡村社会发展印记，见证了乡村传统建构中的众多真实过程。

乡村研究是社会学、历史学、政治学、文化学等学科的重要领域，村庄个案研究、专题研究、历史断代研究、现实问题研究等成果丰硕。本套丛书以11个村庄为研究对象，以各个村的纵向历史发展特别是改革开放40多年来的乡村发展基本轨迹为历史纵轴，以独具浙江特色的村庄经济、政治、文化、社会、治理、生态等为记述研究主体，从不同角度记述浙江乡村发展轨迹，并从中提炼具有普遍意义的发展路径、特征和价值，为相关学科深化乡村研究提供了丰富个案和鲜明的地方资源。

乡村发展在我国改革开放史中具有众多首创之功和重要的历史地位，目前乡村振兴背景下来自各级党委、各级政府、社会各界和广大村民等的积极作为，是当代中国历史进程的重要组成部分。本套丛书各部专著所述浙江村庄历史和改革开放40多年来的乡村建设历程、发展成就和价值意义，以来自乡村一线这种最为社会基层的真实场景、鲜活实践和全方位的研究阐释，极大地丰富了浙江以至中国当代发展研究的内涵，为党史、新中国史、改革开放史、社会主义发展史的研究，输送了来自乡村大地的源头活水，增强了研究的内在活力。

本套丛书积极探索学术研究对接当下社会需求的内在理路，将来自改革前沿的现实问题研究与学术研究紧密结合，在全面系统记述乡村历史、开展理论研究的同时，直面乡村建设发展中的困境、不足和问题，走进当代社会实践，走向乡村基层，走进乡民群体，在与政府、乡村和农民的互动中开展现实问题专题研究，发挥学术研究参与现实社会建设的作用和价值，以理性分析、务实举措从村庄发展现实问题中提炼可供下一步乡村振兴所需的理论资源和对策建议，撰写多个智库报告，得到省委省政府领导多项肯定性批示，实现了学术研究中问题意识、现实关切和人文关怀的有机关联，提升了人文社科研究在基层社会的知晓度和影响力。

二

自项目正式实施以来，项目组科研人员深入全省相关市县宣传、文化、旅游、建设、农办等政府部门和百余个村庄开展深入调研。从东部海岛到西部田园，从浙南山区到浙北平原，课题组成员顶着烈日酷暑、冒着风雨严寒，克服诸多困难，走进田间地头，结交农民朋友，深入农户开展深度访谈，全方位多视角实地考察村庄发展实况。5年来深入乡村的实践探索和项目研究，让我们收获良多，也给我们带来很多启示。

在本套丛书研究和撰写过程中，乡镇村干部群众一致认为本研究在梳理村庄历史、增强集体认同、提升文化自信、提供发展资源、理清发展思路等方面，与乡镇和村的建设需求十分契合，对项目研究给予极大肯定，表现出极高的参与和配合热情，尤其热切地表达了对专业性强、学术水平高的人文社科研究的衷心期待。蕴含于乡村大地的家园故土寻根意愿、强烈的文化自觉意识、丰富的创业创新业绩、高昂进取的精神面貌和积极态度，以及存在于一些村庄的老龄化、空心化、业态陈旧、过度开发、贫富差距、文化生活单调等发展中的问题和不足，均让我们深切感受到村庄发展的巨大需求空间，看到了乡村社会发展对专家学者的热切期盼。广阔的乡村大地，正是开展人文社科研究、获取厚重科研成果的丰富沃土。

习近平总书记指出："人民的需要和呼唤，是科技进步和创新的时代声音。"社会科学工作者只有走出书斋，积极探索学术研究对接当下社会需求的内在理路，深入开展脚踏实地的基层调研，将哲学社科理论研究与社会实践紧密结合，将来自改革前沿的现实问题与学术研究紧密结合，准确了解社情民意、把握时代脉搏，实现学术研究中问题意识、现实关切和人文关怀的有机关联，才能克服从书本到书本、从理论到理论的研究局限，强化基础理论研究厚重感，提升应用对策研究针对性，取得适应现实所需、彰显学术价值、具有中国气派的哲学社会科学研究成果。

以重大系列项目构建综合性学术团队，开展集聚多学科、多梯队联合共事的集体攻关项目，既整合了原先相对分散的科研力量，也在团队的协同共进、交流互鉴、相互砥砺中营建起浓厚的学术氛围、深厚的同事情谊，为年轻科研人员的成长提供了优质平台，达到了既出成果又出人才的双赢效果。

5 年来的学术劳作和辛勤付出，让我们收获满满，既有研究专著的丰硕成果，也是一次整合院内乡村研究相关科研力量、以团队合作形式开展重大主题研究的实战历练，为我院培育乡村研究平台、打造乡村研究品牌、历练乡村研究队伍、承担乡村研究重大课题，做出了有益尝试，取得了扎实成效。创新不易，守成更难，开拓尤需勇气、毅力和实力。衷心祝愿项目组和各位科研人员以本套丛书出版为新起点，勉力精进，深耕勤研，取得更多丰硕成果。

浙江省社会科学院副院长、研究员
"中国村庄发展：浙江样本研究"项目负责人、丛书主编　陈　野
2020 年 12 月 6 日

丛书绪论

INTRODUCTION

中国是一个历史悠久的农业大国，农业是关系到国计民生的基础产业，农民是占人口最多的社会群体，农村是最广阔的地域空间。"三农"问题在我们党和国家发展中占有重中之重的地位。村庄作为中国最古老的社区，既是农民的集居地，也是农业赖以发展的基础，亦是农耕文明、农耕文化、地域文化生存发展之地。从一定意义上来说，村庄发展就是"三农"发展的缩影，村庄发展演变也反映着社会的变革趋势，特别是城乡关系的发展变化趋势。

村庄是乡村经济社会发展最基础、最基本的单元，村庄发展也是整个中国经济社会发展演变的一个风向标。无论是城市发展还是农村发展、工业发展还是农业发展都会在村庄的发展上表现出来，所以研究中国村庄发展实际上是解剖中国经济社会变革的"麻雀"，"麻雀虽小、五脏俱全"，我们通过对改革开放 40 多年来村庄发展的一些样本的解剖，可以揭示中国改革开放 40 多年来政治、经济、社会、生态和文化等方面的发展轨迹与发展规律，起到"窥一斑、见全貌"的作用。

一、改革开放 40 多年来浙江村庄发展的基本经验

浙江是 5000 年中华文明实证地、中国革命红船起航地、改革开放先行地和习近平新时代中国特色社会主义思想的重要萌发地。浙江作为中国东部沿海发达的代表省之一，市场化、工业化、城镇化进程走在全国的前列，同时浙江也是地域差异性十分明显的省份，"七山一水二分田"的基本省情和兼有山海之利的特点，使得浙江村庄发展的多样性特色十分明显。由浙江省第二期文化研究工程重大系列项目"中国村庄发展：浙江样本研究"形成的这套丛书，选取的 11 个村庄研究样本，既来自 11 个地（市），也兼顾了发达地区明星村与欠发达地区的后发村、平原村与山区村、城郊区村

与纯农区村、少数民族村与海岛渔村等不同类型的地域村庄。这11个不同村庄在浙江既有一定的代表性，也隐含了发展的普遍性与多样性相统一的规律性。特别是改革开放的伟大变革是从农村开始的，改革开放的先行者和主力军也是农民。"春江水暖鸭先知"，从一定意义上来说，浙江村庄也是浙江变革最早、最快的地方，因此这11个样本村庄的研究就有了多方面的意义与价值。

丛书的11个不同类型的浙江村庄个案，每个研究基本上都由史地、经济、社会、治理、生活、生态、文化、访谈、文献等篇组成，从而分析每个村庄发展基础，记述发展历史，总结发展经验，解释发展动因，揭示发展本质，提炼样本价值。浙江这11个样本村庄地域位置各异，资源禀赋不一，发展水平参差不齐，但通过对这11个个案村改革开放40多年来的发展历程、发展实绩、发展经验、发展动因等的整体分析，我们大致上可以揭示浙江农村40多年改革开放的基本经验，也可以从中寻找到浙江40多年改革开放与发展之所以能够走在全国前列的内在原因。正如时任浙江省委书记习近平同志总结的，浙江发展快是因为农村发展快，浙江富是因为农民率先富，浙江活是因为农村搞得活。从这11个个案样本村的发展总体情况来分析，浙江村庄40多年改革开放中值得全国村庄借鉴的发展经验主要有以下五点：

一是坚持走以"人民大众创造财富、人民政府创造环境"为运行机制的大众市场经济的创新发展之路。改革开放以来浙江把家庭联产承包制改革对农民生产力的解放运用到了极致，通过千百万农民率先闯市场，鼓励农民以市场为导向调整优化农业结构，鼓励农民务工经商，大力发展乡镇经济、家庭工业和个私经济，率先在全省快速推进市场化、工业化和城镇化的进程，促进农民分工分业分化，让千百万农民成为自主创业创富的市场经营主体，形成了"百万能人创业创富、千万农民就业致富"的新格局。以乡镇企业、个私经济为主体的民营经济不仅带动了农民快速致富，也成为推动浙江工业化、市场化最强大的力量。花园村、上园村、邵家丘村、缪家村等村庄的发展都实证了这一以农民大众为创业创新主体力量的创新发展之路。农民大众和民营企业成为全省市场经济绝对的主体力量，市场化、工业化、城镇化中的浙江农民的创造力得到了前所未有的爆发。同时，浙江各级政府按照时任省委书记习近平的"以人为本谋'三农'"的要求，为农民自由全面发展创造环境，大力改善基础设施、公共服务和人居环境，推进"最多跑一次"改革，形成了"人民大众创业致富、人民政府管理服务""人民大众创造财富、人民政府创造环境"的大众市场经济的创新发展模式。这一发展路子非常全面地体现了以人民为中心的发展思想，做到了发展为了人民、发展依靠人民、发展成果为人民共享，浙江这一大众市场经济的运行机制使浙江"三农"发展表现了极大的创造力。

二是坚持走"城乡融合发展、一二三产业融合发展"的城乡一体化的协调发展之路。城乡关系在"三农"问题解决上起着极为重要的作用。改革开放以来，浙江逐步改革了城乡二元分割体制，允许农民到城镇务工经商，走出了一条农民城镇农民建的城镇化之路，县城和小城镇成为农民首选的安居乐业之地。特别是从新世纪以来，时任浙江省委书记习近平亲自制定《浙江省统筹城乡发展 推进城乡一体化纲要》，实施了新型城镇化与建设新农村双轮驱动的新战略，实施千村示范、万村整治的工程，大力推动城市基础设施向农村延伸、城市公共服务向农村覆盖、城市现代文明向农村辐射，快速缩小了城乡在基础设施、公共服务和现代文明方面的差距。经过十几年坚持不懈的建设，我们这11个个案村庄无一例外地都变成了生态宜居的美丽乡村，农村人居环境得到了根本性改善。在这一背景下，城市出现了逆城市化和新一轮"上山下乡"的热潮，追求绿色生态的城市消费者热衷于到美丽乡村来休闲度假、养生养老，城市有识之士和城市资本技术也开始出现了"上山下乡"，到美丽乡村发展民宿等美丽经济和现代农业。传统农业也出现了加速向现代农业转变的新趋势。家家粮棉油、户户小而全的小农经营大幅减少，适度规模经营的家庭农场、合作社、龙头企业成为新型农业经营主体。大学毕业生、研究生、留学归来的高层次农二代和来自城市的农创客给浙江农业注入了新的生机和活力。同时，农业出现了功能多样化以及与第二、第三产业相融合的新趋势，休闲观光农业、文创农业、体验农业、智慧农业、设施农业等新型农业业态快速增多，现代农业呈现出与第二、第三产业深度融合的全产业链发展的新趋势。农业绿色化、标准化、品质化、品牌化让浙江农业呈现出前所未有的发展新态势。

　　三是坚持走"绿水青山就是金山银山"理念为引领的生态生活优先的绿色发展之路。浙江人多地少，人均资源稀缺，在改革开放初期，为了解决产品短缺、工业品供应匮乏问题，被迫走了一条以牺牲生态环境为代价的粗放型、数量型经济发展之路。在世纪之交，生产发展与生态保护的矛盾更加突出。2003年，时任浙江省委书记习近平高瞻远瞩地提出了建设生态省和绿色浙江的新战略。在全省实施"千村示范、万村整治"工程，2005年习近平在安吉余村首次提出了"绿水青山就是金山银山"理念，强调优美的生态环境就是最普惠的民生福祉。在农村经济发展上，把为农民创造优美生活环境、优良生态环境放到首要位置。本丛书11个样本村无一例外地都开展了农村人居环境和生态环境整治，将原来污染严重的垃圾村建设成为生态宜居的美丽乡村。像余村、棠棣村、清漾村、沙滩村等都成为美丽乡村精品村和文化旅游名村，美丽乡村成为农民引以为豪的美好生活的幸福家园，也成为城市人越来越向往的休闲度假、养生养老的生态乐园。越来越多的城市消费者、投资者兴起"上山下乡"的新热潮。乡村旅游、农家乐、民宿、体验农业等"美丽"经济和"乡愁"产业成为"两山"转化的有效载体，这些绿色产业成为浙江农民创业就业、创业致富的新亮点。

　　四是坚持走"对外开放、对内开放"相互联动的特色块状经济的开放发展之路。通过对改革开放前后的经济发展路子的比较，使浙江干部群众意识到全方位开放经济和市场经济是发挥资源小省、市场大省优势的必然选择。浙江抓住中国的对外开放新机遇，大力发挥劳动力人才和工贸优势，大力发展市场在外、原料基地在外的"两头在外"的集聚化、特色化生产加工、贸易基地，形成了柯桥轻纺、海宁皮革、义乌小商品、永康小五金、桐乡羊毛衫、东阳红木家具、大唐袜业等特色块状经济。本书的11个样本村在这一开放发展大潮中形成的一村一品、一村一业的特色专业村的发展模式，则是浙江这种开放型块状经济的基础和重要生力军。这种"两头在外、无中生有"的块状产业是县域经济、农村经济的强大支撑和竞争力所在，都是浙江农民创业就业的主阵地，也是浙江民营经济具有强大竞争力的重要因素。在浙江这些以县城和小城镇为依托的特色块状经济集聚发展的地方，浙江农民只要有劳动能力就可以找到工作岗位，只要有资本就可创业办实业。目前这种对外对内双向开放和市场原料两头在外的块状经济正向产业集群的方向转型，并通过智能化改造促进传统制造业向先进制造业转型。通过这种双向开放的特色块状经济的发展，以农民和民营经济为主体的县域经济也得到了不断提升，成为浙江"三农"发展极为亮丽的风景线。

五是坚持走家庭经营、合作经营互促共进，鼓励先富帮扶后富、双管齐下的共创共富的共享发展之路。在 40 多年改革发展中，浙江农村逐步形成了符合社会主义市场经济发展要求的经营体制。确立了农户家庭经营在农业生产中的主体和基础地位，强调这适合农业自然再生产和经济再生产相结合的产业特点，也适合社会主义市场经济运行机制，但我们家庭经营规模太小、数量太多，参与市场竞争能力非常有限。因此，在发挥家庭经营在农业生产中的基础作用的同时，充分发挥合作经营在农民走向市场中的服务作用。为了适应现代农业发展的要求，浙江在农业经营体制上不断地推陈出新，一方面我们按照承包农地"三权分置"的原则，促进土地经营权向专业大户、家庭农场和龙头企业集中。另一方面，通过发展专业合作社，特别是大力发展生产合作、供销合作、信用合作三位一体的农合联组织，为农业家庭经营提供全方位的合作服务。与此同时，村经济合作社作为集体土地所有者代表和社区集体经济组织，承担起发展壮大集体经济为社员服务的职能。在农业创业创富和收入分配方面，我们致力于打破分配上的平均主义和"大锅饭"，允许和鼓励一部分人和一部分地区，通过勤劳致富和创业开拓市场先富起来，同时引导和鼓励先富带后富，先富帮后富。本丛书中处于欠发达地区的缙云北山村、海岛地区的蚂蚁岛村和龙峰民族村等，也都先后走上了先富带后富、大家一起富的共富之路。浙江 40 多年改革开放中的"三农"发展实践证明，共同富裕不等于平均富裕，不能通过计划经济搞纯而又纯的公有制、过度集中的单一公有制经济来实现，而是要通过发展社会主义市场经济，充分发挥市场机制的基础作用和政府的积极有为作用，让千百万农民成为独立的家庭经营的市场主体，在此基础上，政府通过发展合作经营和扶贫攻坚，帮扶欠发达地区和低收入群体增强发展能力。只有让一部分地区、一部分人群先富起来，才能形成先富带后富、大家共同富裕的共同发展的新格局。

二、浙江村庄发展的个性特色和影响因素

以本套丛书所述 11 个村庄为代表的浙江村庄发展经验弥足珍贵，有许多值得全国村庄借鉴的地方。而通过对这 11 个村庄历史地理、资源禀赋、社会文化、人文环境、政府服务等多方面的深入挖掘和综合思考，揭示这 11 个村庄之所以发展快、发展好、发展有个性特色的深层次的原因及其规律性，则更是我们这套丛书出版所要达到的一个重大预期目标。全面分析浙江这些村庄的历史文化、地理区位、资源禀赋、产业特点、人文因素、发展环境、政府服务等多方面因素，浙江村庄发展与下列五大因素密切相关：地域位置与资源禀赋、文化传承与人文素养、乡村能人与乡村干部、改革政策与民众认知、地方领导与地方治理。这五大因素影响并决定着村庄发展方向、发展特点和发展水平。

首先是地域位置与资源禀赋。中国人常说"一方水土养一方人"，浙江就是受这方面因素影响特别大的地方，尤其是农业生产为基础的村庄发展以及民风民俗影响更是特别直接。浙江地处中国东部沿海长三角地区，气候是亚热带季风气候，四季分明，雨热同季，气候多变同时又有人多地少、山多田少、人均农业资源不足等特点。这些地域特点与资源禀赋总体上使得浙江农民和村庄发展形成了自身的群体特征。农业生产一年四季都可进行，农民既勤劳又节俭，家庭手工业发达。同时相邻地区的差异性也比较大，如杭嘉湖、宁绍平原这种江南水乡地区的村庄与村民同浙西南山区、浙中山区盆地的村庄产业及民俗民风的差异性也比较大，但总体上浙江村民勤奋节俭、农商兼营、心灵手巧的特点十分明显。

其次是文化传承与人文素养因素，这也是对村庄发展影响久远的因素。浙江是

中华民族 5000 年农耕文明实证地、中国农业文明重要发祥地，有将近万年的上山文化、八千年跨湖桥文化、七千年河姆渡文化、六千年马家浜文化和五千年良渚文化，这种农耕文化对浙江村庄和农民影响极其深远。农耕文化影响下形成的天人合一、道法自然的农事理念，巧用资源、精耕细作的农作制度，勤劳勤俭、勤学勤勉的农家品质，村落集居、族人互助的农村价值及耕读传家、回馈乡里的乡贤精神都使得浙江村庄发展带有明显的农耕文化、民俗文化影响的深深的烙印。

第三是当地乡村能人与乡村干部因素的作用非常巨大。我们从 11 个样本村的 40 年改革发展的历程与成效来看，乡村能人和乡村干部的行为、思维的影响是决定性的。尤其那些在改革开放中率先富起来的村庄，诸如样本村中金华的花园村、温州的上园村、宁波的邵家丘村、绍兴的棠棣村、丽水的北山村等，都是由乡村能人和乡村干部带头闯市场、带头经商办厂兴实业而带领村民群众走上共创共富之路的。可以说在所有发展因素中，这种能人因素的作用是极其明显的，尤其是村庄的干部，应该既有创业创富闯市场的能力，又有带领村民走共同富裕道路的奉献精神，这显得尤为重要。

第四是政策导向与民众认知的因素。这在村庄改革开放 40 多年发展中的影响力也特别的明显。浙江这种具有悠久的农商兼营、工农商皆本的地俗文化和人多地少的地方，在计划经济和以粮为纲的左的年代，浙江人的手工业和家庭工业、小商品生产都被当作资本主义尾巴砍光了，农民生活十分贫穷。在 1978 年改革开放和普遍实行包产到户的新的改革政策环境下，浙江农民发展商品生产、乡镇企业、个私经济的积极性得到全面激发。从实践来看，农民群众对改革政策的认同度越高、响应越热烈的地方，村庄的经济社会发展就越快，农民们致富的速度也越快，政策效应也越明显。当然，这也与当地党委政府的工作力度密切相关，政策宣传和贯彻落实越到位的地方，农民群众认知度越高，政策效果也越明显。

第五是地方领导和地方治理的因素，这也是村庄发展十分重要的因素。地方领导思想是否开放、思路是否开阔、对"三农"工作是否重视、对农民群众感情是否深厚、

8

工作作风是否求真务实，这些都关系到能否为当地村庄发展创造良好的环境条件。如改革开放初期，温州地方领导、金华东阳义乌地方领导、宁波余姚地方领导的思想比较开放、开明，作风求真务实，就为这些地方村庄改革发展创造了比较宽松的发展环境。在乡村地方治理上，浙江农村都比较好地实行了村民委员会自治的地方治理，并且很多地方都把村民自治与德治、法治紧密结合起来，形成了村民自治、德治、法治"三治合一"的地方治理模式，为村民自我治理、自我发展创造了良好的治理机制。

　　总之，浙江村庄在 40 年改革开放中发展的经验弥足珍贵，值得各地借鉴，发展的内在机制、规律也反映了中国改革开放以来"三农"发展的规律性。本丛书记述的浙江 11 个样本村庄的发展各具特色，但也有许多共性的经验、规律可循，期望读者们能从这一丛书的村庄发展案例中发现一些对今后中国村庄有借鉴意义的东西，希望大家将这一丛书看作研究浙江 40 年改革开放村庄发展和"三农"发展的一个重要窗口。

"中国村庄发展：浙江样本研究"项目首席专家　顾益康

2020 年 10 月

目 录

CONTENTS

CONTENTS

导语　一个村庄的现代性变迁

第一节　改革开放 40 年村庄变迁的基本轨迹

村庄是构成农村社会的基本单元，也是农民生活的基本单元，进而成为社会治理的基本单元。正是村庄的特殊地位使得许多学者将农村社会发展和社会治理研究聚焦于村庄，以村庄为特定对象开展多维度、多层面的研究，形成了浩瀚的村庄研究文献。本书沿袭中国农村研究的传统，运用个案研究方法，对改革开放以来浙江省江山市清漾村的 40 年社会发展过程进行初步的系统考察。

一、改革开放 40 年清漾村变迁的基本过程

在中国农村研究和社会生活实践中，"村庄"是一个多义词。主要有三种含义：一是指自然村，即人们聚居的自然村落。二是指行政村，即在行政区划管理体系中，按一定的区域划分设置行政机构而形成的村政单位。三是指村民委员会，即在村民自治体系中，一个村民委员会所辖区域、人口和组织等。[1] 在历史上，行政村意义上的清漾村所辖的区域、人口等有所变化，但在 20 世纪 80 年代初实行村民自治以后，在清漾村设置了村民委员会。如此，行政村意义上的清漾村与清漾村民委员会在区域、人口等方面的边界基本一致，而且 40 年来未曾发生改变。本书所研究的清漾村就是这个意义上的村庄。

1978 年底召开的党的十一届三中全会，开启了改革开放历史新时期。20 世纪 80 年代初，中国共产党在邓小平同志的领导下，在全国推行了农业家庭承包经营制，有力地调动了广大农民群众的农业生产积极性，开始了中国农村改革和现代化建设的新进程。改革开放 40 年以来清漾村的发展过程，大致可以 2006 年时任

---

[1]　卢福营：《能人政治：私营企业主治村现象研究——以浙江省永康市为例》，中国社会科学出版社 2010 年版，第 25 页。

浙江省委书记习近平视察清漾村为界分为两个阶段。

（一）改革驱动的村庄共性化发展阶段

在 2006 年之前，清漾村的发展基本与当地甚至全国各地多数村庄一样，主要由改革驱动，村庄发展更多地呈现共性化。或者说，主要是全国农村改革发展的一般进程在清漾村的具体表达，缺少村落发展特色。宏观地表现在以下方面。

1. 家庭承包经营制改革解放的农业生产。源起于安徽小岗村的家庭承包经营制是中国农业领域的一场体制改革和制度创新。[①] 它从根本上改变了延续几十年的人民公社制度下的农业集体经营，破除了农业生产的体制束缚，极大地解放了农业生产力。据调查，在实行家庭承包经营制之前，农民群众也曾偷偷地尝试过分组包干之类的做法，但未能从制度上做出根本性改变，没有对村庄经济社会发展形成明显影响。20 世纪 80 年代初，清漾村在当地政府推动下，将原来由生产小队集体所有的土地和耕牛、水车、晒谷场等重要生产资料按人头均分到户，由农户负责生产经营。实行家庭承包经营制后，清漾村农民很快实现了粮食和农副产品的自给，部分家庭开始自吃有余，获得了生活上的温饱。

2. 村民自治制度重构的村庄社会治理格局。村民自治是继家庭承包经营制后在农村政治领域的一场体制改革和制度创新，于 20 世纪 80 年代初在全国普遍推行，导致了农村社会治理体制的重构，形成了"乡政村治"新格局。"'乡政村治'治理模式的核心是在坚持国家统一领导的同时，重视农民群众的参与，体现了国家与社会的分权原则。"[②] 其实质是把原来由国家包揽的农村公共事务管理权部分下放给农民群众，使得农民在获得经济自主权的基础上又拥有了一定的政治自主权。邓小平曾经明确地指出："把权力下放给基层和人民，在农村就是下放给农民，这就是最大的民主。"[③] 应当说，村民自治制度实现了中国乡村治理的伟大创新，后来被中央明确地界定为中国农民的又一伟大创造，确定为中国特色的社会主义政治制度之一。

据调查，清漾村于 20 世纪 80 年代初实行村民自治制度，并开始进行村民委员会民主选举，由农民群众民主选举产生的村民委员会代表村民群众管理村庄公

---

① 卢福营、应小丽：《村民自治发展中的地方创新——基于浙江经验的分析》，中国社会科学出版社 2012 年版，第 1 页。
② 徐勇：《中国农村村民自治》，华中师范大学出版社 1997 年版，第 32 页。
③ 《邓小平文选》第三卷，人民出版社 1993 年版，第 252 页。

共事务。如此，在村庄治理体制上实现了根本性的转换。在纵向上，由原来的行政统摄转向行政与自治的双层结合。在横向上，由原来的一元垄断转向党支部委员会、村民委员会等二元甚至多元共治。村民自治制度实现了村庄内部组织体系的重构。一方面，在村庄社会里，新建了以村民委员会为核心，包括村民会议、村民代表会议、村民小组，以及村委会下辖的专门委员会等组成的村民自治组织体系；另一方面，在人民公社体制下原来由生产小队承担的公共事务管理职能被上收到村级组织，由生产小队转换而来的村民小组不再拥有村庄重要公共事务的决策管理权，村委会取代生产小队成了乡村治理的基本单元。

实行村民自治后，清漾村的社会治理长期没有发生根本性改变，按照各级地方政府的统一部署与安排，按期进行村级组织的换届选举，在所在乡镇政府指导下开展村务决策管理。然而，在调查中发现，村民自治的理想制度在村庄治理的实践中并没有充分地转化为现实。因受多种因素影响，在村民自治过程中的民主选举相对先行，民主决策、民主管理、民主监督、民主协商相对滞后，存在着发展的不充分与不平衡。

3. 乡镇企业崛起引发的经济社会变迁。乡镇企业崛起主要是经济社会领域的一场结构性变革和创新，其重大贡献在于突破了传统的城乡二元经济社会结构。通过乡镇企业的发展，在城市工业与农村农业之外新兴了农村工业这一结构性因素，构成当代中国经济结构中的第三元。[①] 乡镇企业的集聚又进一步带动了农村小城镇的发展，逐渐形成介于城市与乡村之间的中介型社区，进而改变了传统的城乡二元社会结构。

乡镇企业崛起对于村庄发展的影响在不同村庄会有不同的表现。有的由于村域内的乡镇企业发展带动了村庄经济的工业化，促进了村民群众的生活富裕；有的则主要因周边乡镇企业发展拉动了村庄劳动力的农外转移，为村民的农外谋生与发展提供了机会，进而促进了农民的增收。对于清漾村而言，突出地表现在周边乡镇企业的发展为村民特别是青壮年提供了农外就业的机会。受比较利益驱动，大量的清漾村民实现了"离土不离乡"的劳动力转移。20 世纪 80 年代以来，清漾村的中青年陆续到周边的乡镇企业务工，致使务工经济一时成为清漾村落经济的重要部分，农民工在清漾村总人口中占重要比例，特别是在清漾村中青年村民中逐渐成为绝对多数。

① 李克强：《论我国经济的三元结构》，《中国社会科学》1991 年第 3 期。

4.农民流动导致的村庄社会结构改变。改革开放以来，先有乡镇企业发展的拉动，后有市场经济发展的驱动，农村社会成员逐渐实现了大规模的多元性流动。农民在不同经济单位之间、不同产业部门之间、不同社区之间流动，以及在此基础上发生身份转换，逐渐地分离为众多社会资源和社会机会占有不平等的社会阶层。[①]而且农村社会成员的流动与分化不充分，导致大量的农村社会成员处于边缘阶层状态。

根据调查所获资料分析，清漾村的村民在20世纪80年代主要受比较利益驱动，开始有部分人就地转移到收入更高的周边乡镇企业务工。20世纪90年代后，随着市场经济的发展及农民进城务工经商政策的松动，陆续地有一部分村民跨区域流动，外出到了衢州、杭州、温州、广州等省内外城市务工。少数村民开始外出经商办厂，实现"创业—经营型"流动。[②]

清漾村民的流动具有普遍性、多元性、不充分性、不平衡性。从数量上看，流动村民在清漾村劳动力总量中占较高比例。访谈中，有的村民告诉我们，最多时应该有一半以上。从方式上看，清漾村民的农外转移的方式具有多元化。既有就地转移，又有跨区域的异地转移；既有务工型流动，又有"创业—经营型"流动；既有流入第二产业部门，又有流入第三产业部门，甚至还有部分流向农业部门；既有到个私企业务工，又有到公有企事业单位工作。从流动量度上看，清漾村民的流动具有不充分性。大多未能完全割断与农村农业的联系，不同形式、不同程度地保留着传统农民属性。从流动的格局看，清漾村民的流动呈现出明显的不平衡性。在不同年龄群体之间、不同性别群体之间、不同家庭之间形成了重大差别。如此，造成了清漾村民的多元性分化，逐渐分离出多样化的产权阶层、职业阶层、社区阶层，形成了极其复杂的社会成员结构。

（二）政府推动的村庄个性化发展阶段

2006年8月16日，时任浙江省委书记习近平视察清漾村，并向在场的江山市党政领导提出了把清漾村保护好、开发好、建设好的"三个好"指示，为清漾村发展创造了良好的契机。从此开始，江山市党政部门及其领导根据习近平书记的指示，大力加强以毛氏文化保护与开发为中心的清漾村庄建设，制定了专门的政

[①] 卢福营：《中国特色的非农化与农民社会成员分化》，《天津社会科学》2007年第5期。
[②] 卢福营：《外出经营：农民的"创业—经营型"流动——以浙江温岭西瓜农外出经营为个案》，《华中师范大学学报》2011年第6期。

策，提供了大量的财政支持，实施了一系列非常规措施，推动清漾村庄发展进入个性化发展的新阶段。

为深入挖掘研究清漾毛氏文化内涵，传承和弘扬清漾毛氏以及江南毛氏的文化精髓。2007 年 2 月，江山市委、市政府成立了清漾历史文化村保护与新农村建设领导小组，全面推进清漾毛氏文化保护与开发建设，全力打造清漾毛氏文化村旅游工程。通过一系列项目的实施，逐渐推动清漾村落经济由传统农业转向了以旅游等第三产业为主体的产业格局。村落旅游及其配套服务设施、服务行业的建设有力地带动了清漾村第三产业的发展，第三产业收入在清漾经济结构中的比例逐年上升，已经在清漾村域经济中占主导地位。

同时，村落旅游的开发引来了大批的外来游客，进一步地冲破了村落社会的封闭性，促进清漾村日益走向开放，呈现出现代性发展。此外，村落文化保护与旅游开发也要求村落环境、社会治理等与之相适应，进而有力地推动了清漾村的环境整治和生态文明建设，使得清漾由过去有名的脏、乱、差转变为环境整洁、村容美丽的新农村。相应地，村庄治理的主体、对象、内容、方式、资源等也发生了重大变化。

在这一阶段，清漾村的经济社会发展并不排斥其共性化的成分。诸如土地流转和农业集约化经营，美丽乡村建设，以及浙江省的"五水共治"等普遍性的政策同样也在清漾村落地生根，而且可能会比其他村庄落实得更为到位，表现得更为出色。调查中发现，这些共性化的村庄经济社会发展，在清漾村也主要是围绕着村落文化旅游开发这一中心而展开的，并在相当程度上为其服务，因而表现出了一定的村落特色。

二、清漾村 40 年变迁的三重逻辑 [①]

村庄发展离不开特定的环境与条件，势必有其自身的内在逻辑。根据对清漾村 40 年变迁的初步考察，发现其发展过程呈现出三重逻辑。

（一）国家宏观政策建构的一般发展逻辑

村庄是构成社会的基本单元，也是国家治理的基础。村庄发展离不开国家政策的调控，势必要求遵循国家的法律制度以及宏观政策导向。从这个意义上讲，

---

① 参阅卢福营：《新中国 70 年历史文化村落变迁：轨迹与逻辑——基于浙江省江山市清漾村的分析》，《理论月刊》2019 年第 10 期。

国家宏观政策建构了村庄的一般发展逻辑。任何一个村庄的发展都无法脱离国家宏观政策指引的发展方向和发展路径。

20世纪80年代以来，党和国家立足社会主义初级阶段的基本国情，结合经济社会发展的时代特点和具体实际，与时俱进，不断调整农村政策，为全国各地农村的发展提供了方向，建构了宏观层面上的一般发展逻辑。党的十一届三中全会确立了改革开放的总方针，实现了国家工作重心的根本性转移，致力于以经济建设为中心的中国特色社会主义现代化建设。首先在20世纪80年代初全面推行了农业家庭承包经营制和农村村民自治制度，确立了社会主义现代化建设新时期中国农村的农业经营制度和基层政治制度，推动了以权力下放为核心和特点的农村改革，实现了中国农村基层社会体制机制的重构，形成了社会主义初级阶段中国农村社会发展与治理的制度体系。随后，在推进改革的过程中，陆续出台了诸如发展乡镇企业、允许和鼓励农村劳动力流动、放开粮食购销、减免农业税、农村集体土地流转等一系列政策，形成了以市场经济为取向的农村经济政策体系；出台了诸如改革户籍制度、实行农村九年义务教育、创新农村社会保险、传统历史文化村落保护、提升农村公共服务、城乡融合发展等政策，形成了以公平为取向的农村社会政策体系；出台了加强和完善民主管理、促进农村协商民主、实现三治融合、加强农村社区建设、探索农村社区治理，推进乡村治理有效、加强基层党建引领、强调政府主导的城乡社区治理等政策，形成了以民主公正、协同高效为取向的农村基层治理政策体系。

从一定意义上说，改革开放以来清漾村的40年变迁基本遵从国家宏观政策建构的一般发展逻辑，按照不同时期党和国家政策的要求和指示，及时调整和转换村庄发展重点和中心工作，在国家政策指引下逐步地向前发展，体现了中国特色社会主义农村现代化建设的普遍性规律。

（二）地方政府选择的区域发展逻辑

中国农村空间辽阔，各地情况差异悬殊，形成了多样性的农村经济社会形态，呈现出丰富的区域特色和"地方性知识"。区域差异性和地方特殊性决定了各地的农村发展会呈现出一定的区域差别。地方政府在区域发展过程中扮演着特殊角色，根据国家政策并结合区域和地方实际制定地方政策，形成了独特的区域发展逻辑。

任何村庄的发展总是在特定区域内实现的，势必会受到区域条件和地方政策的制约。地方政府推动的区域发展逻辑将在村庄发展中以各种方式得以体现，在村庄发展过程中具有不可忽视的功能。

　　清漾村所在的浙江省，经济社会发展走在全国前列，省委、省政府在领导区域经济社会发展过程中出台了一系列具有典型意义的重要战略和政策，成为全国各地学习和借鉴的成功经验。诸如"八八战略"、法治浙江、平安浙江等重要战略，千村示范万村整治、五水共治、美丽乡村建设等社会建设重点工程，以及一系列的法规政策，对浙江农村包括清漾村的发展产生了深刻影响。江山市政府则从本地实际出发，根据中央和上级政府的要求，制定各种具体的发展政策和实施细则，形成了独特的区域发展要求与逻辑。据调查，早在20世纪八九十年代，江山市政府出台多项政策，积极鼓励和扶植以江山白鹅、白羽乌骨鸡、白菇"三白"为主的区域特色农业。2011年启动实施了"幸福江山连心服务"工程，通过构建网络、搭建平台和优化资源等一系列举措，实现连心服务的科学化、规范化、长效化、多元化、系统化，不断提高党员干部服务民生、服务基层、服务群众的水平和实效。以连心服务热线、连心服务网络、连心服务中心（站）为内容的为民服务"一线一网一窗口"，确保服务群众有场所、有渠道、有平台，实现服务群众线连线、点对点、面对面，干部情愿把麻烦留给自己，把方便让给百姓。诸如此类的江山市委、市政府出台的政策对当地农村经济社会发展和社会治理形成了最直接的影响。清漾村的发展无疑不会脱离江山市委、市政府的政策引导和规制，特别是在2006年前，一直遵循江山市政府推动的区域发展逻辑，并结合村庄实际选择自己的发展策略。比如，调查得知，在改革开放之初，政府要求江山各地发展特色农业，积极鼓励发展"三白"产业，清漾村从本村实际出发，并未盲目跟风，而由村民依据市场自主选择。当初，有部分清漾村民从事白鹅、白羽乌骨鸡养殖，但以家庭散养为主。有部分村民则选择了养牛，基本没有种植白菇的村民。然而，不可否认的是，江山市政府的特色农业鼓励政策对当初清漾村民的产业选择和经济行为产生了重要影响。

（三）村庄因素决定的特色发展逻辑

　　毫无疑问，村庄发展必须以村庄具有的资源和条件为基础，同时能够满足村民的需求。只有从村庄实际出发，以村民的需求为导向，才能寻找到一条符合村庄发展的道路。资源与条件、意愿与需求等构成了村庄发展的内在因素，在一定程度上决定了村庄发展的独特逻辑，呈现出村庄发展的特色。

　　根据调查所获资料分析，清漾村经济社会发展的主要资源和条件，首先是拥有较丰富的耕地和山林。正是基于这些资源，清漾人在历史上主要以农耕为主，依靠耕地种植水稻等粮食和蔬菜、水果，并利用山林获取生活所需的燃料，过着温饱有余的小农生活，形成了耕读传家的村落文化。在长期的农耕生活中，清漾人代代相传，积累了丰富的农业生产技能和农耕经验。农地、农民、农耕技能等农业生产要素的有机结合，自发地建构起一套传统小农生产体系，在清漾村延续了很久的历史。从一定意义上说，人民公社体制打破了这套历史传承的小农生产体系，造成了种种不适应与冲突，最终导致了农业生产的破坏，清漾村民的生活温饱不保。20世纪80年代初，国家推行农业家庭承包经营制，重新让农户获得了农业生产经营的自主权，恢复了农户经营的传统，极大地调动了农民的农业生产积极性，清漾村的农业生产迅速增长，村民的生活很快获得了温饱。后来，清漾村民响应号召发展养殖业，在房前屋后乱搭乱建、散养家禽，结果造成了村庄环境的脏、乱、差。

　　由于家户经营造成了土地经营的细碎化，无法获得规模效应。解决农民温饱有余，但实现农民小康富裕和农业现代化有困难。正是考虑中国特色社会主义现代化建设进入到了新时代，农民对于美好生活的需要日益增长，经济社会发展面临着一系列新的挑战和新的任务。国家进一步地推动了土地制度改革，在保持土地承包长期不变的基础上，实行土地三权分置，允许和鼓励农村土地经营权有偿流转。让那些无精力或无心从事农业生产经营的农户，自愿地将承包土地以不同方式流转出来，集中到某些种田能手、家庭农场、农业企业等，实行农业集约化经营。据了解，目前清漾村的土地流转率大约占一半。主要是一些已经转移到农外就业的村民，觉得自己无暇农业生产，又可以通过流转获得一定的承包权益，故自愿流转土地经营权。但还有一半左右耕地依然由村里的中老年人耕种，他们因年事已高且缺乏非农技能，在农外难以谋求合适的职业，因而不愿意将土地流转给人，需要自己耕种以获取一定的收入，保障生活来源。这意味着在推行土地经营权流转政策过程中，既要考虑土地效益和农业现代化，也须顾及村民利益和农民的职业转换，进而需要强调农民自愿原则，切不可借助行政强制手段。为改善农民生活环境，在响应省政府"五水共治"和村落旅游开发过程中，取缔了家禽散养，实行家禽家畜集中圈养，推动清漾村养殖业更上一个新台阶。

说起清漾村的资源不得不说毛氏文化。清漾村是江南毛氏发祥地，毛泽东祖居地。历史悠久，人才辈出，文化底蕴深厚，特色鲜明，以毛氏繁衍发展为脉络，积淀了"耕读传家、贵而不富、清正廉洁"的历史文化，形成一项不可多得的村落特色文化资源。从一定意义上说，这是清漾村最具特色且独有的村落传统文化。习近平于 2006 年到清漾村视察，并当场提出"三个好"指示，由此启动了清漾村落特色文化的保护与开发工程。从此开始，清漾村的经济社会发展进入了一个崭新的阶段，以毛氏特色文化为主要资源，政府主导，村庄、企业和社会力量多元协同，共同开发清漾传统村落旅游。在此基础上，逐渐形成了以村落旅游业为主，农业集约经营为辅，多业并存，生产、生态、生活"三生融合"的村庄发展道路。当然，清漾村的特色发展依然面临着一些有待进一步探讨和完善的问题。比如，如何妥善处理共建与共享的关系？如何在村庄发展中充分调动村民参与、发挥村庄和村民的基础性作用？如何在村庄发展中让清漾村民群众更具获得感、幸福感？

第二节　面向现代化的多维共变

改革开放以来清漾的村庄发展是一项综合性的社会变迁。就其内容而言，覆盖经济、政治、文化、生态等多个领域，具有全面性、系统性。就其方向而言，与中国特色社会主义现代化建设进程相适应，是以现代化为目标的村庄发展过程，具有现代性、过程性。故此，是一场面向现代化的多维共变。

一、村域经济的非农化与现代化

改革开放以来的清漾村 40 年发展首先表现在经济上，村域经济发生了一系列的结构性变迁和现代性转型，日益呈现出非农化、现代化的趋向。

清漾人在历史上以"耕读传家"，传统的村域经济是一种单一性的农业经济。虽然在历史变迁中生产关系发生过重大变化，但村域产业结构未曾发生根本性改变。20 世纪 80 年代初，实行农业家庭承包经营制改革，也主要是生产关系和经济制度的重大改变，单一性农业经济结构依旧未变。即使在乡村企业崛起之际，清漾村域内也没有出现工业企业大发展的景象。直到 2006 年习近平视察清漾村后，在保护和开发清漾毛氏文化的过程中，才启动了清漾历史文化村落旅游项目，带动了清漾村域产业结构的调整。一方面，旅游业在政府的行政推动下强势嵌入清漾村，打破了传统的单一性村域农业经济格局，旅游业以一种新产业形态兴起于清漾村，构成清漾村域产业结构的重要部分；另一方面，为与村落旅游相配套，清漾村域内陆续发展起诸如农家乐、民宿、商店、商业摊位等第三产业。此外，清漾村在村落文旅开发和古建筑维护过程中，引进了一家制作仿古建筑材料的企业。通过土地流转和集约经营，传统农业逐渐向现代农业转化。如此，清漾村域产业结构发生了根本性改变。发展到今天，清漾人已经开始从经营农产品转向了主要经营村落传统文化。旅游业已经在村域经济中占主导地位，逐渐地形成了以旅游业为主导、现代农业为基础、多业并存发展的村域产业格局，实现了村域产业结构的现代性转型。

家庭承包经营制改革实现了土地所有权与经营权的分离，建构了集体与家庭相结合的双层经营制度。近些年来，清漾村正逐步推行"三权分置"制度，鼓励土地经营权流转，部分土地逐渐从承包农户手中流转出去，由各类现代农业经营主体集中经营。由此形成了一种所有权归集体、承包权归承包农户、经营权归流转土地生产经营者的"三权分置"新型产权关系。于是，在当今清漾村的农业领域形成了两种产权模式并存的格局。

同时，伴随着村落文化旅游开发，以及由此推动的第三产业发展，更进一步地形成了多元性的非农经济产权模式。主要有：（1）江山市旅游开发公司与清漾村、江山市政府合作开发清漾历史文化村落旅游项目过程中形成的合作经济。（2）一些村民举办农家乐、民宿、商店，以及经营摊位等形成的私营经济或个体经济。（3）旅游公司等租用清漾村民的古居古宅等历史建筑进行旅游开发而形成的租赁经济。此外，加上清漾村还有集体经济合作社，以及少量的私营企业。

如此，当今的清漾村域内已经拥有多样化的产权模式，在40年的村庄发展过程中逐渐实现了从单一产权关系到多元产权模式共存的结构性转变。

长期以来，清漾人主要依靠农业为生，村民收入来源相对单一。从20世纪80年代开始，部分清漾村民陆续地就近到周边乡镇企业务工，并呈现出逐渐增多的趋势。同时，随着土地流转经营，部分中老年村民也得以进入村域内的新型农业经营机构务工。截至目前，受雇于各类企业和单位的务工人员在清漾村劳动力人口中占绝大多数。务工收入已经成为清漾村民收入的重要来源，在村民收入结构中居于主导地位。

随着清漾历史文化旅游项目的开发与建设，一些村民开始转向与旅游相配套的农家乐、民宿、商店、超市、土特产摊位等第三产业经营，以三产经营获取更高收入。此外，在土地流转过程中，也有少数村民转向举办家庭农场，发展观光农业、采摘农业等，通过现代农业经营增加收入。还有一些村民借助于房屋出租、资金理财等获取部分资产收益，进一步地推动了清漾村民收入的多元化。

总之，改革开放40年来，清漾村民收入发生了根本性变化。突出地表现在：一是村民收入结构的非农化，二是村民收入来源的多元化。

二、村庄治理的民主化与多元化

社会治理变迁无疑是村庄发展的重要构成，研究改革开放以来清漾村的40年变迁与发展，无疑需要考察其社会治理变迁。40年来，清漾村的社会治理变迁突出地表现在：村庄治理结构与运行的民主化、多元化。

20世纪80年代初推行的村民自治是一项中国特色的农村基层民主制度，具有独特的民主价值，一开始就被寄予了极高的民主期望。它标志着"国家对农村的治理由直接管理转向间接管理，由主要依靠国家集中统一管理转向国家集中统一管理与群众自我管理的结合"[1]。应当肯定，村民自治制度在中国历史上前所未有地赋予了农民群众民主选举、民主决策、民主管理、民主监督、民主协商，以及自我管理、自我教育、自我服务的权利，农民群众拥有了空前的民主权利和机会。

清漾村于20世纪80年代初实行村民自治，在当地政府的指导下逐渐地建立和实施民主选举、民主决策、民主管理、民主监督和民主协商制度，完善村级规章，吸纳村民群众参与，规范村庄治理运行，有力地推进了村庄社会治理的民主化。特别是在民主选举、民主决策上取得了较大进展，在自我管理、自我服务上进行了不少有益探索并取得一定成效。

然而，村民自治作为一项史无前例的政治改革，理论上缺乏现成答案，实践上缺乏亲身经验，历史上缺乏可循先例。"只能在干中学，在实践中摸索。"[2]因受多种因素制约，村民自治在清漾村的实践并未达到理想目标，村庄治理的民主性、有效性受到了一定程度的损害。

---

① 徐勇：《中国农村村民自治》，华中师范大学出版社1997年版，第32页。
② 《邓小平文选》第三卷，人民出版社1993年版，第258—259页。

历史上的村庄社会是一个相对封闭的社会共同体，村庄治理相应地呈现出封闭性和单一性。在村庄治理场域里，主要由地方政府和村庄组织扮演治理主体的角色。改革开放初期，中国农村推行村民自治制度，国家将村务决策管理权下放给了村民群众，并经由选举产生的村民委员会等自治组织掌管，促进了村庄治理的民主化，但没有从根本上改变村庄治理的封闭性。20世纪80年代以来，在清漾村治理中，"乡政村治"的总体格局和村庄治理的封闭性状态长期没有根本性的改变。

2006年后，清漾村庄治理的传统格局逐渐被打破，政府和村民之外的治理主体逐渐介入村庄治理场域，促使清漾的村庄治理呈现多元化的趋势。

首先，江山市和石门镇党委政府响应习近平书记的号召，强势介入清漾村建设与治理过程，具体策划和组织村落旅游和毛氏文化的开发。为有力推动清漾毛氏文化的保护与开发，不仅实行政策倾斜和资金支持，而且直接嵌入清漾村的社会治理过程，在特殊社会条件下形成了独特的政府主导。

其次，在清漾历史文化村落旅游开发过程中，国有企业江山市旅游开发公司以项目开发商的身份参与清漾村落旅游开发与经营。如此，江山市旅游开发公司与清漾村形成了独特的合作关系，进而以特殊的经营者身份嵌入清漾村庄治理过程，成了村庄治理的"在场者"。

再次，在清漾毛氏文化挖掘与保护、传承与开发过程中，由江山市委、市政府推动，成立了江山毛氏文化研究会等社会组织，吸引了一批关注和研究清漾毛氏文化的热心人和有识者，积极参与清漾毛氏文化的整理、挖掘，为清漾毛氏文化的保护、传承、开发出谋划策，以多种方式参与了清漾历史文化村建设和村落旅游开发，不同程度地介入了清漾的村庄治理过程，成为清漾村庄治理的参与者。

如此，清漾村的社会治理事实建构了一种党政部门主导、村民群众自治、社会力量协同的多元共治模式。

三、村庄社会的开放化与异质化

社会形态与经济、文化密切相关。历史上的村庄社会是一个"鸡犬相闻，老死不相往来"的封闭性社会，在人民公社时期的集体化经济基础上，中国农村社会成员又呈现出高度均质化状态。改革开放以来，在多种因素的促动下，清漾村逐渐在发展中呈现出开放化、异质化趋势。

（一）村庄社会的开放化

历史上的村庄社会是一个基于农户经营式小农经济的生活共同体，特别是类似清漾村那样全村人口基本为毛氏族人并拥有深厚家族文化传统的村庄，更带有家族生活共同体的特征。在耕读传家的家族文化熏陶下，村民安于村庄、安于农耕，村庄社会更呈现封闭性。对于这样的村庄而言，真可以称得上"村庄就是村民的世界"。

随着农村市场化改革的推进，清漾村民受市场驱动逐渐走出家庭、走出村庄、走出农业，日益走向开放化。特别是清漾村在政府指导下的旅游开发、土地流转与现代农业开发，村庄社会的封闭性进一步被打开。

首先，随着市场经济的发展，清漾的村落经济逐渐面向市场，实现市场化经营，促使村落经济和村庄社会与外部市场社会建立了越来越紧密的联系。加之信息传播的发达，村庄社会可以容易地与外部世界建立信息联系，通过电视、互联网、智慧设施等广泛获取来自世界各地的信息。因此，今天的清漾农民已经从根本上改变了过去的信息闭塞状态，可以说"世界就是村民的村庄"。

其次，伴随着农民流动政策的调整与放开，以及乡镇企业崛起和城市化的加速推进，原来被固着在土地上的农民受比较利益驱动离开土地和村庄外出务工经商。农民流动构成改革开放以来中国农村经济社会发展的一大特点。外出务工也是清漾村改革以来出现的一个重要社会现象，相当部分村民流动到了村庄之外的部门务工经商。外流就业使得村民与外部社会建立了新的利益关系和复杂的社会关系，也增加了村级组织管理的困难，进而对村庄治理提出了新挑战、新要求。

再次，在清漾村的开发和建设过程中，村庄社会日益开放。外来人口和外来组织不仅可以流入村庄，而且受到了一定意义上的鼓励。在当前，流入清漾村的外来人口和外来组织主要有：（1）村落历史文化旅游开发引入的企业，最主要的是江山市清漾文化旅游开发有限公司、文化创意公司和商店；（2）村落文化旅游开发引来的大量游客；（3）土地流转引进的现代农业经营主体，主要是一些家庭农场、现代农业开发公司等；（4）少数外来投资企业；（5）参与清漾毛氏文化保护与开发的社会组织和社会人士。

总之，当今的清漾村已经与外部社会建立了多元、紧密的关联，由封闭性社会转变为开放性社会。

（二）村庄社会的异质化

改革开放初期，农村实行家庭承包经营制，清漾村以按人均分的方式将集体土地承包给各农户分别经营。各农户虽然自主经营，因经营状况会出现一定的经济收入差距，但均以集体所有的土地为基础，且拥有的承包地基本平均，因而收入差距不大。故此，村民群众依然基本处于均质状态。随着改革深入和市场经济发展，清漾村民陆续开始多元性流动。有的到非农行业务工，有的依然留守家庭承包农业；有的受雇于人，有的自主从事个体经营甚至创办私营企业；有的就近在周边乡镇企业甚至村内企业务工，有的跨区域流动到异地城市务工经商；等等。多元性的流动造成村民的产权身份、职业身份、社区身份转换的非同步性，村民群众或因产权身份，或因职业身份，或因社区身份的不同而分离为多个阶层，出现了多元性的社会分化。

一句话，清漾村已经由均质性社会转变为异质性社会。经过40年的变迁，清漾人已经不再是一个均质性的群体，事实已经不能简单地以"农民"或"村民"等称呼一概而论。只是由于他们都拥有清漾村户籍，都承包了一定的村集体土地，在此基础上与清漾村保持着一定联系，故才统称为清漾村民。

四、村落传统文化的保护与开发

文化是构成社会的重要部分，也是村庄社会发展的重要考察面。清漾的村庄社会发展无疑少不了文化变迁与文化建设。在改革开放以来的40年里，清漾村按照政府有关部门的要求，在乡镇政府的具体指导下，在村落文化建设方面做了一系列的尝试，但许多文化建设项目实际收效不大。清漾村40年来的文化变迁最为主要也最具特色的要数毛氏文化的挖掘、保护、开发。

从一定意义上说，毛氏文化是清漾毛氏族人在长期的生产和生活实践中创造的物质和精神文化成果的总和。"既是村落历史发展的沉淀，也是村落社会的重要体现。"[1]

为整理和挖掘清漾毛氏文化，江山市积极开展研究论证工作。最终，清漾作为"江南毛氏发祥地、毛泽东祖居地"的定位得到了专家学者和江南各地毛氏宗亲的认同。

---

[1]　卢福营、鲁晨阳：《村落特色文化保护与开发的策略选择——基于浙江省江山市清漾村的调查》，《杭州师范大学学报》2019年第4期。

　　同时，在深入研究的基础上，进一步整理和挖掘毛氏文化的内涵，提炼出宗脉文化、名人文化、谱牒文化、廉政文化等毛氏文化特色，取得了较丰硕的成果。

　　清漾毛氏文化内涵丰富、形式多样，具有不可忽略的历史价值和社会意义。地方政府、清漾村、旅游公司、毛氏文化研究会等多方合作，开展了一系列的毛氏文化保护与传承工作。最为主要的有：(1)把《清漾毛氏族谱》交由国家档案馆收藏，获得了国宝级的保护。(2)实施清漾毛氏古民居群保护性修缮工程。(3)建设毛氏名人馆、毛子水故居等专门场馆。(4)举办毛氏文化节庆活动。(5)编纂和出版毛氏文化著作。取得了较好的毛氏文化保护作用、宣传功能与传承效应。

　　在研究与保护的同时，着力加强清漾毛氏文化的物化建设，实现毛氏文化研究保护与旅游开发的融合发展，扎实推进清漾历史文化的产业化建设。高起点地编制了《江山市清漾历史文化村保护规划》，并积极引进企业共同投资建设，先后实施了数十个项目。以毛氏文化为主要资源，初步完成了清漾历史文化村的旅游开发，实现了毛氏文化的产业化利用。

　　基于毛氏文化的保护与开发，清漾村先后被评为浙江省历史文化村、浙江省廉政文化教育基地、衢州市特色文化村、中国历史文化名村。

五、村庄环境的整洁化与美丽化

　　村庄环境是体现村庄社会的一个特殊面貌，内在地包含在村庄发展与建设过程之中。长期以来，党和政府极其重视农村环境建设，先后出台了一系列关于新农村建设、村庄整治政策，旨在推动村庄环境改善和农村生态文明。习近平特别强调村庄环境和生态文明对于农村现代化的重要价值，对村庄环境建设提出了一系列指示和要求。从一定意义上说，清漾村的村庄环境整治与生态文明建设主要是在2006年以后逐步推进的。经过最近10多年的建设，村庄环境逐步改善和提升，实现了整洁化、美丽化。

　　应当说，人们对于村庄环境的认识在不同时期有所差异。改革开放初期，清漾村与绝大多数村庄一样，在追求经济增长和生活小康的过程中，一定程度地忽视了村庄环境的保护与建设，甚至为追求一时的经济收益而乱搭乱建、乱养禽畜，造成了村庄环境的脏、乱、差。直到习近平于2006年8月16日到清漾村视察时发现，清漾村还是处于想不到的"原生态"，进而提出了要把清漾村"建设好"的指示。正是在习近平指示的激励下，江山市委、市政府把清漾村落文化旅游项目开发与村庄环境整治有机结合起来，进行整体规划和建设，有力地推动了村庄环境整治工作。为维护村庄环境特别是景区环境的整洁有序，清漾村采取了一些特别措施。最为主要的有：一是实行严格的垃圾分类制度；二是推行有效的村庄环境保洁制度。为此，建立了专门的领导小组和工作队伍，给予了有力的财力保障。

从一定意义上说，环境整洁不仅是环境美丽的基础，而且本身就是环境美丽的内在要求。这里之所以说村庄环境美丽化，主要是基于清漾村在生态文明建设战略指导下，以村庄整治和景区建设为基础而进一步开展的人居环境建设实践。

根据《浙江省美丽乡村建设行动计划》（2011—2015年）的要求，江山市政府在多年的"幸福乡村建设"基础上大力加强美丽乡村建设，并将清漾村定为江山市努力打造的三个美丽乡村建设样板之一，并给予了政府财政立项资助。在政府财政的有力支持下，清漾村在原有村庄整治和景区建设基础上进一步地实施了若干村庄环境美丽工程。经过几年建设，清漾村的生态发生了蜕变。环境干净整洁，溪水清澈见底，老房子古色古香，新房子整齐有序，村庄绿色美丽，游客悠闲从容，构成了一幅美丽的乡村景观。

当然，村庄环境建设无止境，清漾村的生态文明建设还在路上。

第三节　政府主导的多元协同共建

改革开放40年来的清漾村发展是一个共同建设过程。从其主体而言，表现为多元主体的协同。从其资源而言，表现为多方资源的合用。不过，不同阶段的发展情况有所不同，在2006年后，清漾的村庄发展过程主要表现为政府主导的多元协同共建。

一、地方政府主导

20世纪80年代以来，在家庭承包经营制和村民自治制度的背景下，政府不再拥有直接介入村庄治理与发展的合法性，乡镇政府更多地依据法律制度规定对村庄治理与发展提供指导和支持。当然，由于惯性等因素的影响，乡镇和地方政府有时也会直接插手村庄治理与发展过程，但相对于改革开放以前的人民公社时期，应当说已经少得多，逐渐从直接干预转向了间接干预。调查发现，在2006年前的清漾村发展过程中，地方政府基本遵循着"乡政村治"国家制度原则，主要扮演村庄发展指导者和行政管理者角色，发挥指导和支持作用。

2006年后，根据习近平视察清漾村时提出的指示，江山市委、市政府开始着手清漾村毛氏文化保护、开发和村庄建设工程。在这一阶段，由于清漾毛氏文化保护与开发的特殊性、复杂性，村庄缺乏独立、自主保护与开发的能力，因此政府在清漾村庄建设与发展过程中扮演了极其特殊的角色。最为突出的是：（1）村庄建设的领导者。2007年2月，江山市委、市政府成立了专门的领导机构，聘请专家制定了专门的清漾历史文化村保护与开发和村庄发展与建设总体规划。（2）村庄建设工程的立项资助者。各级政府围绕清漾村毛氏文化保护与开发，审批了数十个立项资助的建设项目。（3）村庄发展政策的供给者。地方政府根据清漾村庄发展的问题和需要，出台了一系列专门性政策，对清漾村的建设与发展提供了有力的政策支持。（4）村庄建设的资源提供者。根据项目建设需要，各级政府近年在清漾村的开发与建设共计投入了大量的公共财政。此外，政府部门还提供了诸如村庄管理人员、毛氏文化研究人员、村庄规划专家等多种人力资源的支持。（5）村庄建设的组织协调者。江山市政府部门协调江山市旅游开发公司等参与清漾历史文化村落旅游项目的投资开发与经营，石门镇政府有时甚至直接参与村庄建设项目的具体组织协调工作。可见，在2006年以后清漾村的建设与发展过程中，政府角色发生了重大改变。在这里，政府显然不再只是指导和支持者，地方政府特别是乡镇政府深度地介入了村庄建设工程和发展过程之中，实质已经转变为主导者。

根据调查所获资料分析，在村庄建设与发展中，政府主导具有独特的优势。因为政府具有强大的行政动员力，拥有庞大的财政资源和丰富的组织资源，可以形成强劲势能有力推动村庄发展，达到迅速发展、有效发展的目标。然而，政府主导也有其局限，有可能因政府的官僚主义、形式主义管理而脱离村庄发展需要和村民群众意愿，难以有效地调动村集体和村民群众的参与积极性，村民群众的获得感、幸福感、满意度达不到理想高度。

二、多元主体协同

谁是推动村庄发展的主体？这个问题似乎不言而喻，其实一直存在着不确定性。农民和村庄组织无疑是村庄发展的主体，但除此之外有哪些力量参与了村庄发展过程？从改革开放40年来的清漾村发展过程考察，在村庄发展的不同阶段，其参与主体有所不同，因而呈现出不同的主体结构，表现出阶段性特点。

改革开放之初，清漾村首先在经济上实行农业家庭承包经营制，在政治上实行村民自治，形成了新的村庄发展制度。村庄发展的主体结构主要表现为政府、村组织、村民三方力量，政府与村庄两个层次的结构。从形式上看，与改革开放以前似乎没有什么差别，只是生产小队经营改成了家庭经营，公社改成了乡镇，生产大队改成了村民委员会，生产小队改成了村民小组，社员改成了村民。然而，就其实质而言，这一貌似简单的改变是一场农村基层社会的结构性变革。经过这一变革，村民获得了农业生产经营自主权、村务决策管理权、服务和教育的自主权，进而极大地抬升了在村庄发展与治理中的地位与作用。相反，以乡镇政府为代表的政府在村庄发展与治理中的地位和作用相对减弱。村庄发展由人民公社时期的行政统摄转变为村庄与政府的共同推动，且以村民和村组织构成的村庄社会力量为主体性力量，发挥基础性作用。

后来，随着农村非农经济的发展和市场经济改革的深入，市场主体和市场力量逐渐成为嵌入清漾村庄发展的新变量，一定程度地影响着清漾村的经济社会发展。突出地表现在：一方面，村域经济中出现了一些新兴市场主体，构成村庄发展的新力量，最主要的是个体经营者、商品型农业经营家庭、集体经济主体，等等；另一方面，乡镇企业的崛起和城镇化的发展，陆续吸引了一大批清漾村民向农外流动，进而间接地构成推动清漾村经济社会发展的重要力量。

2006年后，伴随着清漾毛氏文化保护与开发，地方政府重新回归村庄，强势介入清漾的村庄发展过程，并构成清漾村庄发展的实际主导者。同时，江山市旅游开发公司等企业、江山毛氏文化研究会等社会组织陆续参与到清漾的村庄发展过程中，成为村庄发展的新主体。在政府推动下，近年清漾村又逐步实行土地流转，吸引了村内外的社会资金在清漾创办家庭农场和农业开发公司等，成了新时代清漾村庄经济社会发展的又一重要推动力。

可见，改革开放以来清漾村庄发展的主体是多元的，而且随着改革开放的深入，村庄逐渐走向开放，介入村庄发展过程的主体日益增多，分别发挥着各自的功能。在不同的发展阶段，各村庄发展主体之间的关系发生着变化，进而构成了不同的主体结构。但是，总体而言，多元主体共存于清漾村庄发展的场域中，彼此互联互动，相互博弈，建构了独特的协同机制，形成了多元主体协同的共建格局。

三、多方资源共用

村庄发展无疑需要一定的资源，也就是说要有一定的物力、财力、人力等各种要素的支撑。然而，在不同村庄、不同时期，发展资源的来源将会有所不同。在改革开放以来清漾村 40 年的发展过程中，不同阶段发展资源的来源也呈现出阶段性特点。

据调查，在 2006 年以前的清漾村，村庄发展相对封闭、相对简单，发展资源的来源相对单一，主要以村集体和村民自有的资源为基础，同时获得相当有限的国家资源。村级组织和村干部的功劳在很大程度上体现于能够为村集体和村民家庭争取到多少国家资源。这些来源于国家的发展资源主要体现为：一是直接表现为财力的国家公共财政资助；二是直接表现为物力的政府物资支持。总体而言，村庄发展资源较为有限，而且受国家政策限制村集体拥有的有限资源（如土地、历史文化等）无法得到充分、有效的开发和利用。此外，在市场经济发展背景下，村庄拥有的有限发展资源还逆向性地流到村外。比如，劳动力资源大批地流向发达地区和城镇。

2006 年后，在习近平"三个好"指示的促动下，地方政府积极推动清漾村的毛氏文化开发与利用，以及村庄建设。在这一过程中，村庄拥有的土地资源、历史文化资源、空间资源和家庭私有资源等较之过去得到了更好的开发利用，部分劳动力回流清漾村创业发展。政府更加大了财力、物力、人力的投入，特别是在项目制背景下以项目形式给予了清漾村经济社会发展空前的支持。据统计，2006年以来，清漾村先后获得了政府数十个项目支持，成了当地农村建设的极大赢家。在地方政府协调下，引入了江山市旅游开发公司的大量投资，并负责清漾景区的经营，获得了巨大的财力、物力、人力，助力清漾村发展。此外，在土地经营权流转和毛氏文化保护开发过程中，还吸引了一些外来人才在清漾村投资开发现代农业，毛氏文化研究会等社会组织和毛氏宗亲关系等社会资本也为清漾的村庄发展提供了资金、智慧等多种形式的支持。

可见，改革开放以来的清漾村发展资源具有阶段性差异，在 2006 年后的村庄发展过程中，清漾村逐渐开放化，村庄发展资源的来源渠道日益拓展，呈现出典型的外源性发展特点，形成了多方资源共用的发展机制。

第四节　清漾村发展的价值与启示

清漾村是一个历史悠久和文化积淀深厚的特色性村庄。改革开放 40 年来，村庄发展较好地呈现了村落变迁的个性，形成了一条特殊的发展轨迹。同时，体现了中国农村发展的一些共性。据我们对浙江兰溪诸葛村、磐安举溪村等历史文化名村的考察，清漾村的发展逻辑在浙江省的历史文化名村中具有一定的普遍性，呈现出独特的样本价值。

一、清漾村发展的重要经验

改革开放以来，清漾村的发展在不同阶段具有较大差异，形成了一些阶段性特点。总体而言，2006 年以前的发展显得相对普通，呈现出常规性发展；2006 年以来的发展形成了自己的特色，呈现出非常规性发展的特点，积累了丰富的成功经验。清漾村 40 年的发展经验可以从不同角度进行总结，这里宏观地归纳为"五个坚持"。

（一）坚持创新发展，与时俱进推动村庄持续发展

清漾村的 40 年发展是与改革创新息息相关的。改革创新与发展之间存在着一种特殊的关联。从某种意义上讲，改革创新是引领发展的第一动力。20 世纪 80 年代以来，清漾村的发展最为主要的是依靠改革创新的推动。立足传统、突破传统，依托现实、推动变革。正是一次次的改革创新不断地推动着清漾村一步步地向前发展。

首先，思想理念创新是清漾村发展和变革的先导。理念具有根本性、整体性和长久性，理念变化将带来根本变化、整体变化和长远变化。党的十一届三中全会的思想解放和理念创新，推动人们实事求是地重新认识传统的农村集体经济，进而突破了传统的集体所有制观念，形成了集体土地所有权与经营权相分离的新理念，实行了家庭承包经营制。21 世纪初以来，又逐渐形成了土地承包权与经营权相分离的新理念，进而开始探索农村土地的"三权分置"和流转经营。正是基于农村土地制度的理念创新，引领着土地制度的改革，一步步地推动着清漾村的农业发展。同样，正是由于在思想上突破了农村搞农业的传统观念，认识到农村可以从自身的现实出发，开发和利用村庄独特资源发展非农经济，清漾村才有可能借助毛氏文化进行村落文化旅游开发，实现村域经济从"卖产品"到"卖风景"的

转变，从单一的种养经济到第三产业为主、现代农业为辅的混合经济的结构性转变。在此基础上，推动村庄生态环境的有效改善，实现村庄景区化建设，促进村庄生态的文明化。也正是由于村民们的思想解放和理念转变，一批批清漾村民走出村庄务工经商，到村外、农外谋求生存与发展，在有效增加村民收入的同时，有力地推动了清漾村由封闭到开放的重大转变。

其次，制度创新是清漾村改革和变革的关键。如果说理念创新是一种"脑动力"创新，那么制度创新就是"原动力"创新。科学合理的制度机制能够保障改革创新的持续性，激发发展主体的活力。改革开放以来，清漾村积极贯彻党和国家的改革创新政策，诸如家庭承包经营制、村民自治制度、集体土地"三权分置"制度、家庭农场发展政策，等等。同时，切实落实地方政府的改革创新政策。诸如"五水共治"政策、集体土地流转经营政策、美丽乡村建设政策、中国幸福乡村建设政策、"无猪村"建设政策、垃圾分类政策、清漾历史文化名村保护与开发政策，等等。此外，清漾村结合本村实际制定了《村规民约》、教育奖励等具有创新性的村级规章。三个建制主体的制度创新构成清漾村发展的体制机制，较好地保障了村庄的可持续发展。

此外，技术创新特别是互联网技术和智慧设施的广泛应用，也不同程度地促进了清漾村生产和生活的发展。

（二）坚持协调发展，三态共融促进村庄全面发展

清漾村40年发展的一条重要经验就是坚持协调发展。村庄社会是一个由经济、政治、文化、社会等多个方面构成的有机系统，客观上要求在推动村庄发展时有一个整体关照，努力实现全面发展、整体发展。然而，因受多种因素制约，实践中的村庄发展往往难以实现各方面的有机协调。全面发展和整体发展时常表现为一种理想，而不平衡、非均衡发展恰恰是一个常态。

考察改革开放40年来的清漾村发展，可以发现，2006年前的清漾村发展事实处于非均衡状态之中。在当初，重在强调经济增长。试图通过改革驱动，运用多种方式推动经济迅速增长，提高村民生活水平，努力满足人民群众不断增长的物质生活需求。这一发展理念片面追求经济发展和人民生活温饱，忽视了文化建设、社会发展、环境保护等。在这种发展理念指导下，村庄发展不仅不充分，而且呈现出典型的不平衡状态，难以满足村民群众日益增长的美好生活需求。

2006 年后，清漾人在当地党政部门的领导下，突破了传统的村庄发展理念，建构了一条协调发展的新路径。这就是通过毛氏文化的保护与开发，带动村域产业兴旺和人居环境改善，实现文态、业态、生态"三态"共融，联动发展，进而促进社会结构和治理方式的重大变革。

调查发现，在 2006 年后的清漾村庄发展中，当地政府积极推动，事先进行了毛氏文化保护开发与村落建设的整体规划，旨在促进村庄整体发展。实践中，清漾村逐渐对毛氏文化进行了广泛而深度的挖掘，并借助清漾历史文化村落旅游项目实现毛氏文化的开发性保护和保护性开发，带动了清漾村落产业的革命性转变。一方面，清漾村开始由"卖产品"转向"卖文化"，实现了村落产业结构的根本性转变。村落旅游开发不仅带动了村落第三产业迅速发展，而且促进了现代观光农业、采摘农业的发展，实现了村落历史文化旅游与第三产业、现代农业的有机融合。旅游及其带动的关联产业在清漾村域经济中的地位逐渐抬高，目前已经构成整个村域经济的主导经济。同时，保障和促进村落文化旅游的发展，在地方政府的有力支持下，先后开展了大规模的村庄整治和生态文明建设，使得清漾村"旧貌变新颜"，村庄环境和村庄面貌有了根本性改善。清漾村从一个脏、乱、差的"原生态"村庄转变为远近闻名的美丽乡村。

此外，村落旅游很大程度地促进村庄社会由封闭走向开放。伴随着村落历史文化旅游的发展，社会资本、社会力量、各类游客等纷纷进入清漾村，在推动清漾村经济发展的同时，也引致了村庄社会结构的重大改变。村庄的社会成员构成，村庄社会的组织结构等均发生了并正在发生着极大变化。在政治社会学看来，治理方式与经济社会结构密切关联，村庄经济社会结构的变迁，势必且事实推动着清漾村庄治理的变革，逐渐走向村庄治理的多元化、民主化。

（三）坚持开放发展，面向市场推进村庄现代发展

坚持开放发展是清漾村庄发展的重要经验之一。中国的村庄在历史上本来是一个封闭性社会，其发展也往往呈现出封闭性。经济上表现为自给自足的小农生产，社会生活上局限于村落共同体内的交流，构成封闭性的熟人社会，政治上实行乡绅治理。这种情况在中华人民共和国成立后有了重大改变，但是需要理性地认识到，村庄社会的封闭性在相当长的一个时期里并没有得到根本性的改变。只是在市场经济的推动下，加之交通的发达，现代信息技术的发展等，促使村庄社

会逐渐由封闭转向开放。

　　清漾村由封闭走向开放是一个逐渐发展的过程。最早主要是由市场经济促动，将家庭承包经营的家户经济与外部市场相联结，逐渐从事商品化经营。此外，拉动了一批批村民走出村庄，转移到了非农领域和城镇就业创业。应当说，这是清漾村实行开放发展的初级阶段。这一阶段的村庄开放更多地表现为"走出去"，投身到市场经济大潮中去。

　　2006年后，清漾村的开放发展进入了新阶段，表现为一种新的方式。这一阶段的清漾村庄发展主要致力于村落历史文化的保护性开发和开发性保护，借毛氏文化资源发展村落旅游产业，同时按照上级政府要求开展各种中心工作，建设示范性新农村。因此各级政府在清漾村实施了众多个建设项目，并协调企业和社会组织等外部力量，调动各种社会资源，共同参与清漾村的村庄建设。如此，一方面，进一步推动了清漾村的开放发展；另一方面，促使清漾村的开放发展从过去的"走出去"转向"请进来"，形成了新的阶段性特点。

　　正是坚持开放发展，清漾村逐渐由封闭性社会转变为开放性社会，由单一性社会转变为多元性社会，由简单性社会转变为复杂性社会。在一个拥有深厚历史文化积淀的村庄里，日益嵌入或吸纳了多样性的现代社会因子，初步形成了一种包容性的村庄发展态势。

（四）坚持合作发展，多方参与形成村庄共建共治

　　坚持合作发展是清漾村发展的又一重要经验。长期以来，村庄发展似乎是村庄自身和当地政府的职责，因此人们时常喜欢用国家与社会的关系来考察村庄的发展和治理过程。中国农村实行市场取向的经济改革后，市场力量逐渐介入村庄社会发展，构成国家与社会之外的第三种力量，进而形成了农村社会发展的国家、市场、社会三元结构。事实上，在不同时期、不同地方农村经济社会发展过程中，国家、市场、社会三者之间的关系具有不同情况。

　　在改革开放之初，清漾村庄发展的主体主要的表现为作为社会的村庄（村民组织和村民群众），以及代表国家的地方政府，形成了村庄与地方政府构成的二元性主体结构，在村庄经济社会发展实践中建立了独特的合作关系。在当初强调以权力下放为主要特征的农村改革，实行家庭承包经营制和村民自治制度的背景下，地方政府的权力实现上收，基本不再直接干预村庄发展。在此背景下，清漾村的

发展更多地表现出村庄和村民的自主性、自发性。在一定意义上，形成了一种政府指导下的村庄自主发展。在政府与村庄构成的二元主体结构中，村庄似乎占了主导地位。随着农村市场经济改革的推进，市场力量以各种方式和途径渗入清漾村庄发展过程。村域经济与外部市场建立了复杂、多样的市场联系，村庄内外的市场主体不同形式、不同程度地影响着清漾村的经济发展，进而影响村庄的其他领域。突出地表现在：一方面，清漾村民受利益驱动和市场调节外出务工，参与到了劳动力市场的竞争之中；另一方面，清漾村农户和其他市场主体逐渐面向市场，实行市场化经营，促进了村庄经济发展。应当说，伴随市场经济的发展，市场力量在清漾村庄发展中的地位和作用日益重要，并一度构成清漾村庄发展的最重要力量。无论村庄和政府在某种意义上都是围绕市场转，根据市场需求选择经济行为。然而，由于清漾村的经济资源和人力资源缺乏竞争力，毛氏文化资源没有面向市场，清漾村的发展缺乏强劲动力，处于被动、缓慢的发展状态。

2006 年后，清漾的村庄发展发生了根本性转变，突出地表现在发展主体及其相互关系的根本性变化。从实践看，这一阶段清漾村的发展特别是以毛氏文化保护开发为核心的村庄社会建设，主要是遵照习近平的指示，依据地方政府的规划，并且在政府强有力支持和直接干预下运行的。清漾村的内部力量、相关的市场主体和社会组织等都接受政府的统筹协调和统一整合，共同推动清漾村经济社会发展，形成了一种以政府为主导、村庄为基础、市场力量和社会组织等多方协同的合作发展方式。在多元合作发展中，党政部门形成一只强有力的手，发挥着统筹协调、政策倾斜、资源支持、组织动员等重要功能，真正扮演了领导者、主导者的角色。

正是借助于党政部门的支持和政府、村庄、市场、社会等多元主体的多方协同，2006 年以来的清漾村进入了一个前所未有的快速发展阶段。以项目合作的方式建成了清漾村景区和文化村落旅游等品牌性成果，创办了若干现代农业开发公司、家庭农场等新经济实体，建设了美丽乡村、幸福乡村，获得了中国历史文化名村等众多荣誉。

（五）坚持特色发展，因村制宜实现村庄有效发展

清漾村的 40 年发展表明，需要坚持特色发展，因村制宜探索有效发展道路。应当说，改革开放之初，清漾人与其他地方一样，主要的是响应国家号召，在地方

政府领导下，由改革驱动村庄发展，走的是中国农村普遍的一般性发展道路。其虽有悠久历史和文化底蕴，但发展不先进。直到 2006 年，尚未形成自己的发展特色，没有找到村庄的特色发展之路，依然是一个极其普通的山村。只是在 2006 年以后，习近平视察清漾村并明确提出"三个好"的指示后，清漾村的发展才在当地政府的主动推动下真正开始探索村庄特色发展道路。这就是以清漾村独特的毛氏文化资源为基础，建设历史文化名村，以古村落文化旅游开发为中心，带动村庄全面发展。

清漾村是毛氏聚居地，具有悠久的村落历史。作为江南毛氏发祥地，毛泽东祖居地，拥有深厚的历史文化内涵和传统文化遗存，积淀为富有特色的村落文化。2006 年以来，清漾村在地方政府的大力支持下，紧紧抓住这一核心资源，规划村庄发展，取得了值得肯定的成果，逐渐地建设成为一个有名的小康示范村，国家级历史文化名村；逐渐从一个普通甚至落后的小山村转变为闻名遐迩的明星村，成为当地农村发展的一张名片。

二、清漾村发展的主要局限

客观地说，创造了一系列经验的清漾村发展依然存在着一些局限，致使村庄发展未能达到理想状态。总体而言，目前清漾村发展的局限主要表现为"三对矛盾"。

（一）政府主导与村庄主体之间的矛盾

从某种意义上说，政府与村庄关系是国家与社会关系在村庄发展中的具体体现。如何处理政府与村庄的关系，不仅决定村庄发展方式，而且直接影响村庄发展的成败。在中国农村发展史上，政府与村庄之间既有村庄为主的时期，也有政府为主的时期。强社会—弱国家，抑或强国家—弱社会，不同的政府与村庄关系模式下村庄发展各有特点，各有优劣，难以抽象地谈论孰优孰劣，应当结合当时村庄发展面临的环境和条件来认识。

根据对清漾村的调查，肇始于 20 世纪 80 年代初的农村改革突出地表现为权力下放，旨在通过下放权力调动农村社会积极性，激发村庄的社会活力。随着家庭承包经营制和村民自治制度的推行，促使村庄发展中政府的地位下降，村庄的地位抬升，形成了一种特殊的强社会—弱国家关系。在改革开放以来的一个时期里，清漾村的发展基本表现为村民自主的放任型发展。随着村庄经济社会的发展，原有的制度改革绩效递减，村庄发展面临着一系列新的问题和挑战。直到 2006

年，地方政府在习近平指示的促动下，重新启动了对清漾村庄发展的强势干预，在清漾村 2006 年后的建设与发展中扮演了显见的主导者角色，并有力地推动了清漾村的发展，迅速改变了清漾村的面貌。

应当肯定，在 2006 年以来的清漾村发展过程中，地方政府主导取得了明显成效，政府主导作用是有力有效的。特别是在运用自身行政资源，调动村庄外部资源等方面，显现出了中国政府独特的高动员力、强组织力。然而，也需要理性地看到，地方政府在强力主导过程中没有高度重视村庄社会的主体地位，未能充分调动村庄社会的积极性。清漾村庄组织和清漾村民在村庄建设和发展过程中的参与度不高、自主性不强，村庄社会的基础作用不明显。如此，在政府主导与村庄主体之间形成了一对现实矛盾，即政府强势主导与村庄弱势被动的矛盾。访谈中，村干部和村民群众较普遍对当前的清漾村发展表示"无奈"和"被动"，甚至于不满意。

（二）共建与共享之间的矛盾

改革开放以来，特别是 2006 年以后的清漾村发展是一个多方合作的共建过程，相应地需要建构多元利益共享机制，实现共建与共享的统一。在清漾的村庄发展过程中，初步建构了独特的合作机制，推动了村庄的迅速发展，村庄的文态、业态、生态都获得了根本性改观，村庄名声极大提升，村民群众受益匪浅。但是，客观地分析，在清漾村的发展过程中没有建立有效的共建共治共享机制，造成了共建与共享之间的矛盾。

共建者不能共享。在清漾村的发展特别是毛氏文化保护与开发过程中，政府、旅游公司、清漾村及其村民、其他社会力量分别以不同角色参与其中，形成了一种独特的多元共建格局，但没有自觉地建构起合理有效的共享机制。多方力量在政府的动员和协调下参与到了清漾村庄发展过程之中，但不清楚参与会给自己带来什么。即使是清漾村的干部和群众特别是毛氏族人也不懂得毛氏文化保护开发的现实价值和意义，更多的是抱着一种朴素的家族情感和家族荣耀，盲目地参与其中。正因为在建设过程中没有明确参与主体的权责利，形成了诸如产权不清、利益不明等问题，不同程度地挫伤了投资经营者和村民群众、社会力量的积极性，并引发了一些利益矛盾与冲突。

共建者不能共治。在以毛氏文化资源为基础，村落历史文化的保护性开发为重点的清漾村发展过程中，江山毛氏文化研究会等社会力量积极参与，发挥了重要作用。但难以介入清漾村特色文化保护与开发项目的决策与管理过程，甚至于清漾村级组织及其干部也无奈地被排除在外。正是由于共治机制的缺乏，造成了目前清漾村发展的村落特色呈现不足，特别是在村落文化产业化开发中未能充分传承毛氏文化的合理内核，呈现毛氏文化的灵魂。

共建者不能共进。清漾村庄建设的参与者未能形成患难与共的共进共退机制，突出地表现在村落文化旅游项目的开发。清漾景区与旅游项目主要由江山市旅游开发公司投资经营，自负盈亏。清漾村作为文化资源所有者和景区所在地的管理者，每年只获取固定的费用，未能与旅游公司建立共进共退机制，挫伤了清漾村干部和群众的积极性和满意度。

（三）经济建设为中心与人民为中心之间的矛盾

改革开放以来，中国农村乃至整个国家的发展都确立了以经济建设为中心的指导思想，经济发展和经济指标因此成为衡量地方发展、评估政府绩效、考核干部业绩的最主要指标。从一定意义上说，清漾村的 40 年发展一定程度地受到了这一发展理念的影响。

在 2006 年以来的毛氏文化保护与开发实践中，显然可以发现地方政府对于文化开发利用的重视，而且重在文化村落旅游项目建设。在这一意义上更多地体现为一种开发性保护，或者说保护的目的更多的是为了开发、利用，旨在促进地方经济发展。然而，客观地分析，在毛氏文化保护与开发过程中，并没有真正地确立以人民为中心的原则。一没有充分关注和顾及村民群众的需求和意愿，二没有广泛动员和吸纳村民群众的参与，三没有自觉增强和提升村民群众的获得感、幸福感。即使在 2006 年以来的村庄发展特别是毛氏文化保护与开发中，清漾村及其村民实际获得了相当的好处，但最终还是出现了获得感不强、幸福感不高、认同度不足的局面。

三、清漾村发展的重要启示

改革开放 40 年来的清漾村发展既有中国农村发展的共性，又有村庄发展的个性；既取得了有目共睹的成绩，也存在着不可否认的局限，为中国村庄发展提供了若干启示。

（一）构建合作、共赢的村庄发展命运共同体

清漾村的发展表明，合作发展是影响村庄发展的重要变量。村庄发展是一个多元主体参与的共建过程，参与建设的各个主体之间的关系状况直接影响着村庄发展的成败。今天清漾村的发展在很大程度上是在合作的基础上取得的，当前清漾村庄发展中的局限在很大程度上也是因为协同不足。在村庄建设和发展过程中，应当构建多元主体的共享机制，在共建的基础上实现共用共治共进，形成合作、共赢的村庄发展命运共同体。

第一，确立村庄发展的共同利益观。参与村庄建设的各个主体都是理性的，显然会有各自的利益考量，应当充分尊重各主体的利益追求。然而，各主体之间的利益关系并非一种排他的零和关系，而是相互依赖、彼此交融的共存关系。各个参与主体在村庄建设和村庄发展中处于共同的利益链条上。任何一个主体、任何一个环节出现问题都将影响其他主体、其他环节，导致共同利益链条的断裂。任何一个主体均不能在村庄建设和村庄发展中独善其身，要想自己获得利益，就必须让其他主体获得利益。因此，在追求自身利益的同时促进其他参与主体的利益，努力将自身利益与全体参与者的利益有机结合起来，最大限度地实现共同利益。

第二，明确各参与主体在村庄发展中的权利与责任。每一项村庄建设项目，均需要正常签订共同开发与建设的合作协议，在协议中明确各方权利与责任，建立共建者之间的契约关系。将村庄建设和村庄发展中的合作共建置于契约关系之上，依法开展建设活动和项目工作，保障村庄建设和村庄发展参与者的合法权益。

第三，建立同舟共济、合作共进的伙伴关系。参与村庄建设和村庄发展的各方应当在相互信任的基础上，为了实现共同的目标建立起共担风险、共享利益的伙伴关系。这就要求相互信任、同舟共济，相互沟通、平等协商，相互配合、共同担当，相互协调、互利共赢，相互支持、合作共进。

第四，构建多层次、多类型的多元协同格局。村庄发展是一个复杂的社会工程，势必由众多个建设项目、多方面发展工作构成。每个项目、每项工作往往有多个主体共同参与，形成多元协同关系。然而，在不同层次、不同类型的建设项目和发展工作中，各个参与主体的地位和作用将有所不同，因此不能强求完全统一。相反，需要根据建设项目和发展工作选择多样化的协同方式。在宏观层次上，村庄发展需要党建引领、政府主导、村庄基础、多方协同。在微观层次上，具体的村庄建设项目和发展工作应当强调优势主导。谁在项目建设和发展工作上更有

优势，就由谁来主导。进而构建优势主导的多层次、多类型、多元协同格局。

（二）创新协调、开放的村庄发展方式

清漾村的发展表明，协调、开放是村庄发展的必由之路。村庄发展是一个多方面相结合的系统性工程，一个面向市场、面向世界的开放性系统，系统的协调性、开放性直接关系到村庄发展的成效。今天清漾村的发展从某种意义上讲是协调、开放的结果，当前清漾村发展的局限也是因为协调、开放不足。在村庄建设和发展过程中，应当积极探索和创新发展机制，解决发展不平衡问题，实现村庄社会各个领域、各个方面的协调发展，有序推进村庄的全面振兴。解决村庄发展的内外联动问题，实现村庄内在动力与外在因素的有机结合，有效促进村庄的高质量开放。

第一，着力推动村庄的协调发展。村庄发展不协调是一个长期存在的问题，突出表现在经济先行，其他领域和方面相对滞后，严重制约了村民群众日益增长的美好生活需要的满足。应当以协调发展理念为引领，转变村庄发展方式，由过去片面强调经济发展转向全面关注各领域各方面的协调发展。更加注意调整各个领域、各个方面的发展关系，注重村庄发展的整体效能。为此，需要通过制度创新、产业创新、文化创新、科技创新"四个创新"，借助产业振兴、人才振兴、文化振兴、生态振兴、组织振兴"五个振兴"，逐步推动村庄的全面繁荣。

第二，积极探索村庄发展的内外联动机制。封闭性发展是中国村庄发展的传统模式，突出地表现为自给自足，严重制约着村民生活质量和村民素质的提升。应当以开放发展理念为引领，积极探索村庄发展的开放机制，着力提高村庄发展的开放程度和开放质量，在努力挖掘村庄内部资源和内在动力的同时，积极引进村庄外部资源和外在力量，实现有效的内外联动，促进村庄更好、更快发展。

（三）探索以村民为中心的村庄发展道路

"以人民为中心"思想是习近平新时代中国特色社会主义思想的重要内容。"必须坚持以人民为中心，不断实现人民对美好生活的向往。"[1] 这是改革开放40年的一条重要经验。改革开放之所以取得辉煌成就，在很大程度上是在于确立了一套体现人民意志、保障人民权益、激发人民创造活力的制度机制。从一定意义

---

[1]　本报评论员：《不断实现人民对美好生活的向往——三论深入学习习近平总书记在庆祝改革开放40周年大会重要讲话》，《光明日报》2018年12月21日第1版。

上说，清漾村的发展强调了经济建设中心，突出了政府主导，但"以人民为中心"思想体现得不够充分，未能有效地调动村民群众的积极性。村庄发展未能达到理想效果或许与此存在一定关联。

从某种意义上讲，"以人民为中心"在村庄发展中最主要的是体现为以村民为中心，需要积极探索以村民为中心的村庄发展道路。

第一，坚持以村民需求为导向。"以人民为中心"意味着应当面对新时代村庄发展的问题，积极回应村民群众日益增长的美好生活需求，顺应民心、尊重民意、关注民情、致力民生，以村民群众的真实需求为导向选择村庄发展路径。一要建立和健全村民需求评估与识别机制。精准识别村民群众多层次、多类型、多方面的生活需求，而不是某些领导想象的、个别组织臆测的村民需求。二要探索和创新村民群众生活服务机制。借助供给侧改革和农村生活服务建设，不断满足村民群众的需求，提高村民的美好生活水平。

第二，坚持以村民参与为基础。"以人民为中心"意味着应当依靠村民群众，充分激发蕴藏在村民群众中的创造伟力。这就要求把政府主导与村民主体有机结合起来，切实保障村民参与在村庄建设和发展中的基础性地位。要通过制定和贯彻正确制度和政策，引领村民群众参与村庄建设和村庄发展过程。要通过建构合理的利益驱动机制，调动村民群众投身村庄发展的积极性。要通过健全民主制度、完善法治保障，确保村民群众依法享有广泛充分、真实具体、有效管用的民主权利。要运用灵活、多样的沟通方式，加强村民有效沟通，扩大村民有序参与。要借助互联网平台和智慧设施，创新新时代群众工作方法，引导村民群众积极参与。

第三，坚持以村民幸福为目标。"以人民为中心"意味着应当追求村民群众的幸福，加强幸福村庄建设。为人民谋幸福是中国共产党人的初心和使命，也是农村改革的初心和使命。在村庄发展中应当牢记初心和使命，自觉以村民为中心，以村民幸福为目标，积极探索新时代村庄振兴之路。通过乡村的全面振兴，让村民群众有更多、更直接、更实在的获得感、幸福感、安全感，实现村民群众对美好生活的向往。

第四，坚持以村民满意为标准。"以人民为中心"意味着应当以村民群众的满意度为评价依据，需要通过最广泛、最真实、最管用的制度体系，把人民拥护不拥护、赞成不赞成、满意不满意作为检验和评价村庄建设和发展的重要标准。

史

地

篇

流变与遗存

中国村庄发展

SHIDI PIAN
LIUBIAN YU YICUN

文　化　　为　基

衢州市清漾村具有悠久的历史，是一个典型的宗族聚居型村落，江南毛氏发祥地，国家级历史文化名村。既具有江南农村的一般性、普遍性，又显现历史文化名村的特殊性、特色性。本篇主要考察清漾村地理位置、自然资源和传统经济，江南毛氏的由来，清漾村的历史变迁，以及村落的传统生活和文化习俗等。通过历史考察，发现村庄发展的传统因素和文化基因。

第一章 地理资源与传统经济

第一节 地理环境与自然资源

一、地理环境

清漾村位于浙江省衢州市江山市东南部，距江山市中心25千米，正处于江山市南北长东西窄的版图中心。清漾村所在的江山市，位于钱塘江上游，地处浙、闽、赣三省交界，交通便利，市中心距衢州机场50千米，距黄衢南高速公路江郎山出口仅3千米，205国道贯穿境内，有城乡公交车202线经石门集镇，连接清漾村和江山市区。2018年全村总面积4455亩，山林面积2669亩，耕地总面积738.73亩。人口1100多人，分8个村民小组。村庄建设用地12平方千米，传统建筑聚落约3平方千米。

据记载，早在1600年前，清漾村就坐落在古镇安镇，现改名为石门镇。石门镇地理位置优越，东藏古刹仙居寺，南屏奇峰三片石，西有天成神仙床，北依平岗索赋岭。明嘉靖二十六年（1547）江山石门人赵镗撰写的《石门乡记》说："吾乡，古太末地。北抵府治，南通八闽，东连括苍，西达江右。山有江郎、双石、云峰之奇，水有文川、前溪、西潭之秀。夫自有宇宙即有山川，自有山川即有人物……石门者，余乡地名也。以面向江郎，两石如门，故名。又曰镇安者，相传闽地数反侧不安，而设三堂以镇之，故名。其地自瑶岩发脉，中涌为螺峰尖；迤逦而衍为黄泥冈，一带而下若排形然。上街头为首，毛氏居之；东南街为中，周、江、胡诸姓居之；最下为泉塘，则余族居之；又其南一支，自里畲落脉为上山头，周氏祖居。"据清同治己巳年（1869）《清漾毛氏族谱》记载："清漾在须江（江山旧称）之阳、（江）郎山之阴，去县治三十五里，镇安（即今石门镇）在东北之三里。"

今天的清漾村，有"西依江郎，南望仙居，北枕石门"之称。北面距石门镇中心1千米，西面离国家级5A级风景区江郎山4千米，南面到仙居寺3千米。西面仙霞古道傍村而过。仙霞古道是沟通浙闽交通的要道，曾是连接南北商旅的血脉，"海上丝绸之路"的陆上运输要道，也是兵家必争之地、商旅之途、诗词之路、空海之路。石门镇处于始自江山城南的仙霞古道中间，古代的文人墨客和官贾，往来仙霞古道时必定要经过。

清漾村北、东、南三面环山，林木葱茏、蜿蜒起伏、曲折盘旋。西侧是万顷田畴，村落则如一颗明珠，整个地理环境构成了一幅游龙戏珠的美景。东侧有古老的清漾塔，一条"文"字形的文川溪穿村而过，一棵千年古樟树屹立在村头。村落周围被农田和低丘包围，自然环境显得平静而恬美。地处亚热带北部湿润季风气候区，四季分明、雨水充沛。年平均气温17℃左右；年降水量1650—2200毫米，3—6月降水量约占全年总降水量的57%以上，易出现连续暴雨、大暴雨，常造成洪涝灾害；梅雨结束后降水明显减少，气温高、蒸发量大，盛夏和初秋易发生干旱，期间受台风外围影响，也常造成洪灾。由于山区地形，清漾村的平均温度低于江山市城区1.2℃—2.6℃，降雨量也高于城区200—500毫米。年日照时数2000小时左右；无霜期253天。

在地质构造上，清漾村背靠的仙霞岭是由武夷山脉延伸而来的支脉，属陆相沉积形成的地质构造，清漾村相邻的江郎山就是由当时的河流或湖泊沉积的岩石所形成。在清漾村周边的水田里，往下挖1—2米就可以发现和江郎山几乎一致的红砂岩。这种岩石比较疏松，且岩石的胶结物含有大量的碳酸盐。在造山运动作用下，侏罗纪形成的红色砂砾岩，发生断裂、扭曲、变形，然后在雨水的冲淋下，碳酸盐溶解，从而形成了断崖、孤峰、溶沟、石芽、溶洞等。因此江山也被称为"天然奇石博物馆"，有丰富的"四怪"：云怪、石怪、洞怪、泉怪。清漾村北侧的天然石门，就是这一地质结构的代表作。石门高20米，古藤倒悬，水帘如瀑。紧闭的门缝中似有横锁之印痕，如浮雕嵌于山中，正对着千年古刹仙居寺。清漾村所在的石门镇正是由此而得名。

二、自然资源

文川溪是钱江源头的支流之一，由山水汇成小溪穿清漾村而过，下游流入石门河，进入江山江。正因为有一条文溪往清漾祖宅而来，绕村而去，谓之青龙。

故清漾又称青龙头。这是当年古村落选址的重要依据，也是清漾毛氏族人生产和生活的重要依托。清漾村西南面的山区地势险峻，落差明显，因此形成一处瀑布，自古被称为"剑瀑"。此瀑布在雨季的长度能达 60 米，清泉悬空而下，甚为壮观。清漾村南的凤尾池，有一个至今仍被津津乐道的传说——百鸟朝凤。据传说：清漾始迁祖毛元琼定居此地后的一天，经过这个池塘见有许多禽鸟在此嬉戏。正看得入神时，忽见一只凤凰飞过池塘停在了对面的山上，引百鸟鸣叫着飞翔而去。毛元琼惊叹不已，于是把对面的山取名为凤凰山。因这个池塘位于凤凰山尾，因此又将此池塘叫作凤尾池。水是万物的生命源泉，清漾村的"一溪一瀑一池"滋养了清漾村的人和其他生灵，为清漾村人世世代代的生命延续提供了生活和生产的重要资源，至今还庇护着一些稀有的动植物。

清漾村所在地的仙霞国家森林公园，森林覆盖率达 95%，是浙江省较大的原始次生林之一，有"浙江的西双版纳"之称。清漾村处于山区和丘陵地带，其天然植被以低山丘陵中生长的亚热带林木为主，樟树林、马尾松林、杉木林、茶叶和毛竹林广布，还有少数石斛、银杏等，是江山市中部重要的木材蓄积地。林间伴生有藤本和附生植物，其中野葛是最有价值的野生植物，至今仍为村民带来收益。其他无林的贫瘠山坡，则广泛分布有常绿蕨类和灌木杜鹃等。

在清漾村这片红色土地上，曾经活跃着一种称霸地球的动物——恐龙。1977年，在江山境内发现的侏罗纪时期恐龙化石，长达 22 米，化石保存有背椎、尾椎、肩胛骨、鸟喙骨、股骨、坐骨和肋骨等，完整度达 90%，是浙江省内发现的最大的恐龙化石。它代表了巨龙科的一个新属种，也是我国巨龙科化石的首次发现。在距离清漾村不远的峡口山坑小溪内，至今还生存着有 3 亿年历史、与恐龙同一个年代的古老物种"中国小鲵"。这是珍贵的生物活化石，被生物学家誉为研究古生物进化史的金钥匙。此外，清漾村周边的山林中还可以发现穿山甲、野猪、黄麂等众多野生动物。

江山港是古代"海上丝绸之路"的重要枢纽。自唐朝至南宋的几百年间，全国的经济中心逐渐转移至江南地区，浙闽地区开始繁盛，物资贸易往来逐渐频繁。其间，通过江山港再走仙霞古道，转到瓯江水系直达泉州的这一"海上丝绸之路"的陆路"大陆桥"的重要性凸显。也正是在这一时期这条古道正式开通为官路，称为"仙霞路"。据《读史方舆纪要》记载："凡自浙入闽者，由清湖渡舍舟登陆，连延曲折，逾岭而南，至浦城县城西，复舍陆登舟以达闽海。"[1] 宋室南迁临安（杭州）后，出于保护临安需要，区别对待浙江和沿海的开放政策，从而刺激了内陆交通运输业的发展。

第二节　传统农业和"挑浦城担"

一、村落的传统农业

清漾毛氏世世代代靠种田为生，田地成为清漾人赖以生存发展的基础。清漾村依山傍水、土地肥沃、雨水充沛、气候温暖，有大面积土地可以耕种，也有部分祖田与山场可以出租，是江山的重要农业区之一。古代清漾村的水田都是种一熟迟中稻或单季晚稻。水稻始终是清漾种植业的主要粮食作物，其中以籼稻为主、糯稻为辅。但耕作粗放，产量很低，亩产在 100 公斤上下。[2] 中华人民共和国成立以来，随着生产条件的逐步改善，先进技术的逐渐推广，提高了复种指数，粮食总产、单产不断提高。1971 年，粮食亩产超《全国农业发展纲要》要求，达到 410 公斤。1978 年，粮食亩产 500 公斤左右。除了种植水稻之外，少部分水田春季还要种一熟春花，或秋季种一熟杂粮。

豆类是清漾村民种植的第二大粮食作物，以马料豆为主，大豆和蚕豌豆为辅。据《近代中国实业志》记载，民国二十年（1931），江山县的大豆面积居全省第二位，达 5.71 万亩。[3] 1949 年后，豆类逐渐以大豆为主。1970 年以后，随着双季稻、玉米、番薯三大高产作物的推广，马料豆也退出清漾村的种植历史。

旱地主要种植番薯、玉米、高粱、荞麦、小米、芝麻、花生等，少数种麦、秋杂粮。1930 年之后，春粮面积扩大，开始种植大麦、小麦。[4] 中华人民共和国成立后，春粮的品种由以大麦为主变为以小麦为主。政府提倡低产作物改高产作物，番薯、玉米种植面积扩大，荞麦逐年缩小。1967 年后，由于双季稻面积的扩大，旱粮总面积减少，荞麦退出了种植的历史舞台。1970 年后因杂交玉米的推广，

---

① 顾祖禹：《读史方舆纪要·浙江方舆纪要叙·卷九十三》第九册，中华书局 2019 年版，第 55 页。
② 江山市志编纂委员会：《江山市志》，浙江人民出版社 1990 年版，第 106 页。
③ 实业部国际贸易局编：《近代中国实业志（二）·浙江》，民国二十二年（1933），第 16 页。
④ 江山市志编纂委员会：《江山市志》，浙江人民出版社 1990 年版，第 107 页。

旱粮面积回升。以后，随着杂交水稻推广，旱粮面积又逐年下降。

清漾村还有毛竹、茶叶、柑橘、油茶籽、油菜籽等经济作物。总之，清漾村的农业发展是一熟到多熟、单一到综合、粗放到集约、低产到高产的过程。

清漾村也具有悠久的畜牧生产史，所谓"种田不养猪，等于秀才不读书"。清漾村自古就有养猪、养鸡的传统。根据《江山市志》记载[①]，民国时期，清漾村户均养猪大约在1头，抗日战争爆发后，生猪存栏量下降1/4。中华人民共和国成立初期，生猪年饲养量一度达到最高户均近2头。直到1954年粮食实行统购统销，养猪量才减少一半。1956年以后，实行留饲料粮及猪肥折价等措施，饲养量回升到之前的户均近2头。1958—1961年，由于石门公社将户养生猪折价归公，办集体畜牧场，生猪饲养量下降到户均不到1头。1962年，贯彻"以私养为主，公养私养并举"的养猪方针，下放集体畜牧场，对平调社员生猪进行算账退赔，同时落实自留地、饲料地、投肥合理计酬、养猪妇女出勤照顾等政策，国家收购生猪实行奖售，生猪生产迅速恢复和发展。按照当时江山市农村生猪平均存栏量计算，1966年，清漾村的生猪户均有2.0—2.5头。1981年，江山县政府大力推广专业户养猪，集体畜牧场减少，清漾村出现了生猪存栏10头以上的专业户、重点户。1985年，县政府鼓励养殖出口香港的瘦肉型猪，仅这一个品种，清漾村民每人平均就养殖了1.3头。到1987年，清漾村畜牧业总产值已达到农业总产值的34.60%，其中超过一半的贡献来自养猪业。

历史上，养禽业在清漾村的养殖业中占比第二。根据《江山市志》记载的资料推算，1936年清漾村户均养鸡4.1羽、鸭1.3羽、鹅0.2羽，1949年户均养家禽（包括鸡、鸭、鹅）7.5羽。1962年后，家禽养殖数量一度下降。改革开放以后，江山人民政府曾极力推广发展白鹅、白羽乌骨鸡等特色家禽养殖业，清漾村的家庭养禽业有了很大发展。1984年清漾村出现养鸡专业户2户，养鹅专业户1户。1987年全村每个农户平均养禽13.6羽。[②]

二、古代清漾村民的第二职业："挑浦城担"

自南宋迁都临安以来，黄巢开辟的仙霞古道就成了"外通福建里通京"的主要驿道，浙江到福建的物资都要经过清漾村附近的仙霞关和仙霞路。明清时由于海

---

① 江山市志编纂委员会：《江山市志》，浙江人民出版社1990年版，第73—125页。
② 江山市志编纂委员会：《江山市志》，浙江人民出版社1990年版，第74—129页。

禁，愈发使其成为浙闽乃至中国南北大宗出口物资的重要陆上通道。巨大的运输量和陡峭崎岖的山路，产生了"挑浦城担"这个独具特色的职业。即由脚夫沿仙霞岭从清湖将货物挑至浦城。

依托仙霞古道，清漾村民陆续参与挑货的工作，拥有了一项独特的第二职业。据村里老人回忆：清漾村人 70% 的劳动力在农闲时加入了"挑浦城担"的队伍，以赚取一些农外收入，弥补家计生活的不足。其中，体力最好的挑夫，每年挑担的收入与种地的收入不相上下，一般的劳动力也能挣得农业收入的 1/3 以上。由此形成了村庄经济的一个重要特色。《清漾毛氏族谱》有记载："清漾毛氏五十五世孙世年公，生于清光绪十一年（1885），终于 1963 年 1 月 16 日。公一生诚信厚道，生活简朴却乐于助人。村人大都贫困，农闲时靠"挑浦城担"过日子，即把江山购进的布匹挑到浦城换成大米挑回来，每担重达 200 多斤。经崇山峻岭来回数百里。利用两地差价换点血汗钱。村民因穷困无钱购进布匹，均由公担保先向清湖布庄赊入，不日归还。公亦参与挑浦城担，生活极其节俭，来回路上都有自带饭菜。而公带的菜仅是一只咸鸭蛋，回家仍未吃完，成为村人的美谈。"①

---

① 《清漾毛氏族谱·荣恩考·传记》，第 19 页。

第二章　村庄的历史

第一节　江南毛氏的由来

一、毛氏的渊源

据史书记载，毛姓始于周朝，源于姬姓。商朝末年，西伯侯文王姬昌发兵讨商，打败了纣王，其子武王姬发建立周朝。公元前 1043 年，周文王第九子、周武王胞弟姬叔郑被周武王分封到陕西岐山、扶风一带当诸侯，爵位伯。姬叔郑在此建立毛国，并成为毛国的开国君王，故史称毛伯郑。毛伯郑的子孙继承爵位，世袭相传，并成为周王朝的卿士。《通志·氏族略·以邑为氏》有云："毛姓，周文王之子毛伯聘之所封，世为周卿士，食采于毛，子孙因以为氏。"《中湘韶山毛氏族谱》中也有相同认识："吾姓系出周姬文王子毛伯郑之后，世为周卿，因国为氏。"① 现在清漾毛氏祖祠中堂横梁上挂着"西河望族"的牌匾，即指声望显赫的清漾毛氏一族源自周代的"西河"（今陕甘一带）。

春秋晚年，毛伯得介入王位之争。公元前 516 年，毛伯得支持的王子朝被晋军和召伯盈打败，驱出王宫。据《左传》记载："召伯盈逐王子朝。王子朝及召氏之族、毛伯得、尹氏固、南宫嚚奉周之典籍以奔楚。"② 具有 527 年历史的毛国因此宣告灭亡，其辖地被并入东周版图。毛伯郑子孙为纪念毛国先祖，遂以国为氏，改姬姓为毛姓，尊毛伯郑为毛氏开山鼻祖。

毛国灭亡后，毛伯得携带亲属和家将文官迁徙到了楚国，以他为首的这部分毛氏家族成员就在汉水流域繁衍生息，其他有些权力和实力的毛氏成员也相继迁徙四方。其中一支迁往河内（今河南省黄河以北地区），随后在阳武（今河南原阳）

---

① 毛祥纲等：《中湘韶山毛氏族谱》二修，第一卷。
② 左丘明：《左传·鲁昭公二十六年》下册，中华书局 2012 年版，第 22 页。

定居。在此繁衍生活 800 多年，人丁兴旺，名人辈出。在历史上有毛遂、毛苌、毛宝等著名历史人物，成了毛氏的望族——荥阳毛氏。

二、江南毛氏的源流

据记载，毛氏第 52 代，"征虏大将军"毛宝为首的毛氏将官拥卫晋王室南渡长江，在东晋王朝的建立与稳固过程中立下了汗马功劳，被封为东晋州陵侯。北宋元丰六年（1083）龙图阁待制毛渐在《清漾毛氏族谱·源流序》中记载："吾毛氏，出姬姓之后。盖武王有天下，封建宗亲，屏藩王室，以文王庶子分土于毛。……周衰，诸侯相吞而毛国亡，子孙因以为氏。秦并天下，罢侯置守，其地入于荥阳。""晋帝南渡，毛氏从之，奋忠立功，自宝至璩，皆列显位。"又称："晋帝之东，毛氏大显，称江左盛族。"毛宝因此而成了江南毛氏的一世祖。

升平初年，毛宝的长子毛穆之承袭州陵侯。因南郡已经被封给了恒温，毛穆之被徙封为建安侯（在今福建建瓯）。后病卒于巴东军中。毛宝孙毛璩因军功被追封为归乡公①，归葬信安。清漾毛氏族谱有载：毛璩"因平恒元有功，封归乡公，食邑于信安"。"璩死于蜀，归葬信安。"历史上的信安位于现在的衢州。据此可知，江南毛氏的前三世都未到过衢州，毛璩也只是在死后才封为归乡公，归葬到浙江衢州。民国《衢县志·古迹》有载："城南里余，地名'毛家田铺'，一高阜上，林莽丛杂，颇饶幽胜，村旁之古冢，璩墓。"

江南毛氏先祖屡立奇功、声名显赫，但其子孙有多人死于王事、战事，为国捐躯者众多，对宗族繁衍发展极其不利。因此江南毛氏自承袭父亲毛璩归乡公爵位的第四世毛宏之始，常告诫后人："璩及瑗，并子侄之在蜀者一时殄没……以仕途为戒，羽飞鳞潜，徘徊丘壑。故历代之久，无复顾望中原以取荣禄。宗中老人，常传先世所为文章、道行其实，皆淳和质野，乐肆于山水之间；语及仕宦，则掩耳而走矣。"告诫子孙远离仕途，潜心文章。江南毛氏后人也逐渐接受祖辈"举家歼没"的教训，代代相传，整个家族在信安定居下来，直到第二十世方有人重返仕途。北宋毛渐在《清漾毛氏族谱·序》中云："周衰，毛伯亡，其爵邑子孙迁播于四方，随世以显，史不绝书。自州陵渡江，最为著姓，拥旄开国者累叶数人。"自此，江南毛氏才有人定居三衢之地，逐渐形成了三衢毛氏一脉，并发展成为江南毛氏主系。

---

① 乡公，是历史上的爵号名。据《三国志·魏志·文帝纪》记载："初制封王之庶子为乡公，嗣王之庶子为亭侯。"

第二节 清漾村的历史变迁

一、清漾村的由来

据考证，江南毛氏的前三世生前均未到过衢州，自四世祖毛宏之起才迁徙到以须江为中心的地区定居生活。据清同治己巳年（1869）的《清漾毛氏族谱》记载："若元琼公之迁清漾也，择仁徙义，卒之亢宗，其迁也善……溯流穷源，先人之俎豆在焉。"可见，在毛元琼迁徙到清漾前，江南毛氏祖先已经在江山地域范围内生活了数代人。南朝梁武帝大同年间（535—545），江南毛氏八世祖毛元琼（字公远，号清漾）始居须江之清漾，其弟毛元副迁居须江之后村，毛元德迁居须江之清湖。因当时须江县还没有设立，今江山之地仍是信安县的地域，因此族谱记载毛元琼系从信安迁入清漾，而实际上就是从江山本地迁入石门。毛元琼选择了一块宝地，建造了清漾毛氏最早的住宅——清漾祖宅，从此定居清漾，成了清漾毛氏一族的始祖。因毛元琼号"清漾"，后人遂以始祖号"清漾"为村名。

二、江南毛氏发祥地

自毛元琼定居清漾以来，毛氏家族逐渐兴旺，其后裔先后外迁，形成了多个清漾毛氏的分支。据不完全统计，仅在江山市范围内清漾毛氏后裔约有6万人，分布于江山各地，是中国最大的江南毛氏聚居地。同时，清漾毛氏呈辐射状向南方各地伸延，孕育了本省的奉化毛氏、平阳毛氏，还延伸到了江西吉水、湖南韶山、广西贺州、云南澜沧等地，形成了上百条源于同一血脉的清漾毛氏分支。据《清漾毛氏族谱》记载，江南毛氏自八世毛元琼肇迁清漾后，枝繁叶茂，流布江南，各世子孙多有迁徙，是江南毛氏家族中地位最尊、影响最大、支派最繁的盛门。中国南方90%以上的毛氏都源自清漾，成了江南毛氏的发脉地。江西吉水、浙江奉化的毛氏均认清漾为祖籍地，湖南韶山毛氏也认同清漾为祖居地。同时，部分后裔外迁到了苏、皖、闽、赣、湘、鄂、滇、黔、云、桂、鲁、豫等省，以及港澳台地区和世界各地，人口不计其数。明都察院右佥都御史、江山石门人赵镗在《清漾毛氏族谱·序》中云："追梁武大同时至元琼，溯宝又八传矣。自信安徙须江，即今江山县之清漾，自是分徙颇多，均成望族，而皆称'清漾毛氏'云。"清漾祖祠的楹联"信安食采承恩旧，清漾肇基衍派藩"，从侧面反映了清漾毛氏的由来与发祥过程。

一般而言，发祥地泛指开始建立基业的地方。正是在这个意义上，毛氏文化研究者依据江南毛氏的变迁过程和清漾毛氏的发展情况，确定清漾为江南毛氏的发祥地，毛泽东的祖居地。

三、清漾村的历史沿革

据《江山县志·沿革志》记载，唐武德四年（621），信安县被分置须江县，以城南有须江得名，隶属越州总管府衢州，这是江山建县之始。[①]北宋前期，须江县设 12 乡、34 里，清漾村被称为文溪里，归属江山乡。北宋中后期，实行保甲制，在乡村建立保、大保、都保的组织体系。北宋后期，自宋熙宁四年（1071）始，乡以下改设都、保。南宋时期，须江县设 12 乡，以下从县境东北（今一都江）地方开始，按顺时针方向设 44 都，清漾村是 24 都，归属江山乡。明朝洪武十四年（1381），都以下编"图"（村），以乡统都，都统图，将 12 乡下的 44 都下编为 133 图，清漾村为 3 图，归属江山乡。清雍正年间，村一级组织改都、图为"庄"。雍正八年（1730）前后，江山县下分为 12 乡，下设 88 庄，清漾村为石门一庄。清宣统二年（1910），江山改乡，设 23 自治乡（区），江山乡成为石门自治乡。清朝的保甲制度与宗族组织、乡绅制度紧密结合，构成了乡村社会管理的基本制度。特别是清末维新变法之后，乡镇自治开始引入中国农村。民国时期，沿用清末自治乡（区）的区划方式。在民国十五年（1926）将石门乡划归第二自治区。[②]清漾归属石门乡，是其下辖的十四个保之一，称为七保。民国的保甲制度实行"管、教、养、卫"并重原则，使保甲制既服务于"自治"，亦有利于所谓自卫，村组织也随之行政化。但这种以"户"为基本单位的社会组织，仅从村的治理模式看，与清漾村传统的自我管理基本吻合，但增加了更多政治功能。民国时期的第一任石门乡乡长是清漾人，即国学大师毛子水的父亲。最后一任石门乡长毛延运也是清漾人。可见，当时清漾毛氏族人在石门乡地方上颇具影响力。

中华人民共和国成立后，废除保甲制。1950 年 5 月，设 8 区 81 乡，347 行政村。石门设乡，清漾村成为行政村。[③]当年，中央人民政府颁布了《中华人民共和国土地改革法》，废除封建土地所有制，实行农民阶级的土地所有制。1951 年

① 江山市志编纂委员会：《江山市志》，浙江人民出版社 1990 年版，第 1 页。
② 江山市志编纂委员会：《江山市志》，浙江人民出版社 1990 年版，第 4 页。
③ 江山市志编纂委员会：《江山市志》，浙江人民出版社 1990 年版，第 8 页。

江山进入土改阶段，清漾村按户占有土地面积划分成分，其中两个被定为地主成分（其中一个被枪毙），一户被定为富农，其他村民都是贫农或雇农。地主和富农的土地被没收，全部土地与山林按全村人口平均分配。作为历史悠久、官宦辈出的古村落，地主、富农之家却很少，村民的生活水平基本处于温饱阶段，贫富相差不悬殊。同年，清漾村改七保为七村，与现在的灵岗村合并为同一个村，村民习惯地称为上半村、下半村。但清漾人的自我认同感很强，他们在箩筐等农具上，会写上清漾毛某某而不是七村毛某某。

1952 年，在互助组的基础上发展起来的农村合作化开始推行。清漾村在农业合作化运动中建立了农村集体经济组织。村民在自愿互利的原则下将私有土地、山林、耕畜等主要生产资料分社统一经营和使用，并按出资比重分红。同时，村民还根据按劳分配的原则取得劳动报酬，产品也是由初级社统一支配。初级合作社虽然存在着诸多不足，但在农田水利等农业基础设施建设方面，较好地发挥了集体力量。让清漾村老人们至今还念念不忘的是 1953 年在文川溪上游修建联家垄水库的那段历史。当时，乡里、村里、互助组里的各级干部都同社员一起参加劳动，而且同社员一样评工记分，不论干部和社员，一律同工同酬。还有一件让村民难以忘怀的事是 1959 年政府办的扫盲班。[1] 老支书毛永兴回忆说，他因为家境贫寒，是耕读之村的文盲。在扫盲班的两年学习，使他具备了基本的读写能力，才能在 20 世纪七八十年代担当起村支书的重任。

1958 年 9 月，根据实行农村人民公社制的要求，石门乡改为石门公社。[2] 清漾村在自然村的基础上成立了清漾生产大队，由 8 个生产小队组成。清漾生产大队管理委员会，在石门公社管理委员会的领导下，落实本大队范围内各生产队的生产工作和行政工作，帮助生产队安排好社员生活；管理全大队的民政、民兵、治安、文教卫生等项工作；进行思想政治工作，贯彻执行中央的政策、法令。农业生产方面，清漾大队主要督促生产队完成国家规定的粮食和其他农副产品的征购、派购任务。清漾大队的各生产队以种植水稻为主，同时根据当地的条件发展林业和油料等经济作物的生产。这个时期，农村产业单一，集体生产效率低下，农民生产积极性不高，农业生产受到严重影响，村民生活比较艰苦。

1983 年 6 月，江山县实行政社分开，以原人民公社范围建乡镇，石门人民公

<hr>

[1] 江山市志编纂委员会：《江山市志》，浙江人民出版社 1990 年版，第 22 页。
[2] 江山市志编纂委员会：《江山市志》，浙江人民出版社 1990 年版，第 8 页。

社改为石门乡①，清漾生产大队改为清漾村。1986年石门撤乡改镇，在后来的行政区划调整中逐渐并入了若干其他乡镇，辖区越来越大。然而，清漾村的辖区面积在历史变迁过程中不仅没有扩大，反而逐渐变小。前清漾村主任毛旭明说："原来的清漾村范围比我们现在清漾村大。现在的很多村都是从清漾分出来的。"访谈中，老一辈村民时常会提到：清漾村以前是很大的……

① 江山市志编纂委员会：《江山市志》，浙江人民出版社1990年版，第9页。

第三章 传统的生活与文化

第一节 耕读传家

一、崇尚耕读传家

古代清漾村民多数是自耕农，他们有读书受教育的机会，也参加农业劳动，耕读兼营、半耕半读。耕读生活中的知识分子既有理论修养，也有农业生产经验，在亦农亦读的历史长河中，顺理成章地实现了从农学思想到哲学思想的升华，接受并自我强化了"天人合一"的朴素世界观。清漾祖先选村址就是人与自然融为一体的完美体现。古代清漾毛氏不仅从自然界里感悟生命，而且从村落地理位置领悟人生。"门对通衢，愿多士率由大道；堂开沃野，望后人勤服先畴。"这对祖宅楹联意味深长，启迪毛氏子孙做人做事要堂堂正正，选择正道。"农圃村居业，弦歌盛世音。"清漾人将田园农耕生活视为心目中的理想。同时，提醒后人："休迷雪月风花，试观其后；莫羡勋名事业，须问厥初。"农业生产生活要尊重自然、勤奋务实，一分耕耘、一分收获。据传，清漾村前的联家垅山原来是村民主要的柴火来源地，离村近，砍伐搬运方便。但一度因无人看管，无序砍伐，成了一片光秃秃的荒山。每年雨季大量水土流失，造成文川溪水混浊。民国年间，清漾五十五世孙毛世年提出封山育林。他反复向村民讲明道理，动之以情，晓之以理，并安排专人看护。几年后，联家垅山恢复了林密草盛，郁郁葱葱。山清而水秀，文川溪常年清水潺潺。联家垅田也因此由贫瘠土壤变成肥沃良田，山上树木长大后又实行计划采伐获取收益。如此，清漾村的水土流失控制住了，良田保住了，得到了村民交口称赞。

耕为生存，读为发展。古代清漾毛氏朴素的哲学思想，在宗族自治和发展中得到了进一步的传承和发扬，逐渐形成了"亲其亲，长其长，彝伦攸序；读者读，耕者耕，古道常存"的清漾毛氏家族伦理。清漾毛氏家族以读书为起家之本，在清漾祖宅的中堂——"合敬堂"高挂着"和顺为齐家之本，循礼为保家之本；读书为起家之本，勤俭为治家之本"的楹联，以警世醒人。同时，清漾毛氏要求子孙在取得功名后恪守"忠贞爱国、勤政廉洁"的祖训，努力做到忠孝两全、代代忠良。清漾毛氏29世、宋代进士毛衷，由刑部侍郎出任广西贺州刺史，在巩固边疆、勤劳公事、访黎问庶、兴农办学等方面颇有政绩。他曾写下一首七言律诗，表明了自己的为官之道："人杰地灵慕奇峰，田园胜地子孙荣。富江首辟桃源境，秀水奔涛画意浓。廉政为官明公道，丹心报国事亲躬。古道微服访黎庶，下车沽酒问桑农。"[1] 历史上，宋徽宗、宋孝宗、清高宗乾隆三位皇帝先后为清漾子孙留下了赞文。

清漾人的耕读文化，更是顺应自然与积极入世的完美结合。"崇教学，重农桑，和亲友，睦乡党，风清俗美；完粮差，戒争讼，黜淫邪，薄势利，身泰心安。"这幅毛氏祖先留下的楹联较好地表达了清漾人的价值体系。清漾毛氏第五十六世后裔，国学大师毛子水曾说过："在欧美各国的乡村文学中，都没有像清漾祖宅中的联语这样美善的。"宋代大文豪苏轼与清漾毛氏族人毛维瞻、毛滂父子，以及毛渐、毛国华等人相知交好，曾为清漾题联："天辞画图，星斗文章并灿；地呈灵秀，山川气物同奇。"将大自然的天地星斗与清漾毛氏的文章并举，是对清漾人崇文尚学的极大褒赞。

清漾毛氏将崇文尚学置于重要地位，并建构了独特的激励机制。比如，以荣誉激励获得功名者。将有功名者录入族谱，留名于世。毛允让在修谱时特别强调《荣恩考》，以荣誉感和溯源感恩之心激励后人。"允让曰：愚以宗族以恩胜，一命之荣，与三公之贵，皆同源也"，"循世次合纪之。士为宦始，寿为福先，均属朝恩，莫非荣达，作荣恩考"。[2] 意思是族人的荣华富贵，乃至于平安长寿都来自皇恩和功名，所以在族谱中要突出取得功名者的地位。又如，以物质和金钱激励毛氏族人参与科举。据《清漾毛氏族谱》记载，毛氏家族对应试者单独奖赏：每名文武童生县试给钱400文、府试给钱800文、院试给钱800文，文武生员岁试每名给钱1000文，文贡监生员科试每名给钱1000文，文武生员贡监乡试每名给钱4000文，文武举人会试每名给钱30000文，文武进士殿试每名给钱60000文，文

① 毛冬青、徐江都：《千年清漾》，中国文史出版社2009年版，第152页。
② 《清漾毛氏族谱·内集四卷·荣恩考》，第8页。

武鼎甲每名给钱 120000 文。①

二、耕读传家的历史成就

作为耕读之家的清漾村人，不仅耕者有其田，学者也有其屋。清漾毛氏族人历来重视教育，历史上曾经建有清漾书院、高斋书院等招收清漾子弟读书学文化。在祖祠中，专门设有家塾。《清漾毛氏族谱》有记载："前所设祠堂规制 …… 周以小室，为义仓、家塾，俾子孙诵读于其中。"②文中的家塾其实是族塾，是在毛氏祠堂开馆设学。"家塾设于祠堂之东，延蒙童、经学两师，预盟束修并供给若干。书不熟，字不正，讲作不曰明、言动不曰变于礼，及先生数离馆、杂事不正大者辞之不与束修。每月族长崇祀会，课其勤惰焉。不甚穷及殷厚者附学，则免供给，束修须自出，以见爱子敬师之意。此义塾须真实行之，毋以公费滥授匪人，误人子弟，慎之慎之。"③周边的白云庄、青龙寺、仙居寺也对清漾毛氏族人形成了重要的文化影响，为毛氏学子营建了良好的学习环境。据记载，清漾毛氏族人还曾邀请王安石、朱熹等文人名家前来讲学。

唐末宋初，清漾毛氏一改祖先因军功而加爵的历史，借科举之制考取功名，成功地回到了治国的舞台。"朝为田舍郎，暮登天子堂。"科举制为清漾村民提供了向上流动的机会，普通村民可以通过读书求学逐渐登上高位。"宋有天下，四海平定，道化盛行，天圣以来，族人才稍稍出取科第，数十年间，接珍于仕路矣。"允让曰："吾族自州陵五世效忠遇难，后人以仕为讳。至二十世始由兴者，自是名贤辈出，世不乏人。况古无科第乎？"④在历史上，清漾后裔出了众多历史文化名人，并留下了许多为后人赞许的历史典故，从一个特殊的侧面体现了清漾毛氏的耕读文化。

自唐末宋初以来，在清漾毛氏后裔中出了毛让等 8 位尚书、80 多位进士，成为有名的状元村、进士村。宋代的毛和叔家族出了"四代十登科，六子七进士"，成为清漾村科举兴家的典范。清漾毛氏族人的 8 位尚书有如下记载。⑤

毛延邺。累官至吴越国（907—978）司徒（礼部尚书）。

① 《清漾毛氏族谱·内集三卷·祠墓考》，第 68 页。
② 《清漾毛氏族谱·宗范志·例条》，第 90 页。
③ 《清漾毛氏族谱·宗范志·例条》，第 93 页。
④ 《清漾毛氏族谱·内集二卷·荣恩考》，第 8 页。
⑤ 《千年古道·锦绣江山》文化丛书编辑委员会：《清漾毛氏文化》（下册），中国文史出版社 2013 年版，第 44 页。

毛可游。累官至吴越大司徒；旧曾有司徒坊在石门。

毛让。南唐大理评事、入宋特授工部尚书致仕。

毛文琰。累官至吴越侍御使，进刑部尚书，旧曾有尚书（大司寇）坊在石门。

毛友。北宋大观元年进士，大观至宣和年间（1107—1125）历官中书舍人、衢州、镇江、明州（宁波）、杭州太守，翰林学士、端明殿学士，礼部尚书。

毛晃。南宋绍兴廿一年（1151）赵逵榜免解进士，历任县主簿、中书省历郎中、湖南邵阳知县、枢密院断事、建康（南京）知府、起居御史、礼部尚书、户部尚书、同枢密院事。

毛天叙。历官至南宋礼部尚书兼户部著作侍郎。

毛恺。明嘉靖十四年（1535）韩应龙榜进士。嘉靖末南京礼部、吏部尚书，隆庆时北京刑部尚书。

在民间，流传着一系列关于清漾毛氏族人耕读生活与精神品质的典故，构成独特的精神财富激励着后人。代表性如下。

典故1：毛滂（字泽民，清漾毛氏第27世）是历代江山最有名的文人，宋词"潇洒"派的开创者。苏轼在杭州做太守时，毛滂曾是他手下的一名法曹。毛滂任满辞去后某日，苏轼宴请宾客，有歌妓唱起了《惜纷飞》，苏轼闻之，惊问谁人所作？歌妓告知为毛法曹所写，苏轼当即对在座的客人说道："在我管辖的地方有这样出色的词人，而我竟然不知道，这真是我的罪过啊！"第二天便吩咐下人将他追回，毛滂因此声名鹊起。他的著作《东堂词》一卷被收入清代的《四库全书》。

典故2：清漾毛氏族人毛恺（字达和，清漾毛氏第42世），人称"毛尚书"。自明朝嘉靖十五年（1536）起进入仕途，先后数十余年，历任礼部、吏部、刑部三部尚书。据传，毛恺为官一生，刚正不阿，廉洁自律，两袖清风。嘉靖皇帝生日，文武百官都进俸奇珍异宝，外番甚至兴师动众押运生辰纲前来京都，为皇帝祝寿。毛恺则把从家中带来的万年青移栽到木桶里，送给皇上作为生日礼物。嘉靖一看，只是一桶普通的万年青，对毛恺说："爱卿手中是何宝物呀？"毛恺答道："启奏万岁，臣奉给万岁的是'一桶万年青'，象征着大明江山万年长青！"嘉靖皇帝一听，高兴地说："好一个'一统江山万年青'！爱卿进奉的是无价之宝啊！"于是，就把这桶万年青摆在了龙案上，传旨开宴，并叫毛尚书坐在他身边。

另据《清漾毛氏族谱》记载，明隆庆年间，江山县筹建城墙，知县余一龙按粮派银筹措经费，翻开粮册一看，发现毛恺家只有薄田数亩，米仅数石，还不及普通下户的产业，由此感慨万千："先生之居无楼台，蓄无金帛。江邑有筑城之役，例当照米征银，揭册视之，先生之米仅数石，犹不逮江民下户之产。今人口谈仁义，而行或背驰，亦有粉饰于朝而惰行于幽独者，如先生之彻表彻里，浑然一致，天下宁几人哉？"从侧面体现了清漾毛恺清正廉洁、勤政为民的精神品质。

第二节　礼治之村

清漾毛氏文化在村庄治理上，外化为以"礼"治村的管理模式。"礼"原本就来自宗法制度中的行为规则，又由宗族内部扩展到国家的政治生活领域。当"礼"作为一个完整的价值体系又回到宗法制度时，最能彰显其现实意义。

一、清漾毛氏"三约"

自江南毛氏第四世毛宏之承袭父亲毛璩归乡公爵位后，毛氏子孙就远离官场，男耕女织，安居乐业。按说，在中国古代，"礼"只限于士的阶层，与清漾的山民村妇并无直接关系。清漾人认为，治家如治国，将"礼治"导入家族治理规范。《清漾毛氏族谱·宗范志》指出："《传》曰：'君子不出家，而成教于国。'孔子曰：'唯孝友于兄弟，是以为政。'"[1] 意思是说，孔子认为何必非要求个一官半职才叫作为政。处家亦可谓有家政，欲治其国者，先齐其家，教化一国之人与教化一族之人同样是为政。清漾人遵循孔圣人的教诲，建构了独特的家族治理理念。虽然不出世治理国政，不轻易谋求官职，但将孝友之心作为宗族治理的思想，教化村民，使族人正心修身、孝顺父母、友爱兄弟、邻里和睦。

《清漾毛氏族谱·宗范志》开篇就言："教之致用，至于易俗。"[2] 明确地将家庭规约分为约训、约戒、约申三个部分，俗称"三约"。主要是对村民行为的道德界定和情感规劝，易学、易懂、易行，可以说是中国古代宗族治理中乡规民约的经典之作。

《约训》主要是对善的界定和倡导，将传统儒家文化的核心"孝悌忠信礼义廉耻"，外化到家庭、家族、邻里关系上，用更感性、更易懂的语言将为人处世的

---

① 《清漾毛氏族谱·内集四卷·宗范志》，第84页。
② 《清漾毛氏族谱·内集四卷·宗范志》，第84页。

道理描述出来。"自今，凡我同约：务要父慈子孝、兄爱弟敬、夫和妇随、长惠幼顺，小心奉官法，谦和处乡里。心要平恕，毋得轻意忿争；事要含忍，毋得辄兴词讼。见善互相劝勉，有恶互相惩戒。守望相助，患难相恤；务兴礼让之风，以成敦厚之俗。凡我同约：曾见有温良逊读、卑己尊人而人不敬爱者乎？曾见有凶狠贪暴、利己侵人而人不疾怨者乎？夫为善之人，心逸日休，必有余庆；为恶之人，疾恶于神人，破败其家业；上辱祖宗，下累子孙；可不慎与？"

《约戒》主要是对恶的戒劝和警示，将需要力戒的恶行总结为 24 个"毋"：毋拖欠钱粮，毋傲情奢侈，毋以众暴寡，毋以强凌弱，毋恃富欺贫，毋使下侮上，毋侵占产业，毋霸占水利，毋违理取利，毋用银低假，毋收卖不明，毋教唆词讼，毋朋党肆横，毋窝盗做贼，毋酗酒赌博，毋举蔽受献，毋乱伦奸淫，毋获贼分赃，毋图赖人命，毋争斗抢夺，毋负赖田租，毋挖骗客货，毋强砍山木，毋纵牲践食。

《约申》则强调，人的善恶不是以一时一事之行为界定的，而要以族规民约为终生的行为道德规范。"呜呼！凡我同乡之人，明德申诫：勿以今日之善为可喜，变于恶则灭身；勿以今日之过为可愧，迁于善则可庆。凡我同事，自勉自省，毋贻后悔，以为此《约》羞。"[①]

从内在约束力看，清漾村的《宗范志》虽然不是法律的刚性条例，但作为治族齐家的法理准则，对于一个村落自我管理和约束的秩序有其独特的价值与功能，而且比外在的法律更加深入内心。

二、清漾毛氏的礼治制度

在以"三约"界定行为伦理的基础上，清漾人的祖先又制定翔实的《例条》，建构了一套富有特色的村落礼治制度，可操作性极强。

根据《宗范志·例条》的规定，乡里公约是古清漾的重要村级权力组织，由约长、副约长、约讲、约史、约正、约赞等构成。不同的管理岗位分工明确，有明确的条件与职责要求，通过推举村落各类贤能人士担任。"同约中推言高有德而为众所信服者一人为约长，二人为左右约副。约长掌其事，左约副司举善，右约副司纠过；推明理有德一人为约讲，解讲《圣谕》；推通达明察二人为约史，约史记纠左右约长副之不逮；推公直果断者为约正，约正主劝惩、司纪举，读《圣谕》《训约》，申解纷释争；推礼仪习熟者四人为约赞。"乡里公约不仅以礼治的道德体

---

① 《清漾毛氏族谱·内集四卷·宗范志》，第 85 页。

系教化村民，而且负责解决宗族内部纠纷，避免族人到官府打官司，以削弱族群的合力和名望。"右约副司纠过。凡预约各门有争讼者，不得辄告官司，许报同门约保，听其从公处分。如处分已公，而顽梗不服者，即使告官，众证其非。如争不告会，径自闻官者，即理直亦纠其好讼之过，以杜争风。如有紧急不平未及会期者，许报约正，请会长、执事人等到会所公议。"[1] "若侵葬一节，宣十九公、庸十三公、庸十六公、梅四十一公、奎五十五公茔坟，先年俱告府县，禁约在匣。吾族原约：他人盗葬，法当告官，一遵前例。如子孙侵葬，罪大恶极，合房长幼会族申明，不必告官，经行迁发而重加责罚其人。夫合族迁发，即同祖宗之命，何罪之有？纵刁强具告，合族明白申诉，系于谱中旧例，行之已久，乞官如律究治。以上皆吾家屡行旧规，无敢违犯。缘因修谱，谨载古约，以见从来禁治之严，具例族规，用示遵行之久，并附律例于后，不肖者庶知所警云。"[2]

对不符合"礼"的行为，惩罚手段主要表现为"记过"和改过后"记善"，对其声誉进行褒贬。"凡约长所遣约正劝诫有过，或怠惰及挟势不往者，记过籍中；起会之后，约保遍告同门长幼，使知迁善改恶。如有过者，约保率相知自行劝诫；如不悛，则于纠过时报知约长，约长命该图约正同约保到其家，以义理诲谕之；又不改，登名隐然记其过于簿，仍遣三图约正往戒之；又不改，记前三次实过，面戒议罚，听其出约。如改过为善，即请人会记善籍中。而所犯之过，伤风化、害乡党，不可逭者，并盗贼实犯三次五劝诫不改者，会众议定闻官，必致之法。约保容隐不纠过，而他人纠过得实，则同门约保明是知情一党，共记过籍中，如系盗贼不纠过，与盗贼同书。"

古代清漾村还制定了一系列的治理规则与程序，保障了村落社会的有序运行。比如，对于族会的礼节和程序极其考究，不仅象征着民间治理的"礼"化，也是强化族群自治的权威性和神圣性的一种手段。《例条》规定："每会，各门约保清早听约司鸣钟齐赴，候约长到，诸人齐集。左约赞鸣鼓五声，右约赞唱：'序立，鞠躬，拜，兴，四，平身！'赞唱：'跪，听读《圣谕》。'约正读毕，赞唱：'俯伏，兴，平身！'赞唱：'听讲《约训》。'约正读毕，赞唱：'听《约戒》。'约正读毕，赞唱：'揖，平身，请分班。'候班定，赞唱：'平身，请约长扬言。'候序齿列坐定，左约赞和缓鸣鼓三声，赞唱：'请举善！各举无隐，隐善，同门约保之过。无可举

---

① 《清漾毛氏族谱·宗范志·例条》，第 86 页。
② 《清漾毛氏族谱·宗范志·例条》，第 91 页。

则己，如有善可举者，约保在位，明白扬声举之。'左约副询于众曰：'如何？'众皆曰：'举甚当！'约副曰：'约史记之。'记毕，约长、副揖善者，进彰善位，酌酒庆之，曰：'子能为善，能改某过，使人人如子，风俗焉有不厚善者？'置杯于案曰：'某实无所能，乃劳长者过奖，敢不加勉！'酌酒酬约长、副，仍举己杯揖约长、副，东西各一揖。饮毕，揖约长、副退。"

对于村民个人举止和家庭行为，《宗范志·例条》分《冠礼》《婚礼》《丧礼》《祭礼》四个部分做出了明确规定。涵盖了村民婚丧嫁娶、生老病死的礼仪和规范，要求做的、禁止做的、提倡做的，一应俱全。从一定意义上说，是一种可见、可行、可问责的管理制度。值得注意的是，《冠礼》《婚礼》《丧礼》《祭礼》每一部分的按语，编者都要强调"礼坏乐崩"，要恢复礼治。

《冠礼》记载的是古清漾人的冠礼规则与仪式。冠礼相当于清漾男性族人的成人礼。仅限于男性族人，是家庭继承人的成年礼仪，是关系到家族的传承和发展的大事，必须在清漾祖祠举行。《冠礼》曰："男子年十五至二十皆可冠。主人先期三日告于祠，次戒宾，次宿宾。至日夙兴，陈冠服，进宾于堂，行三加礼，遂醮冠者而字之。见于祠，次见父母及尊长，乃礼宾归，宾于俎，出见乡先生及父之执友。"女性成年礼没有具体记载，只在《冠礼》中提到一句："笄礼亦如是，母主之。"笄礼的参礼者以女性为主，主人、正宾、赞者、赞礼、傧者和执事都由女性担任。在查阅文献时发现，《冠礼》部分的编者按语有很强烈的复礼愿望："冠礼见于古者如此，而其废也久矣！其在于今，固难一一复古，然四者成人之道，告庙见长之仪，则决不可不备。"

《婚礼》记载的是古清漾人的婚礼规则与仪式。婚礼自古就是一个严肃而重要的话题，形成了一整套的婚礼文化，而且在各地具有不同的内容和形式。从西周开始就有"六礼"：一纳采、二问名、三纳吉、四纳征、五请期、六迎亲。清漾村的《宗范志·例条·婚礼》是从"六礼"中演变出来的。《婚礼》曰："凡婚，媒氏通言，女氏许之，始纳采。主人具书告于祠，乃使使者同媒如女氏。女氏受书告于祠，乃礼使者，授以书而归告。次纳征，次请期，如初礼，终而亲迎。主人醮其子而命之，迎入奠雁。母命女登婚车，导妇以入。明日，妇见舅姑，舅姑礼之。三日，妇见祠，婿见妇之父母。"在《婚礼》中，清漾毛氏不但强调要礼仪复古，还禁止族人借嫁娶的仪式敛财、浪费和虚荣。按曰："婚礼之见于古者如此，而其废也久矣！其在于今固难一一复古。然夷虏论财之风，良贱为婚之陋，求媒之繁文缛礼，遣嫁之尊隆仆婢。俗习可恨，宜痛革之。"

《丧礼》记载的是古清漾人的丧礼规则与仪式。丧礼制度在周代就已形成，是后世一切丧礼的基础，对之后的宗法制度和历代的丧礼起着基本规范作用。完整的丧礼主要包括丧、葬、祭三大部分。在清漾村《宗范志·例条·丧礼》中，最重要、也最为浩繁复杂的丧服制度没有提及，规定死者的应享之礼遇"葬"也没有体现，主要是在"祭奠"的环节上做出了仪式规定，并以"哭奠"为主要内容。《宗范志·例条·丧礼》曰："疾病迁居正寝。既绝，哭，复乃易服，不食以讣告。陈袭设奠，哭踊无数，乃含饭。次日小殓，三日大殓，乃成服。朝夕哭奠上食，三月而葬，十日窆，反哭之后因而虞，卒哭之后因而袝。期而小祥，再期而大祥，中月而禫。"而且在按语中同样强调了操办丧礼要杜绝奢靡、禁送豪礼。"丧礼之见于古如此，而其坏久矣！其在于今固难——复古，然供佛斋僧之戒，食肉停枢之非，扮戏迎丧之侈，分财送帛之妄，决宜禁革。恤孤善事，助丧美举，则决不可以不行也。"

《祭礼》记载的是古清漾人的祭礼规则与仪式。祭祖是中国日常生活的一种传统仪式性文化。朱熹特别强调要重视祭礼，认为"盖人之生，无不本乎祖者，故报本返始之心，凡有血气者之所不能无也"。[1]通过祭祖来"报本返始"是做人的基本要求。《清漾毛氏族谱·宗范志·例条·祭礼》规定："君子营宫室，必先立祠。作之龛以奉其主，旁亲之无后以其班付。晨昏必谒，出入有事必告，朔望必参，时鲜必荐，俗节及四仲月必祭。冬至祭初祖，立春祭先祖，季秋祭祢，皆如时祭之仪。"按曰："祭礼之见于古者如此，其在于今固难——复古。然春秋享祀之仪，奉先思孝之心，则决不可不尽。"

清漾人祖先祭拜礼仪有着丰富的内涵与规范，后附十八条细则。对祭者的等级、行止有苛刻要求。实际上是将事亲的"孝"与事君的"忠"相结合，是对"家国一体"的暗示。同时，祭祖礼节重在体现对长辈的"亲亲""尊尊"，有助于本村塑造民俗风尚、优化民间管理、崇尚孝道精神。另外，庄严肃穆，又具神秘色彩的祭祀仪式，会增强教化的效果，让后人在潜移默化中秉承"追养继孝"的传统美德。

此外，为维系毛氏家族共同体，古代清漾村形成了以"义田"为支柱的家族公共经济，以及建立了救济救灾的公共基金"义仓"。《清漾毛氏族谱·宗范志·例条》

[1] 朱熹：《跋三家礼范》，《晦安先生朱文公文集》，上海古籍出版社2002年版，第3920页。

有记载："余起崇祀会经理祀业，除完祠堂、置祀田外，以其余立为义田。建义仓于祠堂之西，贮其本息，量出谷以实义仓，族之富厚者不拘多寡亦量相贴助。择人司其出入，每年于播种及青黄未接之时，计族之贫而务本者照口出贷，收成之时交还。每石量加利二斗，中歉免利一斗，上歉利通免，极歉则捐本之半，借而不还者不再给。每年以其余优恤孤寡、残疾、衰老及族之贤而贫者，并为家塾之费。"可见，在"义仓"管理和运行中，有营利性的还本付息的借贷，也有非营利性的救济，分层次、有区别地帮助和救助不同的需求群体。

与官方的赋税不同，清漾村的家族服务是自愿性供给的。古清漾村把家族视为息息相关、彼此相连的命运共同体，在筹集家族公共资源时，主要依靠"以德服人"的规劝方式，并对不顾"大义"的村民进行道德谴责，称其为"缩颈方丈"和"愚妄"之人。"郑氏曰：'宗人实共一气所生，彼病即吾病，彼贫即吾贫，当委曲庇护，无使失所。'仁矣哉，君子之言也！今人累困廪、连阡陌以遗子孙，至言祖宗公事则缩颈方丈；宴亲宾，绮罗充筐筥，至视族人之饥寒若胡越；皆由大义不明，未尝念及同宗一气之理也。夫己之创业，累锱铢而一毫不拔，而后人用之如粪土而肆情不借，则何益哉？富贵真瞬息，仁义真不朽，家有余财而不肯赒恤宗族者，愚妄甚也。"

经

济

篇

发展与转型

中国
村庄
发展

JINGJI PIAN
FAZHAN YU ZHUANXING

　　经济是构成社会的基本部分，也是整个社会发展的基础。在这个意义上，村庄发展集中表现为经济为基础的综合性变迁。经济发展在村庄发展中具有特殊的地位与作用，是考察村庄发展的重要维度。村庄经济发展可以从不同角度和层面进行考察，本篇基于清漾村庄发展的事实，主要从村落的产权、产业，居民的收入、消费等角度，初步考察改革开放以来清漾村的经济发展与结构变迁。

第一章　村庄经济的产权结构

　　改革开放40年来，中国经济发生了空前变化，农村土地制度和产权结构也发生了巨变。清漾村的土地制度和产权结构变化，正是我国村庄经济和农地制度变迁的缩影。尤其是2006年实施旅游开发以来，清漾村的非农生产迅速崛起，村庄经济的产权结构逐步呈现出复杂态势。

第一节　土地制度的流变

　　改革开放以来，中国土地制度大体经历了总体性集体产权到家庭承包制下的双层经营再到土地流转后的三权分置。清漾村的土地制度流变与各地农村土地制度的变迁既有一脉相承的共性，又有着其自身独特的结构元素和发展特性。

一、从总体性集体产权到所有权与经营权分开

　　在人民公社时期，农村土地实行的是一种独特的总体性集体产权制度。土地归集体所有，集体经营、统一分配。这一制度挫伤了农民的生产积极性，导致了农业经济发展缓慢、农民生活困苦。基于自身生存与发展的需要，曾有一些地方的农村尝试过包产到户、分田单干等做法，试图打破集体劳作方式，改变生产低效与绝对平均主义状况，但始终未能得到国家肯定和制度认可。1978年，安徽省凤阳县小岗村的部分农民率先将村内土地承包到户，由农民家庭负责生产经营。小岗农民的探索得到了中央政府的认可，通过1982年、1983年、1984年三年的中央"一号文件"进行规范引导，最终实现了人民公社时期土地集体所有、集体经营的"两权合一"的土地制度向土地集体所有、家庭承包经营"双层经营"的土地

制度变迁。① 尤其是改革开放之后，以农业家庭承包经营制取代过去的人民公社制，形成了集体拥有所有权、农民以家庭为单位拥有承包经营权，所有权与经营权两权分开的农地产权制度。

1982 年，中央转批《全国农村工作会议纪要》，标志着农业家庭承包经营制的确立。文件对农地承包权的实施方式做了较为系统的规定，如合同制、不准转让、不准出租等。到 1984 年底，全国农村基本形成"家家包地、户户种田"的局面。② 此后，家庭承包经营制不断在探索中完善。

紧跟着国家土地制度改革的步伐，清漾村于 1982 年开始实行分田到户，实行家庭承包经营制。在国家尚未推行家庭承包经营制之前，由于村民长期饱受贫穷之苦，吃不饱、穿不暖，曾于 1978 年尝试劳动承包。村民们自发在生产队实行承包种田，即将土地分到户，由家庭承包耕种。然而，这种承包探索与小岗村的家庭承包经营有所差异，它仅限于劳动承包而非经营承包。1982 年，清漾村以生产队为单位，将耕地按人均分至户，实行家庭承包经营。20 世纪 80 年代中期，清漾村虽已推行家庭承包经营制，承包农户对自己承包的农田具备了一定的经营自主权，但当时基层政府为引导村民合理经营，往往通过政治动员和任务下达的方式引导村民种植，多数村民往往会根据政府号召完成分配任务。

与耕地的家庭承包经营不同，山地等集体土地则采取连片承包给个人或农户经营的做法。据调查，此类土地承包经营始于 1985 年的正明山山场承包。《正名山承包合同》显示，清漾村集体经济合作社将正明山场承包给村民毛延席经营，土地承包有效期为 20 年，从 1985 年至 2005 年。合同明确规定，承包者（村民）必须在承包期内全部种植茶叶和果树，不能荒废山场。如若承包者（村民）没有种植苗木及果树，清漾村经济合作社有权收回山场，并处以规定的罚金。承包者（村民）在承包期内若受人为或牲畜破坏的，清漾村经济合作社会给予积极支持，及时做出处理。国家规定的特产税由承包者（村民）承担，而村经济合作社不再负责缴纳。此外，山场的苗木与果树产生的收益由承包者与村集体合作社按照一定比例分配。可见，当初清漾村实施的山地家庭承包经营制有明确的权利义务规定，发包方与承包方均享有一定的权利并需要尽一定的义务。然而，作为发包方的村集体经济组织具有村集体土地的支配权。相对而言，村集体经济合作社往往

---

① 蒋永甫、胡孝雯：《制度变迁与农民发展：农村改革 40 年的政策逻辑》，《学习论坛》2018 年第 10 期。

② 叶兴庆：《我国农业经营体制的 40 年演变与未来走向》，《农业经济问题》2018 年第 6 期。

具有更多的主动权与决定权，村民个体承包者则处于被动地位。在承包合同中，更多的是规定承包者应该履行的多项义务，对经营权做出诸多限制，甚至明确规定承包方应该或者必须种植哪些类型的农作物。

总之，改革开放之初，清漾村分别实行了两种形式的农业家庭承包经营制，一是集体耕地按人均分、按户承包经营；二是集体山地和林场家庭集中承包经营。实现了总体性集体产权到土地集体所有权与家户承包经营权两权分开的根本性转变，借助农地制度的革命性改革，极大地解放了农民的农业生产积极性。

二、从两权分开到三权分置

随着改革的深入和市场经济的发展，农村土地制度不断地得到调整和完善，逐渐由两权分开向三权分置转变。即农户在保留承包权的基础上，将土地经营权（使用权）通过转包、出租、互换、转让或者其他方式流转给其他农户或经济组织经营。在很大程度上，从两权分离到三权分置首先是国家土地政策逐步演进的结果。如表 1 所示。

表 1　21 世纪的中国土地政策变迁

时间	文件名称	文件的主要内容及简析
2001	中央 18 号文件	在承包期内，农户对承包的土地有自主的使用权、收益权和流转权。
2002	《农村土地承包法》	承包方依法享有承包地使用、收益和土地承包经营权流转的权利；承包地被依法征用、占有的，有权依法获得相应的补偿；通过家庭承包取得的土地承包经营权可以依法采取转包、出租、互换、转让或者其他方式流转。
2008	党的十七届三中全会《决定》	现有土地承包关系保持稳定并长久不变；按照依法自愿有偿原则，允许农民以转包、出租、互换、转让、股份合作等形式流转土地承包经营权。
2013	中央一号文件	要引导农村土地承包经营权有序流转，鼓励支持承包地向家庭农场、专业大户和农民合作社流转，发展多种形式的适度规模经营。
2013	党的十八届三中全会《决定》	赋予农民对承包地占有、使用、收益、流转及承包经营权抵押、担保权，允许农民以承包经营权入股发展农业产业化经营。
2014	中央一号文件	全面开展农村土地确权登记颁证工作。
2015	《深化农村改革综合性实施方案》	明确提出农村土地"三权"分置。

续表

时间	文件名称	文件的主要内容及简析
2016	《关于完善农村土地所有权承包权经营权分置办法意见》	农村土地"三权"分置的产权关系基本得到明确。
2018	中央一号文件	提出完善农村承包地"三权分置"制度，在依法保护集体土地所有权和农户承包权的前提下，平等保护土地经营权。

资料来源：根据我国土地制度政策资料整理。

2002 年，国家出台《农村土地承包法》，标志着中国特色社会主义土地承包权制度在国家法律层面得到正式确立。通过家庭承包取得的土地承包经营权可以依法采取转包、出租、互换、转让或者其他方式流转。由此形成了农村土地所有权、承包权、经营权的三权分置制度。

《农村土地承包法》使得土地经营权流转合法化，地方政府积极鼓励和推动土地流转经营。据调查，清漾村所在的江山市人民政府积极鼓励各村规模化种植与养殖，不仅出台相关政策给予保障，而且规定承包耕地 100 亩以上的种粮大户购买收割机市财政给予 1000 元的补助。同时，清漾村民大量外出务工经商，无意或无力经营农业。根据 2010 年江山市石门镇富裕乡村创建分村摸底调查，2009 年清漾村农村劳动力非农业从业人员比重为 75.07%，2010 年达到 83.08%。伴随着务农劳动力向非农业领域的转移，部分农户根据国家政策，在基层政府的指导和村组织的推动下，陆续将家庭承包土地的经营权流转给了专业大户或家庭农场、现代农业企业等新兴经营主体经营，土地流转经营迅速发展并形成相当规模，土地经营主体也明显地多样化。根据清漾村档案资料整理，2002 年以来，流转经营的土地已经达到相当规模，其中耕地流转经营约占一半。详见表 2。

表 2　2002 年来清漾村集体土地流转经营情况统计

承包时间	流转经营者	经营年限（年）	经营土地（亩）
2003	江山市林业局林木种苗站	20	48.2
2004	江山市蒋中古建园林工艺品有限公司	30	98.7
2004	专业大户	30	68
2009	江山市绿业有限公司	无	147.8
2009	专业大户	30	122.9
2010	专业大户	18	14.58
2011	江山市俊杰家庭农场	17	32.38

承包时间	流转经营者	经营年限（年）	经营土地（亩）
2012	专业大户	20	清明山山边山地
2012	江山市绿业有限公司	10	51.4
2012	江山市火龙果农业开发有限公司	15	84.68
2012	专业大户	30	13
2012	江山市火龙果农业开发有限公司	22	72.3
2014	专业大户	30	135
2015	江山市清润火龙果专业合作社	13	26.62

资料来源：根据清漾村档案资料整理。

可见，土地流转和农业规模经营的政策激励，以及劳动力外流后客观存在的土地流转需求，共同促进了清漾村的土地流转经营，引发了土地制度的新的重要变革，实现了由两权分开到三权分置的转变。调查发现，这一时期清漾村土地流转促使土地产权呈现出一些特点。

首先，土地经营主体的多样化。土地流转不再限于同一集体经济组织内的农户之间，而是允许清漾村民与外来经济组织之间的流转。由此出现了一批家庭农场、农业专业大户、现代农业企业等新型农业经营主体，促进了土地流转经营主体的多元化。

其次，土地经营的规模化。通过土地流转，重新实现了土地经营权的集中，相当部分的土地经营权流转给专业大户和现代农业企业，由此形成了一定程度的规模经营。而且土地流转经营的年限较长，基本在 10 年以上，有助于农业生产的稳定发展。可以说，土地流转经营和"三权分置"促使了清漾村农地经营模式的变化，由分散化种植转向规模化种植。

第二节　旅游开发中生成的复合产权

随着农村改革的深入，村庄社会逐渐由封闭走向开放，农村产权关系变得越来越复杂。清漾村本来是一个相对封闭的乡土社会，2006 年习近平考察清漾村提出"三个好"的指示后，迅速展开了清漾文化古村落的旅游开发，引入了外来资金和经营主体，进而生成了一种特殊的复合产权。

一、旅游开发的主要资源及其所有权

清漾村作为历史文化名村，可用于旅游开发的资源极为丰富，可分为实物形态资源与非实物形态资源。清漾村旅游开发实践中，被开发的实物形态资源多为古建筑，按其性质可分为两类：一是民居，保留较好的古民居共 40 余幢，集中分布在清漾祖宅周围；二是祠堂、祖宅、书院等阖族共有的公共建筑。清漾村文物古迹丰富，其古建筑清单如表 3 所示。非实物形态资源的开发主要以清漾毛氏文化为主，包括毛氏家族的族规祖训、毛氏名人文化、毛氏族谱文化等。

表 3　清漾村古建筑清单

古建筑年代					古建筑数量（处）										
明代以前	明代	清代	1912—1949 年	1950—1980 年	总数	古民宅	古祠堂	古戏台	古桥	古道	古井泉	老街巷	古塔	古寺庙	近现代建筑
1	8	17	12	0	40	16	1	1	2	1	2	2	1	2	12
其中属历史建筑数量					13	4	1		2	1				1	4

数据来源：根据江山市石门镇清漾村古建筑调查表整理。

在清漾村旅游开发初期，并未及时对旅游资源的产权进行清晰界定，使得清漾村旅游开发生成的产权关系尤为复杂。其一，清漾村大部分民居归村民个人所有，属于村民个人的私人财产。根据《中华人民共和国民法通则》规定："财产所有权是指所有人依法对自己的财产享有占有、使用、收益和处分的权利。"这就意味着在旅游开发中，村民在不违反法律的前提下，可以自行处置自家房屋等私人财产。其二，清漾村祖宅等部分古建筑为集体所有，属于清漾村的集体财产。对于这些具有集体产权的古建筑在如何处置和保护等方面进行决策时，必须由清漾村村民集体做出，由村集体组织代理行使所有权。其三，清漾村毛氏文化，被当地人誉为是"飘着的软黄金"。如果说古建筑是清漾旅游资源的躯体，那么清漾毛氏文化就是清漾旅游资源的灵魂，或者说是整个清漾旅游资源的核心。清漾毛氏文化作为清漾毛氏的家族文化，清漾村具有不可置疑的所有权。

二、旅游资源的开发与复合产权的生成

在旅游开发的实践中，旅游资源的所有者往往因自身缺乏开发能力而引入他

者共同开发，由此形成所有权与经营权相分离，建构起独特的复合型产权关系。从法理上讲，同一旅游资源在开发中会形成多元产权主体和产权形式，不同产权人依据产权属性获取与之对等的收益。在清漾村旅游开发过程中形成的复合产权结构如图 1 所示，主要包含了所有权、收益权、经营权、开发权与管理权几类，主要涉及的产权主体有清漾村村民个人、村民集体、江山市委、江山市政府、江山市旅游开发公司等。其中不同的产权主体因对开发对象实施作用的不同享有不同的产权。

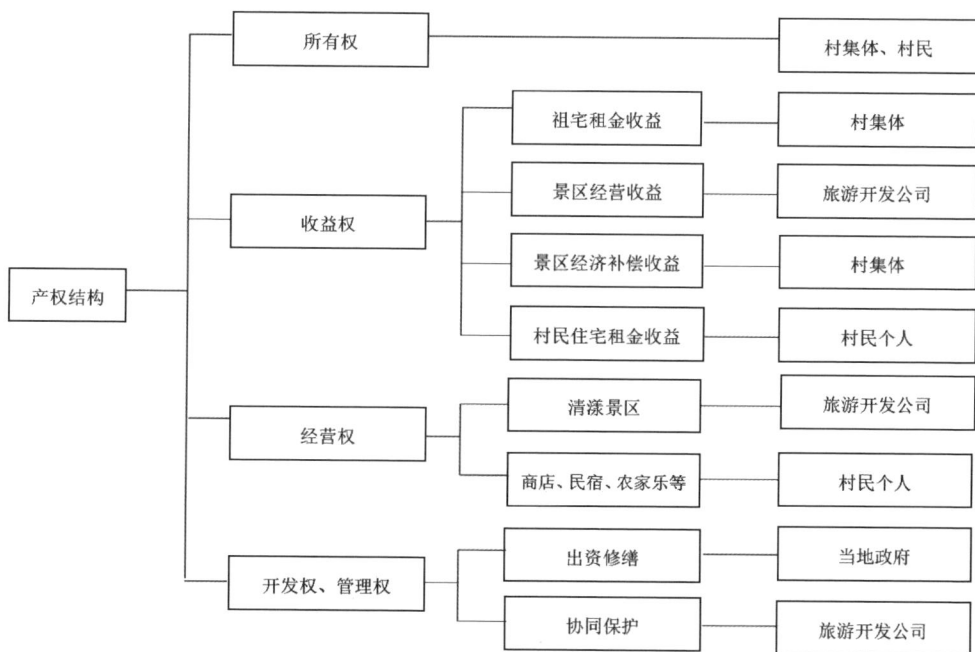

图 1　清漾村旅游开发过程中的产权结构

　　清漾毛氏祖祠是清漾村的标志性建筑，在旅游开发中建设成为清漾古村落旅游的核心景点之一。首先，清漾毛氏祖祠作为清漾毛氏家族共同创造并留存至今的遗产，属于清漾毛氏族人祭奠祖宗的特殊场所，承载着特殊的宗族寄托和文化价值，祖祠的宅基地也应当为清漾村集体所有，因此清漾村和毛氏家族对于旧祖祠拥有不可置疑的所有权。然而，由于年代久远，管理缺失，加之特殊的社会原因，祖祠曾毁于一场火灾，只留下一些残迹。基于旅游开发与旅游资源保护的需要，地方政府通过对其管辖范围内旅游资源的统一规划与管理的权开始介入清漾旅游资源的开发管理中。2008年，祖祠在政府推动的清漾文化古村落旅游开发过程中开始得以修复。2010年，江山市委、市政府斥资1860万对清漾毛氏祖祠进行原址复建。因此，在旅游景区尚未开始运营之前，清漾毛氏祖祠的所有权归清漾村集体所有，而地方政府具有管理权。然而，随着景区的进一步开发运营，更多主体的介入，其产权进一步分解为所有权、管理权、经营权、收益权，祖祠的所有权归属关系也发生了微妙变化。

地方政府在最初做出统一规划与直接的财政投入后，清漾祖祠便由国有企业江山市旅游开发公司负责经营管理和投资修缮。旅游开发公司相关负责人认为，祖祠的旅游开发主要由本公司投资与经营，并赋予新的文化内涵和商业价值，因此其不仅享有祖祠的经营权也享有现有祖祠开发的收益权。在访谈中，有人曾提及办理祖祠的房产证事宜，事实上这将涉及旅游开发中清漾祖祠的所有权归属问题。不同于一般的建筑物和房产，旧有祖祠及承载祖祠的土地即宅基地均属于清漾村集体所有，但因旅游开发公司对旧有祖祠修缮的资金介入，现作为景点的祖祠所有权归属发生了变化。清漾毛氏祖祠不仅仅是清漾毛氏宗族祭祀祖先或先贤的场所，同时还是具有商业经济价值的景点，其产权也被分割为多种形式。政府和旅游公司作为祖祠复建和开发的投资者，拥有一定的所有权，由此形成了清漾村、政府、旅游公司共有的旅游资产，且旅游公司具有经营权。从法理上讲，祖祠旅游资产的所有者和经营者应当分别依据所有权与经营权享有祖祠旅游开发的收益权。如此，在旅游开发过程中，清漾毛氏祖祠的所有权、经营权、管理权、收益权分离，形成了一种极其特殊的复合型产权。

祖宅作为清漾古建筑之一，也是清漾村重点开发的旅游资源。清漾村的祖宅归清漾村集体所有，江山市旅游开发公司以租赁经营方式介入旅游开发，每年支付清漾村一定租金获得祖宅的使用权与经营权。旅游公司在租赁经营过程中对祖宅进行修复完善，将原来的水泥地面重新复古做成"三合土"。如此，清漾村保留了祖宅的所有权，以及凭所有权获取了经营权转让的租金。按合约规定，租赁期间村民不再享有旅游开发公司对祖宅经营所带来的经济收益。即在旅游开发中，祖宅的所有权与经营权分开，清漾村保留对祖宅的所有权并获取租金收益，而旅游开发公司享有祖宅的经营权及其收益。

毛子水故居也是当前清漾村落旅游的一个重要景点。故居所有权归属原住居民（毛子水后裔）。旅游开发公司通过租赁方式获得故居的经营权和使用权，对故居进行改造修复，改造成为现在的毛子水故居景点。因此，原住居民（毛之水后裔）保留对其房产的所有权，并通过经营权和使用权的转让获得租金。旅游开发公司通过租赁的方式获得使用权与经营权，并借此拥有景点开发带来的收益权。

清漾村属于景中村，除以上重要景点之外，整个清漾古村落均属于景区，对于古村落内的公共场地、古村道、文川溪、古民居建筑群、古清漾塔等，产权归属极其复杂，既有集体所有的，也有私人所有的；既有政府公共财政投入建设的，也有旅游公司投资建设，还有民间捐款等社会资源的介入。综观清漾村全局，当前清漾村旅游开发的物质形态旅游资产，已经形成了极其复杂的产权关系。

非物质形态旅游资源的开发同样存在着复杂的产权关系。清漾村的旅游开发是以清漾毛氏文化为核心、以历史文化资源为依托而展开的，游客往往是因慕名清漾毛氏文化而来，其旅游开发本应围绕着文化价值的挖掘与保护而深化，但当前旅游公司更多的是以可视化的古建筑实物开发为主要对象，关于毛氏文化为主的非物质旅游资源的挖掘与开发尚不充分。清漾古建筑虽是清漾毛氏文化的载体，但如果没有清漾毛氏文化这个精髓，这些载体便如同废弃的旧房子将失去存在的价值与意义。从某种程度而言，旅游公司对清漾祖宅与祖祠的修缮开发是一种对建筑物的开发而非对文化的挖掘。同时，在旅游开发过程中，清漾毛氏文化作为一种无形资产尚未被有效利用与评估，对其知识产权的使用与权益归属的界定仍然处于模糊状态。一方面，村民尚未意识到毛氏文化作为他们独有的非物质文化遗产的资产形态，理应拥有其"知识所属权"，且有权要求旅游公司对其进行有偿使用；另一方面，旅游开发公司在进行开发宣传时，虽尚未有偿获得清漾毛氏文化品牌的使用权，却以清漾毛氏文化为宣传主题对清漾旅游进行日常宣传。这就产生了一种复杂的情形，即清漾村在尚未对其毛氏文化品牌进行确权的情况下，旅游开发公司一方面在无偿使用其知识产权，另一方面又在免费宣传扩大清漾毛氏文化品牌的影响力。

在旅游开发过程中，清漾村的旅游资产形成了多种所有权、多种经营权并存的格局，所有权与经营权两权分离，且具有不同的分离方式。清漾村的旅游开发以政府为主导，在旅游开发伊始，当地政府直接参与投资、旅游规划、基础设施建设等活动，成为清漾旅游开发的利益相关者之一。在景区的经营管理中，作为国企性质的旅游开发公司，对景区进行了大量投入，拥有一定的所有权，掌握着最直接的经营管理权，且享有旅游开发所带来的收益权。而清漾村的原住居民在具体的旅游开发经营中除了部分村民自主从事相关旅游产业外，其余旅游开发活动村民尚未有效参与。此外，清漾村虽具备旅游资源的所有权，但不参与景区门票收益的分成及景区其他盈利分成，影响村民参与景区建设的积极性。而旅游开发公司每年仅拨付 16 万元给清漾村作为接管清漾景区的经济补偿。其中 8 万元按清漾村在册人头平均分配给村民，另外 8 万元用于景区卫生保洁费用和家禽圈养费的开支。由此可见，村民在旅游开发中获得的经济收益是非常有限的，更多的经济收益主要来自从事旅游开发相关产业（如民宿、超市等个体经营）带来的经营所得。

　　总体而言，在清漾村落旅游开发过程中，尚未建构起共建共享的利益共同体和收益分享机制。由于利益分享机制的不完善，景区的提档升级和未来发展将会受到深刻影响。因为利益分享机制决定着旅游开发给不同的利益相关者带来差别化影响，致使这些利益相关者在应对未来变化时会采取或合作，或抗争，或冷漠等差异化行为。随着景区游客量的增多，以及景区由 4A 级升级为 5A 级旅游景区战略的推进，这一看似较好的旅游发展态势却给不同的利益主体带来甚至相反的收益。一方面，旅游公司掌握着景区的经营权及收益权，随着游客量的增多及景区升级必然带来更多经济效益；另一方面，清漾村只拥有景区的部分所有权，而不享有景区门票收益权且负责景区环境卫生管理。随着游客量的增多必然会加大景区负荷，增加景区环境卫生恶化的可能性，而景区的提档升级对环境卫生的要求标准自然提高，增加了必要的保洁费用于支出且提高了保洁难度。但由于旅游开发公司因接管清漾景区而拨付给清漾村的管理费用固定不变，这就意味着随着旅游开发效益的提升，清漾村人只能眼看着旅游开发公司的经济收益增加，而自己的收益不增反降。长此以往，势必加剧利益分化和矛盾冲突，严重影响清漾村及其村民对旅游开发的积极性和配合度。因此，亟须构建合理的利益分享机制，将不同产权主体纳入旅游资源的开发管理甚至保护当中，明确拥有不同产权的主体应享有的利益分享比例，共担共享因旅游开发带来的收益与风险，充分调动利益相关者各方的积极性。

第三节 单一产权到多元产权的转变

随着农村经济体制改革的推进，清漾村在经济发展过程中逐渐形成了多种所有制形式和多种经营方式并存与发展的村落经济格局，进而促使清漾村域经济的产权结构实现了由单一产权到多元产权的转变。

一、单一集体农业经济向多元农业经济转变

改革开放之前，集体农业经济在清漾村的经济结构中占绝对主导的地位。土地产权全部归集体所有，其唯一的合法主体就是生产队，且所有权与经营权统一，村民只具有在集体土地上的集体劳动权，并根据劳动多少从生产队分配等额的生活消费品，形成了人民公社时期的一种特殊的集体农业经济形式。农民家庭只被允许自主经营小块自留地、养殖少量家禽家畜，在整个经济结构中几乎可以忽略不计。可见，单一的集体农业经济是人民公社时期的经济结构。

1982 年，清漾村推行家庭承包经营制，形成了家庭承包经营为基础、统分结合的农业双层经营体制，建构了农业所有权与经营权两权分离的格局。随着农村土地制度改革的深入，两权分离的农村土地向三权分置转变，形成了农业经营主体多元化趋势。

第一，家庭承包经营与集体统一经营同时并存、共同发展。家庭经营是主要依靠家庭自有劳动、自主经营、自负盈亏的农业经营形式。集体经营形式是生产项目和经济活动由集体统一经营和统一管理，核心特征是坚持农业生产资料公有。[①] 在耕地经营权流转之前，清漾村的集体土地主要有两类经营方式。一类是所有权与承包经营权"两权分离"，主要的是耕地和部分山场；另一类是依然沿袭原来的所有权与经营权统一的集体经济，主要是大片的山林。据统计，2008 年清漾村共有耕地面积为 844.94 亩，山林面积为 3574 亩，其中家庭承包经营的耕地面积为 827 亩，涉及承包经营的家庭户数为 325 户，全面地实行了可耕地的家庭承包经营。此外，除大量无经营和经济价值的荒山野林，以及少量承包给个别村民生产经营的山场之外，仍有 661 亩的山场林地为清漾村集体所有，由清漾村集体经济组织负责经营，收入归清漾村集体所有。如此，实行家庭承包经营制后，清漾村集体经济的收益比重较少，农业经营的收益主要为承包家庭所有，家户经济

---

① 曾福生：《中国现代农业经营模式及其创新的探讨》，《农业经济问题》2011 年第 10 期。

占了较高比重。农业土地经营形式也以家庭承包经营为主，集体统一经营逐渐减少，形成了特定意义上的"去集体"趋势。

第二，"三权分置"背景下农业经营主体的多元化。在土地集体所有权和农户承包权不变的基础上，清漾村逐渐地引入和发展了各种新型农业经营主体，发展规模化、专业化的现代农业经济，形成了多元化的农业经营主体和经营方式。最为典型的新型农业经营主体是农业企业、家庭农场、农业专业大户等。

首先，现代农业企业。清漾村积极推动开放式发展，协调农民土地流转，引进现代农业企业落户，在清漾村发展规模化、专业化的农业经营。最为典型的是2012年引入的江山市火龙果农业开发有限公司，目前经营土地面积达120亩，进行基地化生产经营，年收入200万左右。在第一产业成功盈利的基础上（第一产业以纯粹火龙果种植及火龙果售卖为主），向第二、第三产业转型，开展火龙果种苗的培育，进行火龙果的深加工。主要产品有火龙果面条、火龙果年糕、火龙果红酒，因其火红喜庆的颜色在家庭办喜事及节庆时节深受市场欢迎。此外，其农业基础设施相对家庭经营更加完备，比如，保温大棚、喷滴灌，以及当前最主要投入的全光谱谱光技术（用于促进火龙果需要的光谱，延长开花时间和果子上市的时间等），这些都促使农业经营的现代化发展。该企业现有劳动力以清漾村村民为主，带动了清漾村居民的就地就业。

其次，家庭农场。为促进农村发展、农业增效、农民增收，江山市政府鼓励土地经营主体走规模化、集约化、商品化经营之路，鼓励发展家庭农场。根据2014年衢州市家庭农场调查表统计显示，清漾村的家庭农场共3个，其中2家果蔬家庭农场，1家是畜禽（养鸡）家庭农场。清漾村家庭农场的经营方式不仅仅只是土地的连片规模整合经营，更多的是新技术与管理方式的现代化与农产品的市场化走向。

再次，农业专业大户。专业大户是指某一个体户种植或养殖规模达到一定标准，且生产或养殖某一种农产品，同时具备一定专业化水平的农业生产经营主体。它强调规模化与专业化，一方面其规模面积往往大于一般农户，另一方面必须专门从事某一种农产品的种养。随着清漾村农业劳动力的转移及土地流转的推进，清漾村村民逐渐将自家承包的土地流转给邻里等他人耕种，这为清漾村的种植业与养殖业走向规模化经营提供契机。目前，清漾村有多家葡萄种植等农业种植专业大户，规模化专业养殖大户也逐渐成型。根据2018年的统计数据显示，清漾村温氏鸡养殖大户有 5 家。由于专业大户的经营规模相对于家庭农户经营较大，在农忙季节往往也需要雇用工人，一定程度地促进了本村村民的多样化就业（务农和零散务工并存、农忙就近务工和农闲外出务工并存等）与多元化收入形式（务农收入、务工收入和经营性收入等）。

值得注意的是，为适应市场需求与响应政府号召，清漾村新型农业经营主体不断探索与转变经营方式，甚至集两种经营方式于一体，同时使用两个牌子。比如，既是现代农业经营公司又是家庭农场。清漾村的火龙果经营者起初以现代农业公司的模式从事生产经营，并命名为江山市火龙果农业开发有限公司。后来，随着政府的号召及政府对不同经营方式优惠政策力度的差别，为获得更大的政策支持力度，经营主体重新定位自身的生产经营模式，先后更改为专业合作社、家庭农场经营模式，并分别更名为江山市清润火龙果专业合作社、江山市清润火龙果家庭农场。

二、非农业经济产权的多元化发展

旅游开发不仅带动了清漾村经济特别是非农经济的快速发展，还促进了混合所有制经济的形成与发展，以及个体非农经济的增长。

清漾村实施旅游开发之前，古建筑、居民住宅等资源处于一种无人问津的状态。相应地，产权较为单一、明确。随着旅游开发战略的实施和推进，清漾村内部的各种资源变得具有商业经济价值，且随着地方政府、旅游开发公司、外来租客等主体的介入，产权关系逐渐变得多元化、复杂化。比如，原来归属村集体的旅游资源所有权依旧归集体，但经营权属于旅游开发公司。属于村民个人的旅游开发资源，所有权依旧归村民个人，但经营权有的归属于旅游开发公司，有的归属于外来经营主体。总体而言，清漾村的旅游业因不同资本、土地、劳动力等要素的注入，其产权构成呈现出多元性，且多种混合方式并存。

伴随着村落旅游的开发，一些清漾村民发现了其中的商机，以个体经营的方式创办小型超市、农家乐、民宿、商店等。据不完全统计，目前清漾村从事个体经营的村民主要有：小型连锁超市 3 家、民宿 5 家、农家乐 2 家、文创商店 1 家、摊位 10 余个。个体经济的中小型超市、农家乐、民宿的所有者为村民家庭，这些大多是由村民自有的民宅改造而成，村民享有所有权、经营权和收益权。此外，也有个别村民的民宅因具有开发价值与商业价值，被旅游开发公司或其他主体租赁经营。比如，根雕文创店的店主通过租赁其他村民个人住宅开展经营，取得了店面的经营权及其收益权，而店面的所有权仍为出租人所有，并享有房屋出租的租金收益权。

此外，清漾村域内也出现了若干私营非农企业。2004年、2009年江山市蒋中古建园林工艺品有限公司和江山绿业有限公司分别从清漾村经济合作社租赁了部分集体土地，开展非农经营。企业使用的土地所有权属于清漾村集体，并且据此享有集体土地出租带来的租金收益权，但两个私营非农企业获得了一定年限内的土地经营权及其收益权。

总之，改革开放以来，清漾村的产权结构已经发生了重大变化，逐渐由单一产权转向多元产权，并且不同的产权为多元主体分别拥有，形成了极其复杂的农村产权关系。

第二章　村庄经济的产业结构

　　伴随着农村改革的逐步深入，村庄产业经济发生并正在进一步地发生着重大而多元的变化。从宏观层面来看，改革开放40多年来，清漾村的产业结构实现了从粮食生产为主导的传统种植农业到种养结合现代农业转变，从单一的农业经济向多元化的农村经济转变。

第一节　村庄农业的结构性变迁

　　在历史上，清漾村及其周边地区的农村主要以粮食生产为主，农民习惯于以水稻种植为主要产业，兼种少量的油菜、大小麦等。1982年，清漾村开始实行家庭承包经营制，村民获得集体土地的承包权，极大地调动了农民的农业生产积极性。清漾村有着丰富的农业生产资源，不仅有肥沃的水田、旱地，还有大量山场，为种植业的多元化发展提供了优越的自然条件。然而，在改革开放之初，由于广大的承包农户首先需要完成国家的征购粮任务，交足集体的提留，剩下的农产品归承包农户自己，他们首要考虑的是如何解决一家人的温饱问题。因此，在分田到户之初，大多数村民依然将粮食种植作为农业生产的主要选择，当时村民们还是与过去一样，主要种植水稻、小麦、大麦和番薯等，形成了相对单一的，以粮食生产为主导的传统种植农业结构。

　　随着改革开放的逐步推进，特别是市场经济的快速发展，清漾村的农业经济日益走向市场化。村民们不再按国家计划进行生产，而是根据市场的需要来发展农业生产，进而促进了农业生产的多元化。清漾村农业生产统计年报显示，清漾村的种植业迄今仍以粮食作物为主，主要有稻谷、小麦、大麦、玉米等。但是，经济作物得到了较快发展，主要有油菜籽、花生、芝麻、茶叶、橘子、葡萄、观赏绿化苗木等。特别是从 21 世纪初开始，清漾村逐步开始连片土地流转，促使种植业由零散种植转向规模化的专业种植，出现了以面积在 15 亩以上的葡萄园、火龙果基地、中草药基地等现代规模化专业化经营。

长期以来，清漾村不仅从事单一的农业生产，而且村落农业以粮食生产为主，林业、牧业、副业、渔业相对薄弱。改革开放后，农业产业结构逐渐发生改变，特别是党的十一届四中全会通过的《中共中央关于加快农业发展若干问题的决定》，提出要改变"只重视粮食作物，忽视林业、牧业、渔业、副业的做法"后，各地开始允许和鼓励家庭养殖畜禽。正是在此背景下，清漾村民在承包土地经营的同时，开始利用家庭自有的院落和房前屋后等场所小规模散养猪、禽等。但在改革开放之初仍以种植业为主导，家庭养殖偏少，直到 20 世纪末，这种情况一直没有根本性改变。据村民们回忆，2000 年前后，清漾村几乎每家每户都会散养几只白羽乌骨鸡、白鹅或者三四头猪、一两头牛或羊。当时，江山市政府鼓励农户发展地方特色经济。种白菇、养白羽乌骨鸡、养白鹅，习惯上称"江山三白"。这一时期清漾的养殖业主要是一些小规模的农户散养，且采用放养模式。因为家家户户都在养殖，也形成了相当规模的生产总值，构成清漾村民的重要经济来源。2006 年，时任浙江省委书记的习近平到清漾村考察，提出了"三个好"的指示。当地政府根据习近平的指示迅速着手制定规划，实施清漾村文化古村落的保护与旅游开发。正是为了有效保护古村落文化，进行清漾古村落的旅游开发，开始对清漾村进行综合整治，明确禁止家禽放养，鼓励和要求实行家禽圈养，清漾村的养殖业因此发生了重要改变。近些年来，发展规模化养殖业得到政府的鼓励和支持。2010 年，根据当地政府的要求并结合本村实际，清漾村提出了五个发展目标，其中之一就是"鼓励发展本地特色养殖，继续发展白鹅养殖、生猪养殖，推广温氏养鸡、鱼类养殖，逐步形成养殖规模"。在政府和村集体的鼓励和支持下，规模化、专业化的畜禽养殖已经构成清漾村的重要产业之一。根据清漾村畜禽生产规模户①基本调查表显示，2011 年清漾村温氏鸡养殖户共 3 户，2013 年底之前共有生猪养殖户 8 户，2014 年猪禽规模养殖户 5 户，2018 年有规模养鸡户 5 户。同时，随着农村经济社会的迅速发展，农民生活水平的提高，农民的生活需求也发生着

---

① 按地方政府规定，规模饲养的标准为：生猪年出栏 150 头及以上，肉禽年出栏 5000 羽及以上或蛋禽存栏 1000 羽以上。

深刻的变化。小规模的家户畜禽养殖不但不能产生重大经济效益，而且会造成不小的环境污染，并受到政府管束，多数村民逐渐地放弃了家户养殖。

总之，清漾村的农业经济是伴随农村改革的深入与发展而变迁的。从农业经济结构变迁看，由传统的以粮食生产为主导的相对单一的种植农业逐渐转变为种养结合的多元化农业。

第二节　农业劳动力转移生成的劳务经济

家庭承包经营制的推行，调动了广大农民的农业生产积极性，农业生产率极大提高。于是，在创造了更多农业产品的同时，也出现了大量农村剩余劳动力，积聚了巨大的流动势能。正是在此背景下，国家逐步放开农村劳动力流动的政策，一部分农民开始摆脱土地束缚流向农外，到非农产业领域就业。在市场经济条件下，得到释放的部分农村劳动力，为获得更多的经济收入以提高生活水平，开始寻求新的谋生方式，由此产生了由农业劳动力转移生成的劳务经济。农村外出劳务者绝大多数仍然保留着土地承包权，有的利用工余时间耕种着家庭承包田，在从事家庭以外务工劳动的同时并没有割断与土地的联系。

1982年，清漾村实行农业家庭承包经营制后，部分村民就开始在农业承包经营之外寻求新的经济收入来源。在全国农村劳动力转移的大环境下，清漾村农业劳动力的转移也拉开帷幕，而周边乡镇企业的发展为清漾村农业劳动力的转移提供了契机。早在20世纪80年代，清漾村就陆续地出现了少数村民"离土不离乡"的就地转移型务工。到90年代，外出到异地务工的人数逐渐增加，并出现组团外出打工的群体性务工型流动现象。当初，之所以形成组团外出打工，主要是因为一些村民在外打工获得了较丰厚的收入和较好的个人发展，让其他村民看到了务工带来的好处，有意愿随先行者一起组老乡团外出务工。不过，这种情况在清漾村虽然存在但总体不多。据调查，清漾村民外出务工主要在江山本地，或浙江省内的杭州、温州、衢州、湖州等地，有少量村民流向浙江省周边省市，也有极个别远赴广东、深圳等经济发达地区。此时，已有部分村民开始在本地尝试自主创业，经营门店、开办超市、创办企业等。无论是省内还是省外务工，清漾村转移的农业劳动力虽然从事的是非农业劳动，但绝大多数仍然保留承包田，并没有脱离与土地的联系。一般情况下，每到农忙季节，他们都会还乡从事农业生产，农忙季节结束后又回到务工地。

调查发现，从 20 世纪 80 年代到 21 世纪初期，清漾村农业劳动力转移生成的劳务经济具有以下特征。第一，季节性。外出务工与农忙季节错开，农忙时节优先服从于农业生产劳动，呈现出农业经济的中心和主导地位，劳务经济只是农村经济的特殊补充形式。第二，灵活性。清漾外出村民既非务工单位正式的固定职工，也没有相应的社会保障。不受严格控制，可以较灵活地在不同单位之间、农业与非农业之间自由进出流动。第三，就近性。清漾村转移就业的大部分村民，主要选择离土不离乡的方式。一方面，得益于江山市乡镇企业的良好发展，吸纳了大量的当地农民进厂务工；另一方面，兼顾家庭农业生产、保障家庭生活等多种因素。多数村民不愿意背井离乡外出务工，更愿意选择在本地就近工作，方便照料农事和照顾家庭，实现家庭生活与务工增收两不误。

进入 21 世纪后，受多种因素推动，清漾村的劳务经济呈现出新的发展趋势。农村土地制度改革的深入，农地"三权分置"政策的推行，清漾村民的部分承包田实现了经营权的流转，进一步摆脱了土地束缚，可以完全脱离农业生产和家庭承包经营，全身心投入收益相对更高的劳务经济或自主创业。农业机械化和现代农业的发展，进一步促进了传统农业劳动力的转移。在农业机械化条件下，传统使用人力畜力的部分农活转由现代机械替代，机器代替人力使得农业劳动力再次得到解放，形成新的劳动力剩余。现代农业经营需要一定的科技知识与技能，拥有传统农业技能的部分村民因缺乏新的现代农业技能而不再适应从事农业经营，成了被现代农业"推出"的剩余劳动力。地方经济的快速发展，特别是 21 世纪初江山门业经济的迅速崛起，对低技能劳动力形成了独特的"拉力"。部分清漾村民进入了当地门业生产企业就业。此外，村落旅游开发也提供了部分村民就业和创业的机会。据清漾村 2010 年农村劳动力资源及从业人员统计情况显示，当年清漾村在劳动年龄内的劳动力资源为 729 人，其中外出劳动力人员 568 人，465 人在省内务工，103 人在省外务工。按国民经济行业划分，清漾村村民从事劳务经济构成不仅多样化，而且其从业人员数量占所有不同从业方式的人员总数的三分之二左右，如表 4 所示。

表4 2010年清漾村村民从业分类统计

按国民经济行业划分（从业分类）											
农林牧渔从业人员	农业	林业	牧业	渔业	工业从业人员	建筑业从业人员	交通运输仓储邮政业	信息传输计算机服务软件业	批发和零售业	住宿和餐饮业	其他非农行业	外出合同工临时工
141	96	15	26	4	180	193	25	8	52	26	84	52

资料来源：根据2010年清漾村劳动力资源及从业人员统计表整理。

总体而言，这一阶段清漾村的劳务经济呈现出了一些新的特点，特别是季节性弱化。部分清漾村民已经完全从农业中转移出来，不再因农时农事而实行季节性流动。农业已经不再是中心，农业经济的主导地位受到了冲击。因土地流转和现代农业发展，他们不再有土地牵挂，也不再具有从事农业经营的技能优势，自觉或被迫选择常年务工赚取更多收入，进而形成了长期性的农外就业和务工。不过，清漾村民就近务工的劳务经济特点依然保存着。根据课题组驻村调研获取的资料分析，2018年清漾村常住人口900多人，其中500多人在江山附近打工，他们的务工模式大都以"早出晚归"为主。此外，在旅游开发和乡村建设项目工程中，一些村民受雇从事临时性的道路硬化、渠道修缮、水沟清理等劳务工作。随着土地流转经营的发展，一些中老年人在村域内的家庭农场、养殖场、种植园等从事劳务性农业劳动，进而出现了一种新的特殊的就地农业劳务经济形式，形成了劳务经济的多元发展模式。

第三节　旅游开发带动的第三产业

2006年习近平考察清漾村以后，江山市按照历史文化与旅游融合发展的思路，启动了清漾文化古村落的保护与开发工作。通过几年努力，以清漾古建筑和毛氏文化为主要资源的清漾景区基本成型。景区对外开放以来，游客数量不断增多。但由于旅游开发运营时间相对较短，目前清漾景区尚未形成完备的餐饮、住宿、购物等配套体系，游客基本上不到半天时间就离开，较少留下就餐、住宿或购买景区产品。清漾历史人文景观虽不同于周边自然景观具有季节性，一年四季均可接待游客，但由于景区内配套服务体系不完备及特色旅游项目的缺乏，导致一年四季游客总量并不多，且较少有回头客，尚未形成竞争优势。

应当肯定，清漾旅游业的发展为整个清漾村庄注入了新的活力，推动清漾物质与文化的双重发展。主要体现在：第一，旅游开发不仅是对清漾毛氏文化及清漾古建筑的简单挖掘，更是对毛氏良好家风的保护与传承。同时，也增强了人们对历史建筑和周围环境的保护意识，使原本日渐衰落的古村落建筑保留下来，焕发出新的生命力。第二，旅游业的发展带动了部分村民就业，增加农民收入，优化了清漾村的产业结构。第三，旅游业的发展促进村落从一个相对封闭的小村转向更加开放的旅游村。

清漾村的旅游开发是以古村落保护开发为主的观光旅游，并逐渐地涵盖现代农业观光、农业采摘和农事体验等，带动了清漾村第三产业迅速发展。旅游开发围绕着游客的食、宿、行、游、购、娱等多方面活动内容，主要涉及零售业、住宿和餐饮业、租赁业、环境和公共设施管理业、农业中的服务业等。当前，清漾村的餐饮业多为家庭经营，以经营"乡菜"为特色的农家乐为主，分布于景区周边，但因游客数量少和游客停留时间短等因素的影响，各家餐饮店经营状况虽有差异，但总体并不太理想。为满足游客的住宿需求，清漾村开办了6家民宿，多为利用民宅改造而成，以家庭自主经营为主。根据课题组成员的实地观察和亲身住宿体验，目前清漾村的民宿档次较低，客房数量、环境卫生只能基本达到一般游客的需求。据调查，作为清漾景区的配套建设，地方政府对于开办民宿有一定的要求与规定，并给予一次性的财政补助与奖励，因此得到了清漾村民的积极响应。然而，因客源少且不稳定，加之缺乏经营管理经验和技能，基本处于放任状态，经济效益不高。调查中，一些民宿经营者表现得较为消极无奈，对于民宿经济的发展不太乐观。

随着人们消费观念的转变，"购物"也成为游客游玩时必不可少的体验。借旅游开发之际，清漾村民创办了一些购物设施。主要有：一是出售土特产的摊位。村民通过摆摊出售乡村土特产、乡村生活工艺品，如葛根粉、笋干、手工编制的小物件等。二是小型超市。主要是村民自主经营开办的生活超市，向游客和村民提供零食、饮料等日用品。比如，左邻右舍超市。此外，旅游开发也催生了清漾村文化创意业的发展，最有代表性的要数根雕创意商品。自旅游开发以来，经营年限长达12年之余的根雕商店，不仅向游客售卖各式各样的根雕创意商品，还承接各种对联字匾加工等。

清漾村旅游开发的进一步延伸与拓展，促进了本地种植农业向观光农业的转型。清漾村火龙果基地及葡萄园虽不在旅游景区开发范畴，但由于它们距离景区较近，每年都会有大批景区游客前来观光、采摘火龙果和葡萄。据火龙果基地的负责人介绍，大约三分之一的火龙果的销量来源于游客。因而，每到果实成熟季节，他们就专门开设旅游采摘活动，向游客们直接销售绿色农业产品。火龙果、葡萄等农业种植已从第一产业向具有第三产业特征的观光农业转化。

可见，历经改革开放40年的变迁，清漾村的产业经济发生了重大转变，不仅有量的增长，更有质的提升。从"以地为生"的传统乡村经济转向劳务经济、旅游经济、现代农业经济同时发展的现代农村经济转变，实现了单一性传统农业经济到多元性现代农村经济的跨越。

第三章 村民的收入与消费

改革开放40年来，伴随着村落经济的发展，清漾村民的收入
结构经历了重大变迁，整体收入水平在波动中持续上升，村民之间
的收入差距不断扩大。村民生活逐渐走向全面小康，消费结构从生
存型逐渐转变为享受型、发展型，消费方式实现了从供给约束型消
费到需求导向型消费的转变。

第一节 村民收入结构的变迁

改革开放推动了清漾村经济的迅速发展，进而促进了村民收入结构的重大变
化。村民收入逐渐地实现了从以农业收入为主到非农收入为主，从家庭经营收入
为主到工资性收入为主的阶段性转变，从单一收入来源到多元收入来源的结构性
变迁。

一、农业收入为主转向非农收入为主

按照产业划分，村民收入大致包含农业收入、工业收入和服务业收入。其中，
工业收入和服务业收入可统称为非农收入。改革开放以来，清漾村民的收入结构
整体上呈现出从以农业收入为主转向以非农收入为主的态势，这与我国社会经济
的快速发展和国家政策的变化密不可分。据调查所获资料分析，改革开放以来清
漾村民收入结构的转变具有明显的阶段性特征。

在改革开放初期，实行农业家庭承包经营制后，村民的农业生产积极得到了
极大的激发，生产效率极大提高，农业产量迅速增加。然而，这一阶段清漾村民
的收入来源仍以农业生产为主，包括种植粮食作物、经济作物和养殖家禽、牲畜，

村民收入结构中农业收入比例占 80% 以上，居于主导地位。

20 世纪 90 年代初开始，随着乡镇企业的发展和农村劳动力流动政策的逐步放开，清漾村民大量外出务工经商，通过从事第二、三产业获得了更高的工资性收入。当初，多数村民选择了"离土不离乡"的劳动力转移模式，就近选择在石门镇或江山市务工，并以白天外出务工晚上回村的"半在村"形式流动。另外，有一小部分村民则选择外出到深圳、广州、杭州等大城市务工。这一时期，村民的农业生产经营收入比重在不断下降，从事工业和服务业劳动获得的非农收入比重显著提升，其中从事工业获得的劳动收入增幅较大。

2006 年是清漾村发展的一个重要历史拐点。这一年开始启动的清漾村落旅游开发，不仅推动了清漾村落经济的重大改变，而且促进了村民收入的重大变化。因受多种因素影响，目前景区的游客数量和旅游收入较少，旅游业尚未构成清漾村集体和村民个人的重要收入来源。然而，旅游开发带来了村落产业的多元发展和部分村民家庭收入的增长，在推动清漾村民收入结构非农化的过程中起到了明显的促进作用。据调查，旅游开发吸引了很多村民返乡创业。一些村民在地方政府优惠政策的支持下，凭借常年务工积攒的收入兴办了如民宿、农家乐、超市等旅游配套项目；一些村民承包村里流转的土地，搞起了生态农业种植和观光采摘等体验型农业；一些村里的老人也在景区内摆起了土特产小摊；还有一些村民结合旅游开发发展文创产业；等等。在旅游开发的大环境下，创业创收项目在清漾村遍地开花，初步形成了"以农促旅，以旅兴农"的农旅融合发展格局。同时，随着国家惠农政策的连续出台和清漾村旅游开发保护工作的深化，很多大型工程和项目相继入驻清漾村，部分村民通过承包或从事相关工程的劳动性收入显著提升，如古村落保护、美丽乡村建设等项目和道路硬化、景观改造等工程。有理由说，清漾村的旅游开发推动并改变了清漾村的产业结构，也改变了村民的就业结构，不仅带动了村民收入水平的普遍提升，而且促进了村民非农收入比例的持续增加。

总之，改革推动了村落经济多元性发展，促进了清漾村民收入结构从农业收入为主向非农收入为主的转变，非农收入已经在村民收入结构中居于主导地位，并占绝对优势。

二、家庭经营收入为主转向工资性收入为主

按照收入来源的不同，农民收入可以划分为家庭经营性收入、工资性收入、

财产性收入和转移性收入等。实证研究表明，家庭经营性收入和工资性收入是改革以来中国农民收入结构中的主要部分。家庭经营性收入是指以家庭为单位从事生产经营而获得的收入，工资性收入是指个人从事生产劳动获得的报酬性收入。

在人民公社时期，农村实行集体所有制和集体经营制，村民收入主要依赖于集体农业劳动获得的报酬。村民被要求参加生产队统一安排的集体劳动，以工分制计算劳动报酬，分配生活资料。这一时期，村民们普遍处于温饱不足、生产被动、消费发愁的困境。随着家庭承包经营制的实施，农户重新成为独立自主的生产经营单位，劳动者与生产资料紧密结合，家庭经营迅速发展。[1] 清漾村村民不仅承包经营集体所有的耕地与山林，而且在政府推动下散养家禽家畜以增加劳动收入，家庭经营性收入明显增长，并占这一时期村民收入的主导地位。

20世纪90年代，全国范围内乡镇企业开始蓬勃发展，浙江省的经济发展特别是乡镇企业更是走在全国前列。乡镇企业的发展推动了村民收入结构中家庭经营性收入主体地位的弱化和工资性收入比例的提升。特别是进入21世纪后，土地流转经营的逐步发展，促使越来越多的村民离开承包地，转移到其他行业和单位务工经商。致使家庭经营性收入下降，工资性收入上升。访谈中，村民们告诉我们，清漾村超过一半的劳动力在外务工。工资性收入已经超过了家庭经营性收入，逐渐占村民收入的主导地位。

2006年以来，清漾村的产业结构发生了巨大变化。诸如砖瓦厂、火龙果种植基地、葡萄园种植基地等在村落范围内经过土地流转兴办起来，并以短期或长期等多种形式雇用村里的劳动力，在一定程度上解决了土地流转后失地农民的就业问题，也提高了村民的整体收入水平，尤其是增加了村民收入结构中工资性收入的比重。例如，火龙果种植基地共雇用26名员工，其中20名就是清漾村人，且多以赋闲在家的老年人为主。随着清漾村新型农业和旅游产业的发展，村里越来越多的老年人可以通过短期雇工的方式参与生产并获得工资性收入，或者在景区制作并售卖土特产以补贴家用，农业生产不再是在村留守老人唯一的谋生渠道。此外，由于旅游开发和美丽乡村项目的开展，关停了污染比较严重的养殖业，政府明令禁止村民散养家禽和家畜，导致了村民家庭经营性收入的下降，迫使村民从家庭经营转向务工谋生，收入结构中工资性收入比例在逐渐提高。

根据驻村调查所获资料分析，清漾村2011年只有13%的纯农业农户，2014

---

[1] 关浩杰：《收入结构视角下我国农民收入问题研究》，首都经济贸易大学2013年博士学位论文。

年降到 10%。村民中非农户籍很少，大多是保留了部分土地承包经营权的兼业农户，从事农业经营的以老年人居多。2011 年清漾村从事家庭经营的劳动力占比为 23%，其中从事农业生产的占比 16%；外出务工的占比 77%，其中常年在外的占比 55%。2014 年清漾村从事家庭经营的劳动力上升到 30%，其中从事农业生产的占比上升到 20%；外出务工的占比下降到 70%，其中常年在外的占比下降到 49%。详见表 5。

表 5　2011—2014 年清漾村村民从业和外出情况统计

类型	时间			
	2011	2012	2013	2014
农户数	347	347	350	354
1. 纯农业	45	43	43	35
2. 农业兼业	207	206	208	210
3. 非农兼业	30	31	32	30
4. 非农业	65	67	67	79
劳动力数	619	687	702	714
1. 从事家庭经营	145	211	218	213
2. 从事农业生产	98	143	146	142
3. 外出务工	474	467	484	501
4. 常年在外	342	343	345	351

数据来源：根据《清漾村经营管理统计年报表》整理。

这些从一个侧面说明，随着务工群体的逐年增多并占绝大多数，工资性收入相应增加，逐渐在村民收入结构中占主导地位。

然而，随着村落旅游的开发和土地流转经营的发展，一些外出务工村民返乡创业，开办农家乐、民宿和观光农业等，促使清漾村民家庭经营收入的总量增加。然而，由于目前清漾村旅游开发的带动效应有限，难以吸纳大量村民创业就业。民宿、农家乐经营困难，因经营收入不理想，目前经营者以妇女和老人为主。民宿、农家乐等新型家庭经营项目虽然给清漾村民带来了一定收入，但尚未促进实质性的增长。家庭经营性收入的提升主要依靠农业专业大户和家庭农场经济的发展。应当说，村落旅游开发和土地流转经营以来，清漾村民的家庭经营性收入总体有所提升，而且呈现出进一步增长的发展势头。但是，在当前的村民收入结构中，工资性收入依然占主导地位。

三、单一收入转向多元收入

在历史上，中国农民生产生活于农村，从事农业劳动，依靠农业获取收入和维系生活，基本过着自给自足的简单再生产的生活，农业收入历来都是清漾村民的主要收入来源。改革开放40年来，随着社会经济的发展和国家惠农政策的实施，清漾村民的收入来源变得日益多样化，收入方式从单一转向多元。

改革开放初期，清漾村民虽然获得了土地承包经营权，但受国家政策的限制，依然沿袭传统，以粮食生产为主，兼营家庭副业和小规模的畜禽养殖业，收入方式较为单一，而且全体村民家庭基本一致，社会分化不明显。随着农村多种经济和多种经营的发展，农业经济日益呈现出多样性，相应地村民的农业收入方式也渐趋多元。特别是20世纪90年代初，江山市号召各乡镇大力发展品牌农业，在全市范围内支持和鼓励种植白菇，养殖白鹅、白羽乌骨鸡。不仅为村民养殖提供市场信息和技术指导，还给予较大的政策优惠。清漾村民积极响应，几乎每家每户都有养殖鸡、鹅等家禽，虽然养殖规模不大，多以散养为主，但养殖业逐渐成为这一时期村民新的收入来源，甚至有不少家庭超过了粮食生产收入，成为家庭经营及其收入的主要方式。

进入到20世纪90年代中期，务工逐渐成为清漾村民的主要增收渠道，非农收入的比重逐年攀升。即使国家减免农业税和增加各种农业补贴等优惠政策，农业生产的收入还是在家庭收入中的占比日渐萎缩。越来越多的剩余劳动力选择外出务工。到目前为止，清漾村有超过80%的劳动力在外务工，有单独外出的，也有夫妻二人甚至全家共同外出的。调查中，有村民告诉我们，清漾村民外出务工有良好条件。一方面，清漾村靠近东南沿海，具有优越的地理区位条件，依赖浙江省发达的工业基础和民营经济，村民甚至可以实现"半在村"形式的务工；另一方面，清漾村人均耕地相对较少，人地矛盾突出。过多的劳动力难以依靠少量土地维持高质量生活，更无法保障村民的个人发展，必须到农外另谋生活与发展出路。因此，外出务工是村民追求优质生活和个人发展的一个理性选择。

此外，旅游开发工程和旅游服务也构成清漾村民的重要收入方式。在2006年以来的旅游开发过程中，清漾村先后获取了景区建设、村容村貌整治、历史文化名村保护建设、传统村落保护、古民居建筑群保护、美丽乡村建设等众多项目。项目建设既有力地推动了清漾村经济社会的整体发展，也给村民带来了部分就业机会，成为村民获取收入的一种新方式。同时，借助旅游开发提供的创业机会，在村的或外出务工的村民陆续开始在清漾村本地创业。有的兴办农家乐、民宿、超市等旅游配套服务业；有的搭清漾旅游的顺风车，创办家庭农场、专业果园等，发展采摘农业、观光农业、农事体验等旅游项目。在村的中老年人也跃跃欲试，在景区摆摊售卖土特产。访谈中，有人告诉我们，摆摊的老人基本每天可获取 100 多元的收入。

为了加快推动乡村振兴战略，国家陆续实施了一系列的扶农支农惠农政策，通过"三补贴、两减免"的优惠政策和各种社会保障（新型农村合作医疗、农村最低生活保障、农村社会养老保险及各项农业保险），实现了农民收入的合理再分配，形成了转移性收入。尤其是进入新时代以来，国家的社会保障迅速向农村拓展，转移性收入正在不断增加，清漾村民从中也得到了较大实惠。此外，随着农村经济的发展，清漾村的多数村民逐渐由温饱走向小康，部分村民甚至已经成为富裕农民。村民们在生活有余的背景下，将部分收入用于储蓄和理财获取利息。少数村民还将私有的古民居等房产出租获取租金。这些又构成清漾村民的财产性收入，虽然目前村民的财产性收入总体较少，但也不可小视。一方面，财产性收入在村民之间存在着较大差异；另一方面，财产性收入将伴随经济发展呈现不断增长的趋势，在未来有可能构成清漾村民的重要收入方式。

第二节　村民收入水平的变迁

伴随着农村经济的迅速而多元的发展，清漾村民的收入在波动中上升，收入水平不断提高，增长速度高于全国平均水平。在村民收入水平整体提升的同时，村民之间的收入差距也逐渐扩大，经历了绝对平均、比较平均、相对合理、差距较大的转变。

一、村民收入水平不断提高

改革开放以来，清漾村民的收入水平是伴随农村经济的增长而增长的，整体呈现出波动上升的阶段性特征。

20 世纪 80 年代初，在农业家庭承包经营制的激发下，农业生产和农民收入呈现高速增长状态，迅速解决了村民的温饱问题。按照村民的话说："分地前都吃不饱饭，分完地后基本都能吃饱。"村民收入高速增长状态大致维持到 20 世纪 80 年代中期。进入到 80 年代后半期，城市化、工业化的加速推进对农业农村的发展产生了冲击，农业税负逐渐加重，农产品流通难以满足农产品增长引发的销售需求，农产品价格逐渐走低，出现了农产品滞销的情况。这种情况不同程度地挫伤了清漾村民的种粮积极性，村民的收入增速放缓，出现了明显的增长瓶颈期。90 年代中后期，邓小平的南方谈话推动改革开放向纵深方向拓展，政府在 1994 年和 1996 年分别提高了农产品价格，提价幅度高达 40% 左右，还出台了土地承包再延长 30 年等涉农政策，再次提高了农民的农业生产积极性，促进了农民收入的恢复增长。此外，沿海城市的对外开放及乡镇企业的发展，促使大量农村剩余劳动力转移到非农领域，通过务工获得的工资性收入成为村民收入增长的主要动力。由于务工收入高于农业经营收入，清漾村民受比较利益驱动逐渐从农业中转移出来，到农外就业获取更高收入。进入 21 世纪后，农民收入水平整体呈现出持续上升的发展趋势。从 2004 年至今，中央连年出台关于农业农村政策的"一号文件"，旨在实现农业结构的稳健调整和农村经济社会的稳步发展，一再强调农民增收问题。国家先后提出了社会主义新农村建设战略和乡村振兴战略，出台了诸如减免农业税、增加农民财产性收入、社会保障向农村拓展、城乡基本公共服务均等化、实施积极的支农惠农政策、土地经营权流转和三权分置、进城农民工权益保护等方面的一系列政策，有效地促进了农民收入的增长。2006 年，习近平考察清漾村并提出"三个好"指示，更成了推动清漾村经济社会发展的加速器，进而促进清漾村民收入进入了一个快速增长的新阶段。

农民人均纯收入是衡量农民收入的一个重要指标。有关统计资料显示，20 世纪 80 年代初，清漾村民的人均纯收入大概是 1000 元。伴随改革的深入和农村经济的发展，村民的人均收入相应增长。尤其是 2006 年后，清漾村进入旅游开发时期，村民人均收入的增长速度明显加快。清漾村人均收入 2005 年为 4165 元，2007 年是 4499 元，2011 年达到 8291 元，2012 年增长到 8953 元。2005 年之后的年平均增长率达到 16.4%，远高于全国 13.01% 的增长速度。

进入 21 世纪以来，清漾村民收入的快速增长，主要基于以下因素：一是当地发达的民营经济为清漾村民的非农就业和务工收入的增长创造了优良条件，高速发展的地方经济和创新创业的市场环境带动了村民工资性收入的增长。二是地方政府的引导和激励政策，有力地推动了清漾村民积极投身于地方品牌农业发展和现代农业经营，构成家庭经营收入新的增长点。三是旅游开发给村民创造大量的就业机会和增收渠道，村民群众在农旅融合发展中获益，形成了具有清漾村落特色的收入可持续增长方式。

二、村民收入差距不断拉大

改革开放前，受单一的粮食生产和平均主义的分配制度影响，清漾村民的收入来源少、收入水平低，村民之间的收入差距较小，处于"低水平平均"状态，严重阻碍农村经济的健康发展。"低水平平均"的收入状况也容易引发以集中和同构为特征的"脉冲型"消费需求，致使商品供不应求、市场频繁动荡，从而危害社会经济的健康发展。

根据库兹涅茨倒U曲线，在前工业文明向工业文明过渡的经济增长早期阶段，收入分配差异会迅速扩大，尔后是短暂稳定，然后在增长的后期逐渐缩小。[①] 20世纪80年代实行农村改革后，农民的人均收入迅速提高，乡村内部收入差距不断扩大。根据清漾村调查所获资料分析，村民的职业与村民的收入差异存在着相关性。在过去几十年的发展中，务工群体的收入高于务农群体的收入，创业群体的收入高于务工群体的收入。清漾村民收入的差异化发展主要源于村民职业的多样化、差异化。历史地看，清漾村民的职业结构变化具有阶段性特征，大致发生了三次较大的转变。

20世纪80年代初，随着家庭承包经营制的推行，农业生产率极大提高，引发农业劳动力剩余问题显性化，部分村民开始从农业向外转移，形成了村民职业结构的第一次大转变。一小部分率先转移出来的村民借助改革创造的机会先富起来，村民之间的收入水平开始出现了差异。进入到20世纪90年代后，乡镇企业的崛起吸引了大量清漾村民就地转移，进入乡镇企业务工。清漾村民的职业结构因此发生了新的转变，多数村民变成务工人员，获得了较高的工资性收入。不同村民群体之间的收入差异进一步扩大。进入21世纪特别是旅游开发和土地流转后，一些村民陆续地尝试各类创业。诸如工程承包、旅游服务、创办家庭农场和现代农业企业等，获取了较高的经营性收入，成为村落中的"富人"。比如，村主任在村务管理的同时，兼营工程承包，还经营了一家民宿，每年都能获得较丰厚的创业收入。2013

---

① 丁任重、陈志舟、顾文军：《"倒U假说"与我国转型期收入差距》，《经济学家》2003年第6期。

年，在外务工的清漾村民毛朝明、毛永红分别回村创办了秋实家庭农场和燕红家庭农场，借助清漾村旅游开发的人气，搞起了观光采摘果园，成功地实现了家庭致富，并带动了村民的就业。当然，也需要看到，也有部分清漾村民因为种种原因没能找到合适的创业就业机会，收入长期处于较低水平和相对落后地位。

收入差距的拉大意味着村民在生活、教育、医疗诸多方面的差异，如果不能及时解决，任其发展，有可能影响社会稳定与和谐发展，不利于乡村振兴战略的顺利实现。

第三节　村民生活消费的变迁

消费与收入密切关联。随着收入水平的提高，清漾村民的消费水平也得到全面提升，消费质量和消费总量显著提高，恩格尔系数不断降低，消费领域不断扩展，消费环境也有明显改善。清漾村民的生活消费水平从改革开放前的绝对贫困实现了向全面小康发展阶段的跨越，其消费结构随之经历了从基本的生存型到享受型再到发展型的变化。消费理念不断升级，物质生活和精神文化生活都大幅度提升。

一、生存型消费转向发展型消费

根据国家统计局对农村居民消费情况调查的项目分类，农村居民消费分为八大项：食品消费、衣着消费、居住消费、家庭设备用品及服务消费、交通通讯消费、文教娱乐消费、医疗保健消费，以及其他商品及服务消费。各项消费在生活性消费支出所占比重即构成农民的生活消费结构。基于农村消费资料层次视角下的消费结构可以分为：以生存型消费资料为主导的消费结构、以享受型消费资料为主导的消费结构、以发展型消费资料为主导的消费结构。

改革开放以来，清漾村民的消费结构发生了重大变化，生存型消费资料所占比重先增后降，而享受型和发展型消费资料不断提高，呈现出从生存型消费向发展型消费逐渐转变的发展趋势。

改革开放之初，刚刚摆脱人民公社制度束缚的清漾村民，缺少收入来源，收入水平低，购买能力弱。从一定意义上说，村民基本生活需求都难以得到满足，大部分村民还处于"吃不饱、穿不暖"的生活状态。在此背景下，村民的生活需求主要局限于吃饱饭、穿暖衣等基本生存性需求，整体消费水平偏低，食品支出在消费结构中占绝大部分。20 世纪 90 年代后，清漾村民的食品、衣着、居住类消费比例开始下降，但仍占村民消费结构的主导地位。食品类消费中肉禽蛋类、水产品类的消费比例大幅增加，副食品的支出比例有所提高，家庭设备用品支出比例上升，传统的耐用消费品"三转一响"（自行车、缝纫机、手表、收音机）在清漾村逐渐普及。这些表明村民开始更加重视吃、住、行的质量，追求高品质的物质生活体验。此外，服务消费、交通通讯消费比例呈现明显上升趋势，村民出行的时间和频率大幅增加，其中以外出务工的群体居多。

进入到 21 世纪后，中国发展到了全面建设小康社会、加快推进社会主义现代化建设的新阶段。有研究表明，非农就业通过改善家庭收入增长性、弱化收入不确定性、强化城镇居民消费对农村居民消费的示范性，促进了农村居民家庭消费增长。[①] 伴随着大规模、持续性的非农就业，清漾村民的消费理念和消费方式发生了重大改变。在村民的消费结构中享受型和发展型消费资料所占比重不断提高，村民的物质生活水平不断增长。彩色电视机、洗衣机、移动电话等消耗型商品逐渐走进村民生活，村民开始追求享受型商品"从有到好"的转变，衣食住行等消费品不断升级换代，村民特别是青年开始从关注商品数量向更加注重商品质量转变，逐渐强调商品的品牌和知名度。村民的精神文化生活也逐渐开始丰富，在满足了基本生活需求之后，村民开始注重自我生活品质的提高和自我综合素质的提升，越来越注重精神上的满足与享受，消费结构中精神文化类和自我发展类消费资料的比重不断上升。进入新时代以来，清漾村响应政府号召建设了文化礼堂，连续举办 5 届村晚，并得到央视和浙江卫视的宣传报道。2017 年，清漾村还举办了全省美丽乡村和农民精神文明建设现场会，村民反响较好。清漾村还建有图书室，成立了专门的文化服务平台。村民中网民的比例不断上升，信息和知识付费逐渐成为一种新的潮流。现如今，清漾村几乎家家户户都拥有汽车、电脑、冰箱、空调等新时代的大件商品。

此外，村民开始注重自我综合能力和素质的提升、重视子女教育等，发展型消费不断增加。如此，呈现出生存型消费占比不断下降，享受、发展型消费占比不断上升的趋势。

---

① 文洪星、韩青：《非农就业如何影响农村居民家庭消费——基于总量与结构视角》，《中国农村观察》2018 年第 3 期。

二、供给约束型消费转向需求导向型消费

在计划经济时期，政府垄断资源配置，生产资料和生活用品均实行统一分配，商品交易规模长期处于较低水平，全国范围内特别是农村地区普遍存在着商品短缺和流通困难等问题，形成一种典型的供给约束型消费模式。改革开放初期，村民收入水平虽有较大提高，购买能力大大增强，但商品供给能力依然有限，与村民的购买需求不能有效匹配。特别是在当初的城乡非均衡发展背景下，商品供给体系向城市倾斜，农村地区的商品供给严重不足。清漾村民时常借助外出务工从城市购得生活消费品，或到邻近城镇购买自己需要的生活用品。如此，因商品供应不足相当程度地抑制了村民的生活消费。随着改革的深入，社会主义市场经济快速发展，市场开始在资源配置中发挥决定性作用，商品的市场供给能力增强，商品的种类和数量大大增加，村民的基本消费需求逐渐得到了满足，很多村民开始追求商品的质量和消费的体验。

王群菊是清漾村的妇女主任，以前在镇上开超市，2013年回村竞选村干部。她介绍说，以前清漾村民买东西都要到镇上去的，现在村里有好几个超市，东西很全，大家买东西还能做个比较。不光村民方便了，来村子里的游客买东西也很方便。现在村里几乎每家每户都买了车，我们家还打算换辆新车。现在过年不知道吃什么好，以前就是想吃肉，现在肉也吃腻了。

从一定意义上说，清漾村基本实现了从过去的供给约束型消费到需求导向型消费的转变。在市场调节作用下，由过去供给什么就消费什么，逐渐地转向需要什么就购买什么。

近些年来，为满足村民的消费需求，清漾村及其周边的商业设施和消费环境不断完善。过去有限供给能力的供销社、集市变为如今遍布全村的连锁超市和商店，小摊小贩已经升级为精装商铺的老板。餐饮住宿、家具电器、艺术加工品、文化娱乐、游玩体验等各类消费场所和生活设施应有尽有，农村电商、移动支付、网络消费等也开始走入清漾村的寻常百姓家。新科技也构成推动村民消费的重要手段，清漾村已经成为网络覆盖无死角的现代村落，其网民数量和网络消费规模在逐年增长，现代化的消费方式在清漾村逐渐成了流行和时尚。

2018年8月，坐落在清漾村周边的总面积达3.5平方千米的"归江山居"文旅颐养小镇开始动工，建成后将与清漾村旅游景点互相配套，有可能进一步提升清漾村民的消费环境，拉动清漾村民的消费。

治

理

篇

自治与共治

中国
村庄
发展

文　化　为　基

治理是社会的重要构成，取决于经济社会发展，又对经济社会发展具有重要作用，在整个社会发展中居于独特地位，是考察村庄发展的一个特殊面向。改革开放以来，中国农村的基层治理宏观地表现为村民自治与多元共治两种形态、两个阶段。本章立足于清漾村的实践，从制度、组织、运行三个层面对村庄治理变迁做初步分析。

第一章　村庄治理的制度

　　村庄治理与经济社会条件密切相关，伴随经济社会发展而发展。20世纪80年代初，中国农村实行村民自治，形成了"乡政村治"的农村治理格局。清漾村也与其他村庄一样，于20世纪80年代初推行村民自治制度。在"乡政村治"格局下，中央政府对村庄治理体制机制做出了总体设计，各级国家政权机关制定了一系列相关法律、法规和政策，清漾村及其所在地政府结合村庄实际对村庄治理制度做出了具体安排，制定了一系列村级规章。由此形成了村庄治理的国家制度与村级规章两个层面的建制主体和制度架构。村庄治理的事项具体包括经济、政治、社会、文化、生态等多个方面，也可以按事项性质归纳为管理、服务、安全三大类别。因此，对于村庄治理制度可以做多样性的类型学分析。这里，结合清漾村的具体情况和治理特点，粗略地梳理一下村庄治理制度及其变迁。

第一节　村民自治制度

　　村民自治是一项中国特色社会主义的基层民主政治制度，于20世纪80年代初在全国各地农村广泛推行。清漾村也于20世纪80年代初期实行村民自治，并依据国家法律规定，在地方政府的指导下结合本村实际制定了一系列的相关制度，初步形成了清漾村的村民自治制度体系。其中，最为重要的是"四个民主"制度。

一、村级组织民主选举制度

　　根据《中国共产党章程》《中国共产党基层组织选举工作暂行条例》和《中华

人民共和国村民委员会组织法》《浙江省实施〈中华人民共和国村民委员会组织法〉办法》《浙江省村民委员会选举办法》及《中共江山市委江山市人民政府关于认真做好村党支部村民委员会换届选举工作的意见》等，清漾村结合自身实际情况形成了一套民主选举制度。根据调查所获资料分析，30 多年来，村级组织民主选举的基本原则始终没有发生根本性改变。

（一）选举的基本原则

1. 党的领导原则。村党支部和村委会换届选举必须在党的领导下有组织、有步骤地进行。清漾村的村级换届选举均是根据江山市委的统一部署，在所在的石门镇党委领导下进行的。镇党委在选举过程中以多种方式积极介入，保障选举过程的有序有效。严把用人关，坚持德才兼备原则，注重人选的政治思想素质和致富带富能力。

2. 民主原则。村级组织通过民主选举产生。其中，村党支委由党员选举，村民委员会由全体村民民主选举。换届选举坚持走群众路线，充分发扬民主，吸纳群众意见，接受群众监督，提高群众的认同度。增强选举工作的透明度，保障各个环节民主、公开、公平。

3. 依法按章原则。按照《中国共产党章程》《中国共产党基层组织选举工作暂行条例》和《中华人民共和国村民委员会组织法》《浙江省实施〈中华人民共和国村民委员会组织法〉办法》《浙江省村民委员会选举办法》等有关法律制度，特别是《中共江山市委江山市人民政府关于认真做好村党支部村民委员会换届选举工作的意见》的具体部署和规定，依法按章开展选举活动，遵守选举程序，规范选举行为。

（二）选举方法与流程

1. 选举方法。清漾村的村级组织选举主要包括村支委和村委会的选举。换届选举一般按照先村支委、后村委会的顺序进行，分别采取不同的选举办法。

村党支委实行"三荐一选"制度，支委会成员经过自荐报名、党员推荐、群众推荐测评，然后提交党员大会以无记名投票方式选举产生。努力探索村党支委直选方式，由党员大会直接选举产生村党支部书记，进一步扩大党内民主。

由上级党委确定清漾村党支委职数后，先公开自荐报名（自荐对象全部报镇党委审查），然后组织党内推荐和群众推荐测评。在此基础上，确定初步候选人，报经镇党委考察和市相关部门联合审查后确定正式候选人预备人选。

根据党内有关规定，石门镇党委研究决定，党员因下列情况不能参加选举的，可不计算在应到会人数之内：（1）患有精神病或其他疾病不能表达本人意志的；（2）自费出国半年以上的；（3）虽未受到留党察看以上党纪处分，但正在服刑的；（4）年老体弱卧床不起和长期生病生活不能自理的；（5）外出半年以上的；（6）经通知拒不参加会议的。有选举权的党员实到会数达到应到会数的五分之四，选举有效。选举设监票人1名、计票人2名。监票人由党员在非候选人的党员中推荐，经党员大会通过。计票人由上届村党支部委员会指定，在监票人监督下工作。制作选票时候选人以姓名笔画为序排列。选举人不能填写选票的，可由本人委托工作人员按照选举人的意志代写。因故未出席会议的党员不能委托他人代为投票。填写选票时，对选票上所列候选人可以投赞成票、不赞成票或弃权票。赞成的在其姓名上方空格内画"O"；不赞成的画"×"。如另选他人，要在候选人后面的长空格内写上另选人的姓名，并在其姓名上方空格内画"O"。在候选人姓名上方不做任何符号的视作弃权。每张选票所选人数等于或少于应选人数的为有效票，多于应选人数的为无效票。选举所收回的选票数等于或少于发出的选票数，选举有效，多于发出的选票数选举无效，应重新选举。被选举人得赞成票超过实到会有选举权的党员数的半数，适得当选。如果得赞成票超过半数的被选举人多于应选名额时，则以得票多少为序，至取足应选名额为止。如遇得票相等不能确定谁当选时，对票数相等的被选举人重新投票，以得票多者当选。当选名额少于应选名额时，是否进行另行选举，由镇党委研究决定。支委会第一次会议选举产生的书记及党员大会选举产生的委员，报镇党委审批和备案。

村委会选举严格按照"一法两办法"和当地政府的选举政策规定，结合本村实际，实行村委会成员"自荐海选""海推海选"制度，凡有志于为村民服务的选民，均可自己报名参与竞选。建立了村委会干部任职资格审查制度，设置了具体的自荐报名条件，在政治思想、法律意识、年龄、学历、致富能力、组织管理能力等方面做出了详细规定，对原则上不能提名为候选人的范围做出具体要求。经资格审查合格后，直接提交村民大会民主选举产生。在村委会选举中单独设立妇女委员岗位，落实妇女候选人，实行专职专选。为加强和改进党对村委会换届选举工作的领导，村党支部主要负责人通过法定程序进入村民选举委员会并主持工作。

2.选举流程。为保障村级组织换届选举的有序进行，有关部门对村支委和村委会选举分别设计了一套详尽的流程。

村支委换届选举流程：党委会研究实施方案——组织信访评估——制定信访调处预案——述职评议及承诺考核——召开动员会——宣传发动——任职条件公告（第一号）——自荐报名——党委会初审——初审合格对象公告（第二号）——集体谈话——签订选举纪律承诺书——竞职演说——党内推荐——群众推荐测评——党委会确定候选人考察对象——报市联合审查——组织考察——党委会研究确定候选人预备人选——候选人预备人选公告（第三号）——召开党员大会选举——召开支委会选举产生书记（或党员大会直接产生书记、委员）——选举结果公告（第四号）——支部初步分工——党委审批。

村委会换届选举流程：村委会换届选举调查摸底——乡镇党政联席会议组织学习有关法规，研究制定实施方案，成立指导小组，确定各村村委成员职数，确定选举日——乡镇动员会进行全面部署及培训工作人员——召开村两委会，传达贯彻上级党委政府关于组织开展换届选举的工作部署和要求，研究本村实施方案和工作措施——由村级党组织主持推选产生村民选举委员会——选民登记并公告——讨论通过村委会选举办法，确定正式选举日，讨论决定总监票人、总计票人等选举工作人员——组织自荐报名工作——自荐报名者资格审查——确定并公布村委会经政审合格的自荐报名竞选者，讨论委托管理办法——组织经政审合格的自荐报名者进行治村竞选演说，并公告委托投票情况——组织正式选举投票，统计、公布、上报选举结果——组织新老村委工作交接——整理建立选举工作档案，搞好总结，并组织新村委会成员上岗培训。

（三）选举纪律

村两委选举有严格的纪律要求，以端正选风、严肃选纪。首先通过建立集体谈话制度，由石门镇党委组织竞选对象集体谈话，重申选举程序，强调选举纪律，弘扬正气、狠刹歪风邪气，促进选风民风的好转。建立竞选人选举纪律承诺制，对经审查符合任职资格条件的竞选人，在选举前签订选举纪律承诺书，承诺自觉遵守选举纪律和违反纪律所应承担的责任，从思想上警示参选对象。同时，石门镇在每次村级换届选举中，会开展信访评估工作，不断建立健全群体性、突发性信访调处机制，确保清漾村选举期间的稳定和谐。

依照江山市纪律检查委员会关于严肃村级换届选举工作有关纪律的文件，清漾村在选举中严格遵守"十条禁止、八条否定性纪律"的规定：（1）严禁在换届选举期间参与、纵容和指使他人进行各种非组织活动；（2）严禁通过送礼、变相送礼、贿选、拉票等手段干扰和破坏选举；（3）严禁用诬告、造谣等手段对候选人进行恶意中伤和打击报复；（4）机关、事业单位工作人员及离退休人员不得插手、干预村级换届选举工作；（5）不得随意传播、泄露村级换届人事安排工作方案，对出现的一些错误思想倾向和不正常议论要严肃制止；（6）不得借机突击花钱购物或滥发奖金实物，不得请客送礼铺张浪费；（7）不得伪造、编造会议凭证或者编制虚假财务会计报告；（8）不得借换届之机随意、频繁转移党员组织关系，不得违反程序突击发展党员；（9）村干部离任后，应立即停止原职务活动，不得讨论、决定和审批人、财、物等事项，换届期间必须坚持重大事项村两委讨论、提交村民大会或村民代表会议表决的制度；（10）村干部离任后，要在 10 天内做好交接工作。选举期间，村支委和村委会的公章由石门镇委镇政府集中保管。

在村级换届选举中，参选者凡出现以下情形之一的，一经查实应当宣布其当选结果无效。（1）以金钱、财务收买选票的；（2）以金钱、财务雇佣他人拉票的；（3）造谣污蔑、恶意中伤其他竞选对象，造成恶劣影响的；（4）以暴力行为强迫他人，以达到自己选举目的的；（5）在选举过程中强行抢夺他人选票或强行代人画写选票的；（6）选举过程中抢砸票箱，殴打选举工作人员的；（7）故意涂改他人选票或伪造得票情况的；（8）其他严重干扰和破坏选举工作的。同时要对相关责任人进行严肃处理，是党员、干部的要给予相应的党纪、政纪处分，直到追究有关法律责任。对严重触犯法律法规，构成犯罪的要移送司法机关，依法追究其刑事责任。

二、重要村务民主决策制度

村民自治制度强调民主决策，特别规定村级重大事务由村民大会或村民代表会议决定。这一村务民主决策制度改变了以往主要由村干部个人或少数人"拍板"决定的传统做法，让村民群众有权、有机会参与重要村务的决策活动，真正实现清漾村民的民主决策、自主决策，引导群众通过制度化方式进行政治参与。民主决策制度规定，涉及村民利益和村庄发展的重要村务，须经村民会议或村民代表会议集中讨论决定。村民代表决策会议必须有三分之二以上村民代表参加，所做决定应当经全体代表过半数通过。民主决策及其实施过程的具体流程如下。

1. 动议。由村党支部、村民委员会、村经济合作社、十分之一以上的村民联名或五分之一以上村民代表联名对村级重大事项提出动议。

2. 审议。村党支委针对动议，通过走访和听证会等形式，在广泛征求意见的基础上，召开村两委联席会议进行审议，形成决议。

3. 报审。将决议上报乡镇党委、政府，对其合法性、程序性进行审核。

4. 民决。经乡镇党委、政府审核后的决议提交村民代表大会或村民会议依法进行讨论表决。

5. 告知。经村民大会或村民代表会议讨论、表决通过的决议，按照村务公开的要求，在公开栏张贴告知，并组织实施，接受群众监督，并报乡镇政府备案。

6. 督查。经村民公决后的事项，在村党支部领导下由村委会负责实施，实施进展情况定期向党员大会、村民代表会议报告。村党支部要充分发挥村务公开监督小组的作用，由村务公开监督小组负责对实施情况的监督。每月召开一次村务公开监督小组会议，对公决生效后实施完毕或正在实施的村务进行评议，进一步集中群众意见，倾听群众反映情况，提出补充完善建议，形成新决议。每一个项目完成后，村务公开监督小组都要对项目资金情况进行审计和验收，并向村民代表、党员、村民小组长及以上骨干会议报告。

7. 建档。经表决形成的决议及具体实施情况，村委会组织有关人员及时建立档案。同时，明确村干部责任，根据《村干部工作报告制度》《质询评议制度》《责任追究制度》，对在村级重大事务决策和管理中不按程序办事，独断专行，造成工作失误带来重大损失的，村民大会或村民代表会议有权追究其责任，视情况提出处理意见，直至依法罢免村委会成员职务。

近年，根据江山市委、市政府的统一部署，清漾村正在实施民主决策机制。主要包括党组织提议、党员会"首议"、民情会评议和村民（代表）会决议等"四议"程序；进一步规范村级重大事务民主决策程序。凡是与村民切身利益密切相关的重大事项，按照党组织提议、党员会"首议"、民情会评议、村民（代表）会决议的程序进行科学、民主决策，充分吸收广大党员、群众的意见建议，在尊重民意、吸取民智的基础上，确保村级重大事项民主、公开、规范办理，切实解决村级组织随意决策、盲目决策的问题。同时，进一步规范和完善党务公开、村务公开和财务公开，明确公开的内容、方法、时限、程序，特别是要把重大事务民主决策的结果和实施情况作为公开的重要内容之一，做到及时、完整、清楚公开。

在村民自治体制下，重要村务主要由村民大会和村民代表会议决定。村民大会作为村庄最高决策机构，由本村18周岁以上的村民组成。根据清漾村不少村民外出务工，难以参加村民大会的具体实际，召集村民大会时也可每户派一名代表参加。村民大会拥有审议决定村庄发展规划和年度规划、听取并审议村委会工作报告和财产收支报告、撤换和补选村委会成员、审议决定涉及全体村民利益和重大事项等职权。

为了便于重要村务的讨论决策，清漾村从实际出发建立了一种联席会议制度。联席会议由村民代表、村民小组长、村各级人大代表、村委会成员和村党支委成员等组成，拥有审议修改通过村民自治章程和村委会各项管理制度，听取审议村委会工作报告、财务收支、收益分配报告、村经济社会发展规划实行情况报告，讨论决定村集体重大生产性投资项目和公益事业建设项目，推选产生村务公开监督小组，讨论决定有关人事安排，评议村委会工作，反映和提出村民的意见建议等权力。联席会议每年召开不少于2次，由联席会议选举产生的主席团负责召集主持。主席团或"村两委"认为有必要，或1/3以上联席会议成员提议，可以随时召集联席会议。会议闭幕期间，一般日常事务由主席团研究决定处理。联席会议成员的建议以村民小组为单位提出，村委会负责答复意见。每次会议村委会指定专人记录并由参会人员签名。联席会议决定事项，必须1/3以上成员参加，应当经到会人员的过半数以上通过方为有效。

同时，建立村民代表联系村民制度，各村民小组长负责向本小组传达会议精神，听取村民意见建议，负责向村委会反映，代表村民意愿决定村中事务。

一个时期以来，在清漾村治理实践中，时常出现联席会议由家属和亲戚代替参加会议的现象。近年，乡镇下派的村书记针对性地采取了一些举措，推出了一项新制度，规定由家属或亲戚代替参加联席会议者直接免除资格。

三、村务民主管理制度机制

在实行村民自治以来的一个较长时期里，民主成了国家和民众的价值追求，因而在乡村治理制度建设中突出了民主管理制度的建构，中央和各级地方政府出台了一系列的民主决策管理制度。清漾村的治理无疑是在国家制度和地方政策的规制下运行的，农村中普遍推行的一些民主决策管理机制在清漾村也得到了实施。此外，清漾村根据国家的制度建构和地方政府关于健全完善科学民主决策制度的相关规定，结合本村实际制定了众多民主管理机制。总体而言，清漾村的村务民主管理机制并未脱离中央和地方政府安排的发展轨道，在改革开放以来的40年里基本保持一致，但在不同时期也会呈现出一定的差异。在2006年以来的乡村治理中，最为主要的是强调了两个机制、两个办法。

一是工作责任机制。包括村党组织职责、村民委员会职责、村务监督委员会职责和村经济合作社职责等四项组织职责。结合新时期农村基层组织的工作实际和要求，根据村党组织、村民委员会、村务监督委员会和村经济合作社的分工，分别制定责任明确、岗位清晰、便于操作的工作职责。同时，明确村党组织是村级组织的领导核心，领导和支持村民委员会、村务监督委员会、村经济合作社依法行使职权。通过推行工作责任机制，切实解决村级组织在工作开展过程中职责不清、责权不明、不知道"做什么"和不清楚"怎么做"的问题，确保各类村级组织在党组织的统一领导下有序开展工作。

二是民生服务机制。坚持以人为本、服务为先，充分整合原有的村干部值班、镇村干部集中办公、民情沟通等一系列为民服务活动，全面推行村务值班日、民生服务日、民主议政日等"三个日"民生服务机制，形成"每日一值班、每周一集中、每月一沟通"的工作格局。每天安排一名村干部在村级便民服务中心值班，负责处理和记录村级日常事务；每周二为"民生服务日"，市、镇、村三级联动，集中为村民办事，提供便民服务；结合每月15日的民情沟通、党员学习等活动，每月或每季组织开展"民主议政日"活动，由党员群众对村级班子及重大村务、财务等工作情况进行质询，提出意见建议。通过"三个日"活动，着力构建全覆盖的服务网络，形成服务民生、服务基层、服务群众的长效机制，提高为民服务的水平和实效，着力推进服务型基层党组织建设。

三是履职践诺监督办法。要求所有村干部在年初公开承诺、年中接受工作质询、年底进行述职考评。对农村干部应当履行的职责和应当遵守的纪律，实行履职承诺和践诺监督。村干部要根据本人在换届选举中签订的创业承诺，制订每年工作计划和措施，在届初或年初公开向党员群众做出切合实际、操作性强的工作目标承诺。年中举行工作质询会，由村干部对半年工作进行述职，述职后接受党员群众的质询。年底召开民主评议会，由镇党委和党员群众分别对村干部的履职践诺情况进行考察评议，并根据考评结果实施相应的奖惩。

四是履职过错问责办法。通过谈心谈话、启动问责和组织处理三种方式，对村干部进行问责。对于不履行、不完全履行或不正确履行职责的村干部,由石门镇党委依法依规进行责任追究。以不作为、慢作为或乱作为的村级干部为主要对象,全面推行履职过错问责办法。根据问责对象的工作职责和岗位要求,科学确定问责内容和方式、合理制定问责程序,对犯有过错的人员,通过谈心谈话、批评教育、责令整改、辞职免职等措施,予以约束处理,并将其作为年度考核和评先奖优的重要依据。充分发挥组织处理的功能和作用,妥善解决以往基层群众不满意、党委政府管不了、纪律法规"够不着"的问题,不断增强村级组织的凝聚力和战斗力。

四、村务公开和民主监督制度

村务公开和民主监督是村民自治的重要组成部分,是村庄治理过程的重要环节。中央政府和各级地方政府出台了一系列的相关文件,对村务公开和民主监督进行了制度建构和政策规范。如《中共中央办公厅、国务院办公厅〈关于在农村普遍实行村务公开和民主管理制度的通知〉》《中共中央办公厅、国务院办公厅〈关于健全和完善村务公开和民主管理制度的意见〉》。在不同时期,清漾村依照中央和地方政府的统一部署,特别是其所在的江山市党政部门和石门镇政府的安排,名义上结合本村实际制定了村务公开和民主监督的相关村级制度。调查发现,这些制度事实上大多由特定政府部门制作统一的标准模板,让村组织结合村庄实际进行修订,并经村民大会或村民代表会议讨论通过。在实践中,清漾村的村务公开和民主监督制度只是照抄了政府部门提供的样板,并未反映村庄的特殊性。

清漾村实施的村务公开和民主监督制度,主要根据《中华人民共和国村民委员会组织法》《浙江省实施〈中华人民共和国村民委员会组织法〉办法》,浙江省委、省政府《关于进一步健全完善村务公开和民主管理制度的通知》,石门镇党委、镇政府《关于进一步规范石门镇村务公开和民主管理工作的实施意见》等有关规定,结合村庄自身实际情况制定的。

(一)村务公开制度

1. 村务公开的内容和事项。公开内容主要围绕村庄发展规划、集体经济运营、宅基地及各种补偿费、村庄财务、村干部酬劳等方面展开。具体事项:(1)村民会议或者村民代表会议讨论决定事项的实施情况;(2)村财务收支情况、村集体债券债务情况;(3)水电等费用的收缴情况;(4)村土地、集体企业和财产的承包、经营和租赁情况；（5）征用土地各项补偿费分配和使用情况；（6）宅基地的使用方案、村民建房审批情况；（7）税费改革和农业税减免政策、村内筹资筹劳"一事一议"的收缴及使用；（8）种粮直接补贴、退耕还林款物兑现，以及国家其他补贴农民、资助村集体政策的落实情况；（9）最低生活保障的优抚、救灾救济物的发放情况；（10）国家计划生育政策的落实情况；（11）新型农村合作医疗情况；（12）村干部年度工作目标执行和村干部报酬情况；（13）村公共设施建设项目的投资、承发包情况；（14）涉及村民利益和村民普遍关心的其他事项。村庄旅游开发后，特别是村集体资产租赁、发包等招投标项目都先由村民代表大会讨论通过，并在镇招投标中心进行公开招投标，确保各项环节的公正、公开、公平进行。

2. 村务公开的形式、时间和程序。村务公开主要方式：一是在显要位置设置村务公开栏，公开村务事项逐条在村务公开栏予以公布，并设置意见箱；二是通过村有线广播、召开村民大会、村民代表会议或民主听证会，发放公开簿或明白卡等形式进行公布，但不得取代公开栏。

清漾村对村务公开的事项和时间有严格要求，大致分定期公开与随时公开两类。定期公开的事项因事项不同而设定不同的公开时间。最为主要的是：村干部任期目标、年度工作目标年初公布，完成结果在年底公布；村财务常规性收支每月15号公布一次，专项收支在项目完成后半月内公布；计划生育相关的生育政策作常年永久性公开，生育审批结果和实际剩余结果及计划外生育情况每半年公布一次；水电费缴纳每月公布一次。随时公开的事项包括经济项目承包，优抚费、救灾款物的发放，国家补贴农民、资助村集体的政策落实情况及需要公开的其他事项等。

村务公开的程序。首先由村民委员会提出公开的具体方案，村务公开监督小组对方案进行审查、补充、完善后提交村党支部委员会、村民委员会、村经济合作社管委会集体讨论确定，然后村民委员会通过村务公开栏等形式及时公布，并建立村务公开档案备查。每次村务公开后，应听取村民反映的意见和建议，及时予以解释和答复，绝大多数村民不赞成的事，应坚决予以纠正。

3. 村务公开的反馈与责任追究。在村务公开栏旁设立意见箱，并建立村干部现场值班制，听取和接受村民群众的意见和投诉，组织调查、核实，提出整改意见，检查落实情况。接受上级村务公开协调（领导）小组的指导、检查和监督。对采取不同方式搞假公开的给予通报批评，情节严重的对主要责任人给予纪律处分；对不按规定进行村务公开造成……恶劣影响的，对主要责任人给予党纪、政纪处分。

（二）党务公开制度

村党组织是村庄治理的领导者，在实践中实际也是村务决策管理者。根据上级党组织的要求，清漾村建立了党务公开制度。规定凡属于应公开的党务工作都要及时公开，党务每季度公开一次，接受党员和群众的监督。党务公开的内容要经过村党支部委员会讨论，经支部书记签字后进行公开；涉及对党员处分的公开要经过石门镇镇党委批准后公开。党务公开主要有如下内容。

村党支部工作公开。公开内容主要包括年度主要工作目标、责任人、完成时间、进展情况等，召开支部会议和党员会议的时间、内容、议定事项和形成的决议（不含属于党内秘密内容）；村庄发展党员方面将党支部确定的入党积极分子、党员发展对象、到期转正的预备党员、支部大会讨论发展党员等的各项基本情况均给予公开。

党员行为公开。包括年度民主评议党员结果，党员受表彰、处分情况；党员执行两委决定及村民代表会议决议情况；党员参加组织生活会议情况；党员交纳党费情况；有职党员履职情况、无职党员设岗定职情况及党员突出贡献等具体情况。

（三）村级民主监督制度

村级民主监督是一个复杂的工程，涉及多方面的监督，因而民主监督制度是一个由众多监督制度构成的制度群。改革开放以来，清漾村的民主监督有一个发展过程，相应地民主监督制度也实现了逐渐发展。最初，伴随着村民自治制度的实施，民主监督作为村民自治的重要一环，开始得到重视。但缺乏完善的制度建设，存在着民主监督的虚化现象。在农村经济社会发展过程中，随着村级财务问题的突出，账务监督逐渐成为人们关注的焦点。于是，在地方政府的统一部署下，清漾村在21世纪初开始实行财务代理制和村务公开制。2004年，浙江省武义县后陈村首创了村务监督委员会制度，得到了中央肯定和浙江省委、省政府的高度关注，迅速地在浙江省普遍推广。在此背景下，清漾村也建立了村务监督委员会制度。宏观地看，当前清漾村实施的村级民主监督制度主要有以下内容。

1.财务代理制度。根据《江山市农村集体经济组织财务管理制度》的规定，清漾村通过公开选拔的方式推选出村会计1名，负责村级财务报账工作。严格执行村账镇代理，镇"三资"管理服务中心建立村级财务监督审核小组，有专人负责票据结报、银行结算、票据审核等事项。镇负责对村级财务收支审核程序和资金管理进行监督。在村庄内部建立村民小组财务委托代理制，实行"组账村管"，收支情况每年至少一次在户主会议上公开。村庄建立了一系列财务工作的规章制度，通过制度规范财务工作，借助代理实现独特的财务监督功能和监督目标。最为主要的制度如下。

民主理财制度。村民民主理财小组成员负责对本村集体财务活动进行民主监督，参与制定本村集体的财务计划和各项财务管理制度，有权检查、审核财务账目及相关的经济活动事项，有权否决不合理开支。

现金管理制度。村庄设置现金日记账，逐笔登记现金收支发生额。村报账员库存现金限额3000元，备用金依次确定，一年内不得随意变动。凡超过库存现金限额的，一律视作违规行为。村集体收入提倡非现金结算，现金收入逐步由交款者向村开户银行直接缴存凭缴款单开具收据。凡取得集体所得收入，应及时开具村集体经济组织统一收据；凡收取现金应在三天内缴存开户银行。村报账员向镇"三资"管理服务中心结报时，应将缴款单及收据存根报代理中心经办人结报审核。严禁坐收坐支，严禁公款私存。镇"三资"管理服务中心每年对村报账员进行不少于两次的库存现金盘点。现金支出按照《现金管理暂行条例》的相关规定执行。报账员日常零星支出从库存备用金范围内支付，超过备用金数额规定的，应将支付票据向镇"三资"管理服务中心结报后从开户银行提取现金或转账支付。严禁向镇"三资"管理服务中心先借款后报账，严禁跨期报账，凡逾期两个月以上的支出票据需说明理由，经审核确认后方可报销。

财务审批制度。村庄收入业务发生时，村报账员对取得的收入应及时开具《衢州市农村集体经济组织统一收据》，并注明现金或转账。付出业务发生时，经办人均应向收款方取得合法合规票据，并在票据背后注明用途及签名。报账员受理票据后对票据合规性、要素完整性、内容真实性、数据准确性进行审核。然后交于村务监督委员会主任，由其负责召集村务监督委员会成员对款项内容及集体决议程序性的审核，审核通过后，由审核成员在票据背面左上角集体签名。最后由社长在票据正面左上角签名，报账员办理现金支付或转账手续。无经办人、村监会成员签名的票据报账员不得受理，签名无同意表达或无日期的报账员不得受理，无社长签名的报账员不得付款。对于正常合理支出业务发生后，社长或财务负责人、村监会成员无理由拒绝签字，视作违规履行职责。

2. 村务公开监督制度。由村民大会或村民代表会议在村民代表中推选 3—7 人，组成村务公开监督小组。村务公开监督小组在村党支部领导下开展工作，负责村务公开全程监督。村务公开监督小组的职责是认真审查村务公开各项内容是否全面、真实，公开时间是否及时，公开形式是否科学，公开程序是否规范，并及时向村民大会或村民代表会议报告监督情况。

3. 村务监督委员会制度。村务监督委员会（以下简称村监会）设主任 1 名，主任由村支委兼任，主要负责党务兼财务监督，另设委员 2 名。村监会实行"四化"工作法，即监督规范化、管理绩效化、工作特色化和队伍专业化。其职责在于对村级重大事务民主决策、农村集体"三资"管理、村级便民服务中心和"三务"信息公开、村级工程项目建设、村干部廉洁履职等情况的监督检查。

为加强村务监督委员会监督，清漾村建立了 4 种具体制度，具体如下。

实行"监理制"。设立村级工程项目监理小组，由村监会主任担任监理小组组长，设置由村监会签字把关的工程实施全程"工程建设单"，在工程建设项目决策、招投标、施工管理、工程变更、资金拨付等关键环节，由村监会成员全程参与。

设立"三资管理"巡查备案制度。对资产处置等关键环节实行全程监督。

建立了村干部"晒廉会"制度。年底村干部公开介绍完成竞选承诺情况和廉洁履职情况，由村监会主任组织村民代表开展民主评议。

实行岗位监督法。将村监会成员岗位设置成工程项目建设、农村集体"三资"管理等若干重点监督岗位，实行定岗位、定责任、定内容监督，采取一人多岗、一岗多人模式。

4. 财务监督制度。村集体财务工作接受江山市、石门镇农经管理部门的指导和监督，同时建立了村财务年度审计制度，村委会换届和村主任离任审计制度。制度规定设村会计 1 名，村会计懂财务，具体负责村级财务工作。实行民主理财制度，由村民代表会议推选产生民主理财小组，对村财务实行监督、检查，每月 3 日定期检查，对违反财务规定的开支，有权要求村委会纠正和处理。

5. 工作报告和民主评议制度。村党支委与村民委员会定期报告工作，每年村党支委报告工作 1 次，村民委员会向村党组织和村民大会或村民代表会议报告 2

次，接受村民群众监督。村民对违法乱纪或者严重失职的村民委员会成员，有权检举或者提出罢免要求。同时，村庄实行民主评议村干部制度，民主评议对村党员、干部每年1次，并建立档案。

第二节　社会管理与服务制度

社会管理与服务是村庄治理不可忽略的重要内容。改革开放以来，在经济建设为中心的增长型发展政策的影响下，在一个时期里，村庄治理主要集中关注于村落经济发展，一定程度地忽视了村民生活服务与管理工作，出现了一手硬、一手软的非均衡发展格局。相较于基层民主管理和集体经济管理，社会生活管理与服务的制度建设也受到了轻视，呈现出相对落后状态。伴随着农村社会的发展，特别是和谐社会建设、民生事业建设、生态文明建设、美丽乡村建设等国家战略的推行，清漾村的社会生活管理与服务逐渐受到重视。对于清漾村而言，传统文化村落旅游项目的开发，成为一个极其特殊且影响巨大的促进因素，驱动着村民社会生活的迅速提升，村落社会生活管理与服务极大改善。相应地，社会管理与服务的制度建设也得到了加强。

一、环境整治与保洁制度

清漾村在环境卫生方面积极探索，特别在村庄景区开发后，更是投入了不少资金和人力，并形成了一系列相关的环境整治制度，包括《村卫生检查制度》《村内道路管护工作制度》《村卫生工作人员岗位职责制度》《村庄整洁美化环境守则》《清漾村河道保洁制度》《清漾村河道保洁绿化养护制度》《村民"门前三包"责任制度》《清漾村建房管理办法》《村除"四害"工作制度》等，垃圾分类管理则参照《石门镇垃圾分类操作意见》。同时，广泛开展"卫生户"评比活动，严格按照石门镇政府的有关要求，与石门镇一起开展镇、村、组、户四级联评活动，实行定路段、定人员、定标准、定经费、包卫生达标的责任制。以制度约束村民，改善村容村貌。镇每月下旬组织人员检查一次，村每周自查一次，并将结果上报镇创建办。市爱卫会实行单月暗访和双月明察制度，考评结果纳入村年中考核内容。

清漾村的环境整治和保洁服务制度相当丰富，最为重要地如下所述。

（一）卫生检查制度

清漾村根据地方政府的相关要求，在石门镇政府的指导下结合村庄实际制定了专门的卫生检查制度。

1. 每月 15 日确定为村卫生检查日。

2. 由村两委干部和轮流抽调人员组成的检查组对各村民小组的卫生包干区和农户的清洁卫生进行检查。

3. 检查采取 10 分值，具体分为房前屋后整洁、室内干净整洁、厨房清洁卫生、庭院绿化美化、禽畜圈养、厕所无异味等六项指标。

4. 检查结果经认真核对后及时在卫生评比栏上公布。

5. 检查结果以表格形式建好台账，以便管理。

6. 检查小组在检查结束后需对本月卫生状况进行总结，及时查找不足。

（二）村民"门前三包"责任制

为调动广大村民在人居环境建设等方面参与的积极性，清漾村明确地实行"门前三包"制度，要求村民家庭自觉履行门前包干责任。

1. 包卫生。负责门前周围清扫保洁，做到"四无"，即无瓜皮、果壳、无烟蒂、无垃圾污泥、无脏物杂物。

2. 包绿化。搞好庭院绿化，房前屋后栽花种树，美化家园。

3. 包秩序。负责门前的环境秩序，做到"四不一无"，即不乱堆乱放，不乱停车辆，不私搭乱建，不占道干活妨碍交通，无露天粪坑和简陋厕所。

（三）除"四害"工作制度

按照市、镇爱卫办的统一部署，为确保村内除"四害"工作全面达标，制定了除"四害"工作制度。

1. 建立除"四害"领导小组，实行书记或主任负责，并由分管主任具体负责，做到一级抓一级、一级向一级负责，使除"四害"工作真正落到实处。

2. 年初制订除"四害"工作计划，年末有总结。

3. 建立除"四害"责任制，并落实责任人，明确任务和要求。做到责任区域有人管，除"四害"工作有人做，灭害责任有人负责。

4. 搞好除"四害"知识的宣传教育，做到"四害"危险人人知，除"四害"工作人人管，提高除"四害"意识。

5. 做好办公室环境卫生工作，坚持每天一小扫，每周一大扫，清除卫生死角和暴露垃圾，铲除"四害"滋生场所。

6. 除"四害"领导小组要定期召开会议，研究除"四害"对策，组织检查和评比。

二、集体福利与公益事业制度

（一）村庄集体福利制度

村庄的集体福利涉及面广，包含众多领域。相对而言，其制度建设没有引起清漾村干部群众的高度重视，成文的制度相对较少。主要有如下制度。

奖学金制度。对考取大中专院校、重点中学的村民给予一定的经济奖励。

救助制度。由村两委负责村"五保户"统筹供养，开展扶贫济困、优抚工作等。

养老保障制度。根据江山市政府有关部门的要求，于 2013 年 3 月开始建设，在 2014 年 6 月建成了清漾村养老服务照料中心，该中心共投资 40 万元，是一个集组织、指导、协调、服务等功能于一体的养老服务机构，并形成制度化机制，为本村老年村民提供一定的养老照料服务。

（二）村庄公益事业制度

近些年来，清漾村的公益事业领域最为突出的是文化礼堂建设。在地方政府的主动推动下，借助文化礼堂建设，以制度化方式为村民群众提供村级公共文化娱乐服务。特别是每年大年初一举办清漾村春节联欢晚会，丰富村民过节活动，增添节日气氛，受到了村民好评。为保障村晚的顺利进行，每年春节都会制定详细的村晚方案。

石门镇清漾村 2016 年"走进文化礼堂"村晚方案

为丰富"文化礼堂"内容，增添节日气氛，让清漾村村民过上一个热闹祥和的春节，清漾村将于今年正月初一举办清漾"春节联欢"活动，特制定本方案。

1. 活动时间

2016 年 2 月 8 日（正月初一）

上午：9:00—11:30　文艺表演。

下午：1:00—3:00　文体活动。

2. 活动地点

清漾村祖祠广场、清漾村祖祠。

3. 参加人员

表演人员：江山市音乐舞蹈家协会。

组织、安保人员：石门镇值班干部，清漾村两委干部、长台派出所值班民警。

观众：清漾村及附近村民。

4. 活动内容

上午：9:00—11:30，文艺表演，由市音乐舞蹈家协会负责（详见节目单）。

下午：1:00—3:00，拔河、飞镖、运乒乓球等 5 项。

5. 媒体宣传

由江山市电视台拍摄，并争取进入浙江省"村晚"。

6. 其他准备工作

村节目练习。指导老师：艾鹏飞。

活动戏台布置（电、音响）。

7. 应急预案工作

见应急预案。

附：文艺会演节目单。

石门镇清漾村

2016 年 1 月 20 日

此外，清漾村根据相关部门要求建立了"志愿者家园·爱心服务"组织。调研发现，目前该机构功能发挥不理想，但在志愿者的申请流程、培训基地工作，以及志愿者服务公约等方面有明确的制度安排。

1. 志愿者申请流程。提交个人照片和身份证复印件，填写《个人志愿者申请表》，由村志愿者服务站对申请人资格进行审核，申请人签订爱心服务站服务承诺书，并参加志愿者培训和活动，最后记录归档。

2. 志愿者培训基地工作制度。（1）依照法律、法规及志愿者服务组织章程的规定开展相关志愿者培训活动，不收取培训费用或从事其他经营性活动。（2）负责各种志愿者培训的组织实施工作。通过对志愿者进行相关法律、法规知识培训，使志愿者在为群众服务时，做到严格遵守国家法律法规及相关的公共行为准则。

（3）坚持开展经常性的多种形式的思想教育，宣传志愿者精神，提高志愿者自身素质和服务水平，推动志愿者服务事业的健康发展。（4）定期组织志愿者开展经常性的文体娱乐活动和小组互动交流活动。（5）组织分享志愿者体验与成效，达到共同成长互相促进目的。（6）组织制定教育培训相关规章制度和工作程序，建立健全教学保障体系、培训管理体系和档案管理体系，定期总结工作情况。

3.志愿者服务公约。为进一步加强志愿者队伍建设，规范志愿者管理，激发他们的服务热情，打造一支新型的志愿者队伍，制定了志愿者服务公约。公约包括总则和守则二部分。

志愿者公约总则规定：志愿者队伍属于群众自治性组织，本着"自愿参加，自由退出"的原则，走"服务他人，快乐自我"之路，为需要帮助的人们提供服务，凡是富有爱心、关心他人，有较强责任感和奉献精神，身体健康，能参加相关部门组织的培训并能有一定时间参与志愿者活动的爱心人士均能申请成为志愿者。

志愿者公约守则规定：（1）弘扬无私奉献精神，不计个人名利得失；（2）为乡村尽一份责任，给他人送一片爱心；（3）急困难者之所急，帮困难者之所需；（4）提高服务质量，增强服务技能；（5）尊重受助者人格，严守受助人隐私；（6）通过志愿服务，提升自身素质；（7）积极行动，广泛宣传，加强合作；（8）服从需要，以诚待人，接受监督。

为推动村庄公益事业建设，经村两委提议，并经村民代表会议讨论决定，可在村集体经济组织或村民中筹集资金。

第三节　干部管理制度

干部是村庄治理的重要角色，代表村民群众执掌村务决策管理权，在村庄治理运行过程中发挥着特殊功能。村干部管理及其制度建设因而成了村庄治理的重要任务。

一、干部的角色定位

村干部主要包括村党支委、村委会和村经济合作社管委会的成员。村干部在村民自治制度背景下，既是国家的代理人，又是村民的当家人。2006年清漾村景区旅游开发后，村干部既是国有江山市旅游公司的合作者，也是村庄旅游发展的"当家人"。

根据村干部扮演的不同角色，清漾村对全体村干部进行了工作分工。党支部书记主持村全面工作，侧重党务工作，兼任村经济合作社社长，重点抓好村级财务及中心工作、项目建设和文化建设等；村主任主持村委会的日常工作，协助书记抓好全面工作，侧重农业、项目建设和安全生产等；支部副书记和另一名村支委（乡镇联村干部）主要负责党务兼财务监督，分管纪检、项目建设、综治调解工作、共青团、民兵、农村合作医疗等工作；一名村委分管文体及环境建设、土地管理；一名女村委分管人口和计划生育、村妇代会、五水共治、卫生保洁等工作，兼任村妇代会主任，计生联系员；村务监督委员会和村庄各类组织的负责人协助书记、主任抓好村务、财务管理，监督好有关村务财务的执行情况；村治保员负责向群众普法宣传教育，发动组织群众做好"四防"工作，帮助教育违法青少年，做好民事纠纷调处工作；村报账员兼任村代办员，主管村、队的财务管理，做好文书及档案管理工作；村文书兼任村会计助理；团支部书记兼任民兵连连长，负责共青团和民兵工作。

二、干部工作职责

村干部分别承担着村庄内不同事务的管理职责，制定了相应的工作职责制度。

村支部书记的岗位职责是主持党支部、村委会全面工作。（1）严格执行党的路线、方针、政策和国家法律、法规，同党中央保持一致；（2）加强党政班子的思想和组织建设，发挥支部的战斗堡垒作用和共产党员的先锋模范作用；（3）领导和组织村党支部和村委会班子带领村民发展经济，增加收入，提高生活水平，改善生活质量；（4）依法治理村，促进社会稳定，加强精神文明建设；（5）组织制定村级发展规划，年度目标及实施工作计划；（6）按财务管理制度和审批制度规定，认真负责地审批各项支出；（7）服从上级党委、政府的领导，积极完成其交办的各项工作任务；（8）勤劳为民、廉政自律，做遵纪守法的模范。

村主任的岗位职责是主持村委会全面工作。（1）严格执行党的路线、方针、政策和国家法律、法规，同党中央保持一致；（2）在村党支部的领导下，组织好村委会带领村民发展经济，增加收入，提高生活水平，改善生活质量；（3）抓好服务窗口建设，为村民办好事办实事；（4）深入调查研究，提出合理建议，协助制定本村的工作规划；（5）正确处理村内各种矛盾，促进社会稳定，提高精神文明建设程度；（6）协助公安机关加强户口管理，特别是外来人口及出租屋管理，抓好村治安等综合治理队伍的管理、教育；（7）加强与各部门之间的沟通和联系，认真完成上级部门交办的各项工作任务；（8）勤劳为民、廉政自律，做遵纪守法的模范。

村支部委员1，岗位职责是协助村支部书记做好工作，负责党务、人武、老龄、劳动工资、民政、司法等工作。具体包括：（1）严格执行党的路线、方针、政策和国家法律、法规，同党中央保持一致；（2）加强党政班子的思想和组织建设，发挥支部的战斗堡垒作用和共产党员的先锋模范作用；（3）负责党务工作，做好党员的发展与考核工作；（4）考核村干部的各项工作情况；（5）做好关心老人、残疾人，落实社保、医保，做好征兵、拥军优属工作；（6）协助村支部书记做好各项工作，积极完成上级交办的各项工作任务；（7）勤劳为民、廉政自律，做遵纪守法的表率。

村支部委员2，岗位职责是负责村宣传、农副建设管理、防汛抗台、市政建设协调、信访、调解等工作。具体包括：（1）在村党支部领导下，认真负责地做好村委会分给的各项工作任务；（2）适时调整农业产业结构，引导村民小组向绿色、特色、高效农业方向发展，抓好防汛抗台、水利排灌工作；（3）严格把好个人建房审核关，检查、监督个人建房和在建工作项目和各种违法行为，及时处理违章建筑，协助市政建设中涉及民房、企业的拆迁；（4）抓好信访、调解等工作；（5）宣传、教育村民遵纪守法，最大限度地组织、动员村民积极参加物质和精神文明建设；（6）勤政为民、廉政自律，做遵纪守法的表率。

村委会专任委员，岗位职责是负责村工业、职业安置、租赁企业服务协调、环保安全工作。主要包括：（1）在党支部领导下，认真负责地做好村委会分给的各项工作任务；（2）深入调查研究，理清发展思路，抓好村、村民小组工业经济，增加村民就业机会，做好环保安全工作；（3）加强各企业的沟通和联系，认真完成上级部门交办的各项工作任务；（4）宣传、教育村民，遵纪守法，最大限度地组织、动员其积极参加物质和精神文明建设；（5）勤政为民、廉政自律，做遵纪守法的表率。

村委会专职专选的女村委，兼任妇女主任，岗位职责是负责妇女、计划生育、村环保卫生治理。主要包括：（1）在村党支部领导下，认真负责地做好村委会分给的各种工作任务；（2）贯彻执行国家颁布的生育方针、政策和各级政府有关生育的具体规定;(3)保护妇女权益,发挥妇代会作用,团结、动员妇女投身到改革开放和社会主义现代化建设上来,关心青少年、提倡科学、开展文体活动;(4)努力搞好村内的环境卫生管理,为村民的健康做出应有的贡献;(5)勤政为民、廉政自律,做遵纪守法的表率。

村报账员,岗位职责是负责财务、档案工作。具体包括:(1)在村党支部领导下,认真负责地做好村委会分给的各种工作任务;(2)管好全村财务,把好经济关;(3)严格遵守国家有关财务工作的法律、法规和各项制度,认真学习并严格执行《会计法》;(4)做好文书档案的收集、整理、鉴定、统计、借阅工作;(5)勤政为民、廉政自律,做遵纪守法的表率。

此外,清漾村还在党政部门的指导下,建立了村干部会议制度、干部工作汇报制度、干部值班制度、干部工作考核与奖惩制度等。

三、干部工资报酬制度

村干部的工作报酬制度有一个变迁过程。在改革开放初期,按村民自治制度规定,村干部为兼职人员,只享受误工补贴。误工补贴的多少由村民大会或村民代表会议讨论决定。后来,清漾村所在的江山市和石门镇党委和政府借鉴他人经验,实行村干部报酬政府补贴或发放的相关制度。据调查,早在 1990 年,石门镇政府就出台了相关政策,对村干部发放经济补贴。规定村正职书记和主任按任职年限发放不同的经济补贴。任职 3—5 年者每年补贴 60 元,任职 6—8 年者每年补贴 80 元,任职 9—11 年者每年补贴 100 元,任职 12 年以上者每年补贴 120 元。目前,清漾村的村干部工资统一由石门镇政府发放,根据乡镇对村干部的考核情况,按业绩发放干部工资,每位村干部一年平均能获得 5—6 万元。

第四节　村规民约

一、清漾村规民约的演变

村规民约是村庄治理的重要依据。改革开放以来,清漾村的村规民约历经多次修改完善,是在市司法局下发的模板基础上结合村庄实际修订而成的。

1999 年，主要围绕村社会治安综合治理工作，民间纠纷等问题，制定出第一部清漾村村规民约，从赡养、抚养，严禁赌博，护林防火，保护种、养业，土地使用及附着物，水利设施及灌溉等方面对村民的言行举止提出了具体要求。

村庄旅游开发后，村规民约的中心内容逐渐转向村庄环境卫生方面。2008 年，在 1999 年版村规民约的基础上修订出台了新的村规民约。

2009 年 1 月 10 日，出台了第一部专门的《清漾村卫生公约》，这是清漾村村规民约变迁史上的一个重要转折点。

2014 年，经村民代表会议表决，通过了《清漾村村规民约》，内容包括公德民俗、生态家园、平安建设、婚姻家庭、民主管理、土地管理、山林管理和户口管理等。

2015 年 4 月 14 日，村两委成员结合"三改一拆""五水共治"精神讨论修订村规民约。制定初稿后提交村民代表会议表决，通过了最新版村规民约。主要围绕村庄景区旅游，倡导村民养成一种环保、整洁、文明的新生活方式，鼓励村民参与村庄旅游文化建设活动。主要涉及村民在村庄环境卫生、与游客交往的言行举止、村庄内古文物古建筑古树木的保护等方面。

二、清漾村规民约的主要内容

村规民约是一种特殊的村级规章。历史上的村规民约主要是由村庄自主制定的，具有较强的内生性，且呈现出丰富的村庄特色。在清漾村的历史上，早就有以村规民约治理村庄的成功经验和优良传统，《清漾毛氏族谱》有明确记载。然而，当前清漾村的村规民约与其他村庄一样，主要是在地方政府推动下制定的。在形式上，由村两委依照政府提供的样本，结合村庄实际制定，并经村民代表会议讨论通过。在事实上，基本是照样全抄。故而，不同村庄的村规民约在内容上并无重大差异。不过，清漾村的情况有所不同，地方政府在行政强势推进村落旅游开发的过程中，将与旅游相关的管理元素纳入到了村规民约之中。

清漾村村规民约（2015 年版）

第一条　积极发展乡村休闲旅游，倡导科学、环保、文明的新生活方式，共同建设美丽乡村。

第二条　服从村庄景区建设整体规划，不得擅自在村内拆房、建房，打开门窗，不得在核心景区内安装太阳能热水器、灯箱广告。

第三条　不得在景区门口乱设摊点、无证经营，不得擅自设置户外广告，不乱停车辆、挤占道路。对游客出售的当地产品要明码标价，不得缺斤少两。

第四条　推进景区村庄文化建设，积极参与举办的各类文艺会演、书画展览等活动，提升景区经济文化。

第五条　爱护村庄环境，增强卫生意识，认真做好包卫生、包绿化、包秩序"门前三包"，生活垃圾源头分类、定点投放。

第六条　不在大小村道边、核心景区附近等公共区域堆放废土、乱石、柴火等杂物。

第七条　积极配合农村生活污水治理，村民新建房屋三格式化粪池必须达标。严禁向河道、沟渠、池塘等水域乱丢垃圾，乱排污水。

第八条　圈养好自家的家禽家畜，不得任其糟蹋农作物和农产品，不得让家禽家畜在景区随意走动，影响村庄形象。

第九条　自觉维护集体绿化带中的绿植、花卉，不随意践踏、损坏。

第一〇条　移风易俗，倡导文明新风，勤俭节约，不铺张浪费，不盲目跟风攀比，不搞封建迷信活动。

第一一条　不得参与非法融资、非法传销。不得参与法轮功、全能神等邪教和"非法"宗教组织的活动。不得利用迷信活动造谣惑众、骗财骗物。

第一二条　支持配合和积极参与"网格化管理、组团式服务"，发现安全生产隐患、社会治安问题、食品药品安全隐患、环境污染问题、各类矛盾纠纷以及各种可疑人员、违法犯罪行为，应及时告知网格员或村干部。

第一三条　积极配合村级调解组织开展矛盾纠纷排查、化解工作；家庭和邻里如发生纠纷，当事人应避免矛盾激化和扩大，应互让或化解，并及时申请村调解委员会调解，调解不成功的，村调委会应上报镇调委会调解，当事人也可直接向人民法院提起诉讼。

第一四条　主动做好平安宣传，村民之间、家庭成员之间要互相提醒帮助、教育监督，不沾"黄赌毒"，严防发生安全事故。

第一五条　不得违反法定程序……不借口煽动群众到机关、学校、企业、事业单位、村民委员会办公地、他人住宅和公共场所起哄闹事、制造事端、扰乱社会治安秩序。

第一六条　保护文物古迹、古树古木、古建筑，爱护公共设施，严禁乱涂乱抹、刻画留名。

第一七条　保护青山绿水，不乱砍滥伐林木、毛竹，珍惜农田、山林、江河等资源。

第一八条　增强环保意识，不焚烧农作物秸秆，不焚烧垃圾杂物。出行购物尽量不使用一次性塑料袋，自带环保袋或篮子。

第一九条　使用普通话主动解答游客的提问，做到礼貌热情、百问不厌、杜绝与游客发生口角。

第二〇条　如有违者将黑板公布，取消评优评先资格。

2017 年，清漾村还重新修订了专门的村庄环境卫生公约。经村两委联席扩大会议讨论，并提呈村民代表会议讨论通过，制订公布了新版《村环境卫生村规民约》，要求全体村民互相监督，共同遵守和执行。该村规民约围绕村庄村民"门前三包"、垃圾分类、村民卫生习惯，以及圈养等环境卫生整治工作，对村民提出八条要求。明确指出违反者将给予惩戒，授权村两委视情节轻重给予违约者批评教育和经济处罚、张榜公布等惩处权力。

石门镇清漾村环境卫生村规民约（2017 年版）

为优化人居环境，建设美丽清漾村，提高广大村民健康生活水平，根据本村实际，经两委联席扩大会议讨论，并提呈村民代表会议讨论通过，特制订公布《环境卫生村规民约》，望广大村民相互监督，并共同遵守执行本民约。

一、为共同建设、打造美丽清漾村，广大村民必须坚持"清洁家园、环境优美、人人有责"的行为准则。做到爱护环境、家园整洁、齐心协力、互相监督，参与到本村美丽建设当中去，为我村的各项事业发展贡献一分力量。

二、每家每户都有义务参与环境卫生整治和门前"三包"工作。"三包"即包卫生、包美观、包绿化。农户每日要及时清扫本户门前屋后及周围的垃圾，做到不乱搭乱建，不乱堆放杂物，不乱停车，不乱晒东西，不私拉乱接，并对本户门前屋后的闲置地进行绿化和养护已绿化的花卉树木等。

三、实行垃圾分类管理。（一）可腐烂垃圾：指厨房产生的食物类垃圾以及果皮等，如剩菜剩饭、菜梗菜叶、动物骨骼内脏、茶叶渣、残次水果、果壳、瓜皮、作物秸秆、零食碎末、废弃食用油等。（二）不可腐烂垃圾：指有害垃圾及其他垃圾等，有害垃圾如废电池、废旧电子产品、废旧日光灯管、过期药品、化妆用品、杀虫剂容器、废漆桶等；其他垃圾如破旧陶瓷品、妇女卫生用品、贝壳、一次性餐具、泡沫制品等。（三）处理办法：通过分类收集，鼓励村民将可腐烂垃圾倒在自家自留地或者进入垃圾阳光房设施处理。不可腐烂垃圾，运至集中池作无害化处理。（四）村民将分类后的垃圾在每天的 6:30 至 11:30 倒在分类桶里，村保洁员在此规定的时间内前往清运集中到垃圾分类阳光房进行无害化处理。

四、广大村民要树立良好的卫生习惯，做到不乱丢乱扔乱倒垃圾，不把杂物垃圾等倒入沟、渠、溪、塘、河，不将污水乱排，确保河、渠、沟、溪、塘及路面清洁。同时，不得将建筑垃圾投放到分类桶和阳光房处，也不得偷倒在排灌渠、河道、小溪内，一经发现查实，将按原则制定的规定给予处罚，并张榜公布在荣辱栏里。

五、各农户要严格实行畜禽圈养，杜绝放养。病死家畜家禽，要择地深埋或运至本村集中处理池进行无害化处理。一经发现家畜家禽放养，经提示教育后仍在放养的，村集体将采取一切必要的手段和措施予以强制执行。

六、各农户不得将农药瓶和其他玻璃瓶及农药袋、塑料袋等物品等丢弃在田间地头。作业后，应收集投放在本村指定的场地。

七、村集体实行定期或不定期的环境卫生保洁巡查，设荣辱榜公示督促整改，实行评比奖励。各网格责任员要按责任分工深入农户进行指导检查，确保环境卫生长效落实出成效。

八、违反本村村规民约，要给予惩戒，授权村两委视情节轻重给予违约者批评教育或处以 100 至 300 元的经济处罚，必要时张榜公布违约者姓名和违约情况，并大会通报，以示警戒。

本村规民约自 2017 年 1 月 1 日起执行，希望全体村民自觉遵守执行。

第二章 村庄治理的组织

改革开放以来，清漾村一直是典型的传统型村庄，以村党支委和村委会（即村两委）为核心，村民代表会议、村务监督委员会为骨干，联合妇代会、老年协会等构成了村庄社会治理的组织体系。2006年习近平考察清漾村后，清漾村的发展发生了根本性的转变，进入了村庄发展的新阶段。伴随着村落旅游的开发，以及土地流转和现代农业规模经营等，村庄社会治理组织结构发生了并正在发生着重大转变。江山市和石门镇政府逐渐在清漾村社会治理中占主导地位，江山市旅游公司、村落内新兴的现代农业经营企业和家庭农场等经济组织，以及江山毛氏文化研究会、江南毛氏宗亲会等民间社会组织不同程度地嵌入村庄社会治理过程之中，进而形成了政府主导、村级治理组织为基础、各类经济组织和民间社会组织共同参与的多元共治格局。在多元共治格局下，清漾村社会治理组织体系呈现出明显的时代特点和村落特色。

第一节 村庄内部治理组织

在当前清漾村的社会治理中，履行社会治理重要职责的村庄内部组织主要有村党支部、村民委员会、村务监督委员会、社会综合治理委员会等。

一、村党支部

据2018年统计，清漾村现有党员37名。村设立党在农村的基层组织——清漾村党支部，村支部委员会由3人组成，其中书记1人。在法理上，农村党支委由党员民主选举或上级党委任命。从调查中发现，清漾村党支部书记曾经出现多次由乡镇党委下派乡镇干部担任的情况，我们进村调查时的村支部书记就是由石门镇党委下派的。

村党支部委员会作为农村基层党组织的常设领导机构，是村庄的政治领导者。一方面，搞好支部自身建设，加强党员教育、管理和监督，培养选拔后备干部，有计划发展党员；另一方面，做好群众的政治思想工作，密切党群、干群关系，落实上级党委及本村党员大会决议。

调研发现，村党支部实际上也是村庄治理的核心领导者，执掌村庄重要的公共权力，领导村内经济建设及社会稳定发展的各项工作，领导、支持和保障村民依法开展自治活动。村党支委在村庄社会治理中发挥支配性作用，与其他村庄不同的是现任清漾村党支部书记由乡镇党委下派。在清漾村民和党员看来，村书记不仅仅是村支部的书记，而且是乡镇干部。乡镇下派的村书记在村务决策管理过程中会更倾向体现上级和乡镇的意图，并以其独特的身份显现领导地位和支配作用。借助于村书记在村庄社会治理结构与运行过程中的特殊地位与功能，更进一步地体现了在清漾村社会治理中党的领导和政府主导，但也有可能出现脱离村庄实际和村民意愿的情况。

二、村民委员会

村民委员会是农村基层群众性的自治组织，承担村庄自我管理、自我教育、自我服务的职责。

据 2018 年统计，清漾村现有户籍人口 350 户，村民 1167 人。按照村民自治制度的要求，通过民主选举村民委员会，代表村民行使村务管理权。村委会现设主任 1 名，委员 2 名，其中女委员 1 名。清漾村的村委会选举根据江山市委组织部、民政局的统一部署进行换届选举产生。

村委会在村庄治理中扮演执行者角色。协同合作社管理村集体土地和集体资金、资产、资源，带领村民管理公共事务、发展公益事业。负责村规划建设、公共环境治理；村民合作医疗、养老济贫等福利事业；调解民间纠纷，协助维护社会治安，发展文化教育，普及科技知识，推进农村精神文明建设。依靠和发动群众，制订并落实村规民约，负责村务公开、民主理财和民主评议，实行民主治理、民主监督。协助镇政府开展各项工作，教育和推动村民履行依法应尽义务，依照国家的政策和法律完成上级人民政府交给的计划生育、服兵役和社会事业统筹等各项工作。

三、村务监督委员会

村务监督委员会制度在 2004 年首创于浙江省武义县后陈村，后推广到全国各地。清漾村的村务监督委员会是在浙江省全面推广"后陈经验"的过程中建立的。现有的村务监督委员会由 1 名主任、2 名委员组成。村务监督委员会主任由村党支委提名，采取等额选举方式由村民代表会议选举产生。村务监督委员会委员则由村民代表会议推荐候选人，采取差额选举方式由村民代表会议选举产生。村务监督委员会负责对村级重大事务民主决策、农村集体"三资"管理、村级便民服务中心和"三务"信息公开、工程项目建设、村干部廉洁履职等情况的监督、检查。

因村务监督事务复杂多样，一些村务监督工作需要有一定的专业知识和技能，清漾村从实际出发，村务监督委员会联合一些懂行且热心的村民组建了三个专门的村务监督小组。即财务监督小组、工程建设监督小组、资源资产监督小组。各小组分别设组长 1 名、组员 2 名。

四、社会治安综合治理组织

为维护和保障农村社会稳定，加强基层社会治理，促进农村社会和谐发展，在上级社会治安综合治理领导小组的领导下，各地农村均在村一级建立了多种社会治安综合治理组织。清漾村的社会治安综合治理组织主要由综治工作领导小组、禁毒禁赌领导小组、流动人口服务管理领导小组、社区矫正工作站、平安促进会等。各小组分别设组长 1 名、副组长 1 名、成员 2—3 名。同时，建立了一系列专门的维稳工作和安全工作机构：平安创建领导小组、信访工作领导小组、反邪教领导小组、安置帮教领导小组、安全生产领导小组、消防安全领导小组、食品安全领导小组、交通安全领导小组。各小组设组长 1 名、组员 2 名。

需要特别指出，从法理上讲，村党支委与村委会是并存于村庄社会治理的两个基层组织，处于不同地位并承担不同职能。村党支委受上级党委领导，村委会则受乡镇政府指导。但在社会治理实践中，清漾村党支委与村委会基本上是一体化运作，实行两块牌子、一套班子、统一分工。故此，当地政府部门和村民群众都习惯地称为"村两委"。2006 年以来，清漾村两委在社会治理中的地位与职能发生了较大转变。在日常性的社会治理事务基础上，新增了与村落旅游开发等相关的一系列管理服务安全事务。突出地表现为景区环境整治、卫生保洁、房屋拆迁安置、民宿和农家乐管理、社会秩序维护、村落安全管理、领导和贵宾接待等。如此，从一个特殊的侧面呈现了清漾村社会治理的村落特色。

此外，还有诸如民兵连、妇代会、老年协会、网格服务小组、党群服务中心、便民服务中心等传统的与新兴的社会组织，以不同方式、不同程度地介入了村庄社会治理过程，成为清漾村社会治理组织的构成部分。其中，有些组织之间存在着职能和工作上的交叉重叠，形成了当前农村社会组织系统的一种特殊的组织叠加和"相对过剩"现象。

第二节　村庄外部治理组织

村庄外部治理组织只是从特定意义上说的，主要是指组织的构成人员主要是非清漾村户籍村民。从村庄的立场看，他们似乎居于外部，是一些外部组织，但嵌入村庄治理工作之中。应当说，在2006年前的清漾村治理中，外部治理组织相对单一，主要是乡镇政府。2006年后，伴随着村落旅游开发和土地流转等，外部治理组织日前增多。既有传统的乡镇政府，也有新介入的江山市政府，还有旅游公司和农业企业等。其中，最为重要的是地方和基层政府、江山市旅游开发有限公司。

一、地方和基层政府

实行村民自治以来，农村社会治理形成了"乡政村治"格局。从法理上讲，乡镇政府作为国家政权机关在农村的末梢，代表国家履行农村行政管理职能，进而在村庄社会治理中扮演着重要角色。

不必讳言，在推进村民自治发展的过程中，由于片面强调基层民主和村民群众的自我管理，一度出现了乡镇政府在农村社会治理过程中的无力，乡镇政府的角色扮演受到重重阻碍和各种影响。

随着农村社会在发展中逐渐由封闭走向开放，村庄社会治理由简单转向复杂，乡镇政府在村庄社会治理中的地位和作用重新抬升，近年出台的一系列国家政策甚至明确地提出了村庄社会治理中的政府主导作用。

对于清漾村而言，其实在2006年后的村庄社会发展和社会治理中，乡镇政府早已扮演了主导者的角色。清漾村落旅游景区与村庄整体发展规划设计、与景区配套的各种基本设施的建设、村庄环境与房屋整治、村庄经济产业培育和项目引进、村庄领导班子建设等方面，都可以看到乡镇政府的身影，成了事实上的"掌舵者"。同时，积极推动财政支持、引进外来资源，甚至村庄建设与治理的一些具体工作过程中直接参与工作指导，扮演了"划桨人"角色。为有效推动清漾村的发展和治理，石门镇政府专门下派一名镇干部担任清漾村党支部书记，直接介入村庄社会治理，并发挥主导作用。

需要特别指出的是，清漾村与其他村落有所不同。因在习近平"三个好"指示的推动下，加大了村落传统文化保护与旅游开发，不仅仅是乡镇政府，当地的地方政府江山市委、市政府也给予了极大关注，以多种方式介入了清漾的村庄发展过程之中，事实嵌入村庄治理过程，甚至直接协调和组织村庄建设项目，发挥了一种独特的功能。

二、江山市旅游开发有限公司

江山市旅游开发有限公司作为一家国有企业之所以介入清漾村社会治理过程，主要是源于清漾传统文化村落旅游项目的开发。自2006年习近平考察清漾村并提出"三个好"指示以来，江山市党政领导极其重视清漾村特别是毛氏文化的保护与开发。正是在此背景下，江山市旅游开发有限公司响应政府号召，成了清漾村落文化旅游项目的主要投资和经营者。2007年，江山市旅游开发委员会专门成立了江山毛氏文化旅游开发有限公司（简称旅游开发公司），负责清漾村景区开发与运营。按合作协议，旅游开发公司投资部分资金对景点进行修缮、建设和运营，收取景区门票，负责景区内部的环境卫生，不参与村庄日常事务。从一定程度上讲，清漾景区治理与村庄治理是相对独立，各自为政的。但事实上，景区处于清漾村落范围内，无法独善其身。公司与村庄、公司与村民、游客与村庄、游客与村民之间存在着复杂的关系，并有可能时刻在旅游运营和游客参观中发生矛盾与冲突。一方面，造成了清漾村社会治理情况的复杂化、特殊化；另一方面，在清漾村发生的一系列涉及公司、景区、游客的社会管理服务安全事项和矛盾纠纷等，旅游开发公司也难以置身事外。如此，以一种独特的身份和方式介入了清漾村社会治理过程，成了重要的村庄外部社会治理组织之一。

第三节　村庄社会组织的发展

社会组织在这里主要是指除政党组织、村民自治组织等村级公共权力组织之外的农村民间组织。改革开放以前，在全能型国家体制下，社会组织发育不足，特别是在中国农村很少有真正意义上的社会组织。对于普遍设立的妇代会、共青团等时常冠之以群团组织。改革开放以后，农村社会组织伴随经济社会发展而逐渐发育成长，形成了多样化的社会组织格局，成为嵌入村庄社会治理的一个重要结构性因素。

正式社会组织主要是指那些经过正式登记或以不同形式得到官方认可的社会组织。在清漾村，经过 40 年的发展，正式社会组织主要包括妇代会、民兵连等政府统一要求设置的农村群团组织，计划生育协会、流动人口服务管理委员会、义务消防队、护村队、安置帮教组织等政府统一领导下建立的新兴社会组织，以及卫生理事会、"连心服务团组"等村干部和群众根据村庄自身实际需要建立的民间组织。现就清漾村"活动力"较强的重要社会组织做简略介绍。

一、妇代会和计划生育协会

妇代会是国家在农村中设置的一个群团组织，也是妇女联合会的农村基层组织。其功能主要是联系妇女、服务妇女，发挥党和妇女联系的桥梁作用，并代表妇女参与村庄治理。清漾村与其他多数村庄一样设有妇代会，设妇代会主任 1 名，成员 1 名。妇代会的主要职责是引导妇女走科技致富、勤劳致富的道路，教育引导妇女发扬自尊自信自立自强精神，努力学政治、学科学、学文化、学技术，提高自身素质。代表妇女参与村级民主管理和民主监督，开展学法用法，使广大妇女知法懂法，并能用法律武器维护妇女儿童的合法权益。教育引导广大妇女积极参与精神文明建设，培养和推荐女后备干部，引导妇女执行国家生育政策，等等。在改革开放以来的 40 年里，妇代会较为活跃，是传统的农村群众组织中最具"活动力"的一个社会组织。

在浙江省农村实行女村委专职专选制度以来，妇代会主任经村民选举担任女村委成了一种较为普遍的政治社会现象。清漾村现届妇代会主任就由女村委兼任，女村委被有意识地安排为分管妇女工作等。

顾名思义，计划生育协会是因国家计划生育政策而产生的一个农村社会组织，具有较为明显的时代色彩。其主要职责是引导群众自觉实行计划生育，积极参与村民自治；开展"生育关怀行动"，负责本村特殊困难家庭的救助工作；参与计划生育村务公开和民主管理；积极开展人口和计划生育宣传；等等。村计划生育协会要求设会长1名、副会长2名、理事10人。清漾村从实际出发，实行村妇代会与计划生育协会成员交叉兼职，两个组织的成员基本重合，村妇代会主任兼计划生育协会会长、计生联系员，进行了简约化组织安排。计划生育协会主要依靠群众、组织群众，实行群众性的自我教育、自我管理、自我服务，并规定每年的5月29日为计生协会会员活动日。清漾村响应江山市相关部门号召，建立了计划生育月分析会制度，由村两委领导、计划生育服务员、计划生育协会会长、秘书长、各村民小组计划生育信息员等人员参与。会议在每月底或月初召开，由村党支部书记或村主任主持，村计生服务员通报当月本村计划生育工作情况，各责任区负责人汇报本月计生工作和存在问题，主持人安排次月计生工作。

随着国家生育政策的调整，特别是"二孩"政策的实施，这一组织的功能和地位正在发生变化。

二、清漾毛氏宗亲会

清漾毛氏宗亲会是中华毛氏宗亲会的一个分支，主要负责与全国各地的毛氏宗亲联系沟通，组织相关的毛氏文化研究专家和学者深入挖掘与保护、传承与开发清漾毛氏文化。清漾毛氏宗亲会在地方政府的有力支持下，开展了多次公益集资活动，为清漾毛氏文化传承与开发提供了有力的资金支持。在江山市政府和旅游公司等的支持下举办了多届毛氏宗亲交流会，特别是将清漾毛氏祭祖大典创办成为当地的文化品牌和重要旅游项目，扩大了村庄的影响力，促进了清漾村落文化旅游的发展。毛泽东嫡孙毛新宇夫妇曾多次应清漾毛氏宗亲会邀请到清漾参加毛氏祭祖大典和毛氏文化活动。

三、卫生理事会

随着清漾村落旅游的发展，游客逐渐增加，村庄环境卫生变得至关重要。

2009 年，经村两委讨论决定成立村卫生理事会。卫生理事会设会长、副会长各 1 名，理事 5 名。卫生理事会的工作职责主要负责宣传《村民卫生公约》，对村民群众进行卫生教育，开展村庄卫生防病防疫工作等。监督检查全村环境卫生状况，每月至少两次，对污染环境行为及时制止，每月评分，商议讨论评定文明示范户、优美家庭户、清洁家庭户。

此外，在清漾村还有众多正式社会组织，但大多因政府要求而设立，在社会治理中发挥的作用不明显，村民群众也很少有人知道有没有这个组织，以及这个组织是什么、做什么等。主要的正式社会组织如下。

流动人口服务管理委员会。主要负责制订本村流动人口管理和服务制度，督促协管员落实政策，协助公安等部门做好本村流动人口和出租房登记管理工作，上门走访，监督检查用工单位的政策执行情况，维护流动人口的合法权益，开展调研分析流动人口状况，建档流动人口档案。

义务消防队。主要负责消防安全工作，由部分村民自愿报名参加，定期分组排查村庄各个地方的火灾隐患。一旦发生火灾，消防队全体人员第一时间集体义务灭火，并及时上报镇消防部门。

护村队。主要负责村庄社会治安等安全事项，定期组织队员检查村庄的不稳定因素。

安置帮教组织。主要负责制订和落实帮教计划，积极为帮教对象提供再就业信息，帮助解决自谋出路中遇到的困难，创造条件就地安置，对帮教对象定期谈话、分析，开展宣传教育，总结经验教训，及时调整思路措施。

"连心服务团组"。目前，清漾村有 4 个"连心服务团组"，组员均是党员。分别是矛盾调解小组（6 人）、创业致富小组（7 人）、和谐促进小组（8 人）、民主监督小组（8 人）。

据调查，清漾村的非正式社会组织尚为少见，或者说组织性不强。最为主要的是一些基于兴趣爱好所组成的村民娱乐性社会组织。村里一些音乐爱好者等因共同兴趣和利益组织起来，共同开展一些娱乐活动，有时也会因市场需要而从事一些营利性服务。这些社会组织没有经过正式登记，也没有明确的组织名称、没有正式挂牌，但一般都有约定俗成的固定联系人、负责人，负责召集和组织工作。比如，村里吹唢呐的爱好者组成了一个团体，毛永兴是该组织的召集人和牵头人。

第三章　村庄治理的运行

第一节　基层党组织建设

从一定意义上说，党的领导是改革开放以来中国农村基层治理的根本原则和重要特色。20世纪80年代以来，中国农村虽然推行村民自治制度，但始终坚持村民自治与党的领导的有机统一，两者并不对立。村民自治是在党的领导下运行与发展的，基层党建引领着村民自治和基层民主。

清漾村与当地其他村庄一样，于20世纪80年代初开始实行村民自治，在党的领导下，逐渐地推动基层民主进步。进入21世纪后特别2006年以来，清漾村先后获得了江山市示范重点整治村、"十村示范百村整治"工作先进单位、江山市优秀基层党组织、江山市"一中心二员三室"规范化建设先进村、江山市村级"五新争先"活动先进村等荣誉。这些荣誉一部分直接就是基层党建先进的标志，另一部分则与基层党建密切关联。从清漾村的治理实践中发现，基层党组织充分发挥了领导核心的作用，在村庄治理运行过程中处于特殊地位。以"党建+"的方式，借助党员和党组织的力量有力地推动了村庄社会治理工作，通过一系列的活动和项目持续地强化基层党建的引领功能。

一、党员组团联村、网格化管理

在社会转型的背景下，传统的基层社会管理模式弊端显露，新形势下矛盾多元化，各种利益纷争不断，群众的服务需求提高，基于此，出现了"网格化管理、组团式服务"的创新实践。网格化管理模式最初源于浙江诸暨市枫源村，经舟山市创新升级为"网格化管理、组团式服务"模式，开始在国内广泛复制和推广。2013年5月，衢州市"网格化管理、组团式服务"现场推进会在江山举办，江山市领导高度重视，积极落实。2018年，衢州市以"实施'三大主体工程'①，推进'三个全覆盖'②，运用'三大指数'③"为主要内容的"三个三"基层党建工程，从标准化、规范化、体系化入手，推行了组团联村服务、网格支部建设、"周二无会日"、党员"1+N"联户等一系列党建工程，引领村庄治理过程。

江山市党政领导派出专人联系清漾村所在的石门镇组团联村、网格化管理工作，并根据党员"1+N"联户制度，推出党群"1+7"服务模式，即"1人7户""1员7职""1心7片"。访谈中，有关部门负责人介绍说："要求每名党员结对7户以上群众，当好'民意调查员、政策宣传员、矛盾调解员、治安维护员、卫生督查员、安全协管员、民主监督员'等7职，重点关注创业人才、统战对象、空巢老人、残疾人、低保户、矫正人员、稳控对象等7类人群。"同时，实行党员联户公示制。每名党员的联户名单、岗位职责和承诺事项做出公开的公示，并印发党员便民联系服务卡，确保群众需求和困难第一时间进入党员帮扶"流水线"，推动党员联户工作落到实处。

石门镇里专门派出一位党委委员、副镇长担任清漾村组团联村、网格化管理负责人，并配备了网格指导员。清漾村被分为3个网格，每个网格设有网格长、网格党小组长、专职网格员、兼职网格员，并制作公示牌（如表1所示）。

表1 清漾村全科网格"一长三员"公示牌（大写字母代表责任人姓名）

序号	网格名称	分队	网格长	网格指导员	专职网格员	兼职网格员	党小组组长
1	高本顶网格	4队	A 手机：**	驻村干部 手机：**	B 手机：**	E 手机：**	H 手机：**
2	额墩山网格	3队			C 手机：**	F 手机：**	I 手机：**
3	青龙头网格	1、2、5、6、7、8队			D 手机：**	G 手机：**	J 手机：**

党员分别进入各个网格，每位党员要求分别联系一定的农户，上级党组织及其领导会以不同方式不定期实行抽查。比如，抽选党员和农户进行考查、询问等。

---

① "三大主体工程"：落实乡镇（街道）主体责任、发挥村（社）组织主体作用、激发党员群众主体意识，切实解决"责任在谁、谁来落实"问题。
② "三个全面"：实现组团联村全覆盖、网格支部全覆盖、党员联户全覆盖，切实解决"怎么落实、落实什么"问题。
③ "三大指数"：乡镇（街道）党（工）委的服务指数、村（社）党组织的堡垒指数、党员的先锋指数，切实解决"怎么考核、谁来考核"问题。

如此，实现了基层治理的组团联村全覆盖，网格支部全覆盖，党员联户全覆盖。构成一项赋有特色的乡村治理地方性制度，从一个特定侧面体现了村庄治理的地方特色和"地方性知识"。据统计，2018 年，清漾村共有 37 个党员，除一个常年患病卧床的老书记，其余 36 个党员分别联系一定数量的农户。党员联系人分为主联系人（主联）和副联系人（副联）两种。主联由常年在家的党员担任，副联由在外务工的党员担任。全村共计有党员干部 10 名，每人挂联 10 个农户。主联党员主要负责日常联系群众，了解群众需求，并及时反馈到村支委和村委会。党员必须把联系的群众联系卡打印出来，并把党员联系农户工作纳入党员星级考评体系，每半年公示一次，年底进行一次综合考评。根据石门镇党委规定，总得分低于三个星的党员必须把组织关系转接到镇里进行集中学习。实践中，党员联系农户工作，通常被形象地称为"五上门、七大员"。"五上门"，即群众生病卧床要上门看望、群众红白喜事要上门帮忙、群众矛盾纠纷要上门劝解、群众有不满情绪要上门疏导、群众有突发事件要上门了解。"七大员"，即当好宣讲员、表率员、参谋员、情报员、调解员、监督员、战斗员。

二、党风廉政建设常态化

清漾村党支部高度重视党风廉政建设，开展了一系列村廉政建设工作，切实保障了村庄的良性治理过程，先后获得浙江省廉政文化教育基地、衢州市农村基层党风廉政建设示范村、江山市远程教育学用示范点等荣誉称号。

清漾村成立了由村党支部书记担任组长的领导小组，充分发挥党员远程教育平台的作用，利用周二集中办公日、"两学一做"学习教育等时间组织村干部学习，交流学习心得。要求村干部对自身工作做出廉洁自律承诺，并把各人的承诺张贴于公告栏，方便群众监督。

村党支部定期组织村里的党员、村民代表开展座谈、讲座、讨论等各种形式的交流，倾听党员、村民代表对党风廉政建设的意见和建议。每年开展二次民主评议和一季度一次的"回头看"活动，不断提高村廉政建设水平。同时，积极探索和创新基层党风廉政建设的载体与方式。最为主要的内容如下。

第一，开展党员集中学习活动。按照一室多用和节俭原则，新增党员活动室、远程教育播放室，保障党员学习的长效性。侧重学习党风廉政文化，做到警钟长鸣，筑牢防线，加强思想教育建设，增强党员干部拒腐防变和抵御腐朽思想侵蚀的能力。每年的"七一"建党节，都要组织全村党员进行集中学习。

第二，利用本土文化开展教育。村党支部利用清漾村历史悠久，文化底蕴深厚的优势，结合毛氏文化开展廉政文化教育活动。比如，利用"春泥"活动组织村里的小朋友开展"讲毛氏廉政故事"大赛，做到廉政文化从小抓起。"三八"妇女节组织妇女开展"毛氏廉政文化"知识竞赛等活动。

第三，积极探索党员教育新形式、新载体。为了让村民能够及时地掌握了解清漾村的各项工作动态及清漾村深厚的文化底蕴，清漾村每月推出一期《清漾村报》，并开设"廉政文化专版"，使村报成为村干部与村民沟通的桥梁，也成为面向村民群众宣传廉政文化的有效载体。2016年，村党支部还建设了党建文化长廊，展现村党员风采。

三、党建工作书记责任制

书记是党支部的核心，在基层党建中扮演着重要角色，具有独特的工作职责。根据上级党组织要求，清漾村推行了党建工作书记责任制。围绕抓班子、抓党员、抓阵地、抓保障、抓服务等五大主要任务制定了书记责任清单。每一项任务明确列出3—6条共性要求。同时，针对党员志愿能力、创新基层党建推动乡村治理现代化能力、党员干部业务能力等三方面对书记提出了个性化要求。书记本人、工作班子成员违纪违规被查实、违规发展党员和未落实"党员固定活动日"等三项作为否定优秀指标。如表2所示。

表2 清漾村党支部书记党建工作责任清单

共性要求		
主要任务		具体要求
1	抓班子	认真组织召开一年一次班子民主生活会。
		长期坚持每周一次村两委联席会议制度。
		与村两委干部、群团负责人进行一年一次谈心谈话，及时督促班子改进小毛病小问题。
		抓好村干部上下班和财经、招投标方面的纪律。
		培养2—3名村级后备干部。
		带头参加政治生活，并为全体党员上一次党课。
2	抓党员	坚持村党支部每月15日"党员固定活动日"。
		落实专人定期联系流动党员。
		建立并执行党员过世慰问制度。
		从严把握发展党员质量。

续表

共性要求		
主要任务		具体要求
3	抓阵地	坚持挂牌准入制度。
		确保三务公开栏常换常新；远程教育设备正常运行。
		每次班子会后亲自审核会议记录。
4	抓保障	落实专人负责党建，确保分管组织人员的时间、精力。
		做到服务群众专项经费有效落实。
		确保党建经费专款专用。
5	抓服务	带头基层走亲，积极走访低保户、残保户。
		从严执行值班记录，做到便民服务中心不脱岗。
		形成 1—2 项服务群众的特色做法。
否优指标		书记本人工作班子成员违纪违规被查实。
		违规发展党员被查实。
		未落实村属党支部"党员固定活动日"。
个性要求		
1	针对现有党员志愿者的能力，每年开展 2 次专项志愿者服务培训，提升服务水平。	
2	以创新基层党建推动乡村治理现代化。学习先进村治村经验，充分发挥党员、乡贤、民间人才等各支队伍在乡村治理中的作用，推进乡村治理现代化。	
3	认真学习党的政策方针，推进基层民主建设，提高全村党员、干部的业务水平和实际工作能力。	

除村党支部书记党建责任清单化、公开化之外，还将村党支部书记负责的党建项目具体化、公开化，发挥党建引领，接受村民监督。2018 年驻村调查得知，近期的清漾村书记党建项目由镇下派的村党支部书记徐进前领办，主要有两项：一是党群服务中心建设。具体包括整合资源，将村级活动场所打造成集两委议事、便民服务、党员教育、矛盾纠纷调解、群众活动、技能培训等 6 种功能于一体的村级公共中心，冠名为"党群服务中心"。二是村集体经济增收。争取将贺延山 130 亩山场招标出租，以进一步增加村集体经济收入。

村党支部书记时常被视为村庄治理的"第一把手"，具有举足轻重的地位和作用。书记的带头作用是否发挥好，直接关系到村庄的治理与发展。在调查中发现，清漾村村民基本是毛姓家庭，村民之间拥有不同形式、不同程度的血缘联结。从一定意义上讲，本来是一家人。然而，伴随着经济社会发展，特别是清漾村落旅游开发而引发的利益关系变化和利益冲突，清漾村民内部逐渐出现了分化。这一矛盾以特殊的方式、不同程度地影响着村干部关系和村庄治理，成了嵌入村庄治理的一个新变量。调查发现，清漾村书记和村主任往往不能连任，特别是村支部书记更换频繁，甚至一度出现选不出村书记，或上级组织忧虑村书记难以胜任清漾村治理与发展重任的情况。于是，先后有两任村书记由石门镇党委下派乡镇干部担任。具体见表3所示。

表3 历届清漾村支部书记任职情况

序号	姓名	任职时间（年）
1	毛世兴	1956—1976
2	毛法祥	1977—1980
3	毛理福	1981
4	毛延兵	1982
5	毛永兴	1983—1993
6	毛延昌	1994—1999
7	赵生宋	2000—2001
8	毛善文	2002—2004
9	杨志华（下派书记）	2005
10	毛万阳	2006—2010
11	毛万怀	2011—2013
12	毛志红	2013—2017
13	徐进前（下派书记）	2017—2018
14	曹明兰	2019—至今

注：表格根据石门镇政府内部资料和访谈资料整理而成

我们驻村调查时，清漾村党支部书记徐进前是石门镇下派的一位乡镇干部，同时兼任着乡镇的若干工作。镇与村两头跑，显得异常繁忙。追踪调查得知，2019年1月，清漾村书记人选进行了调整，徐进前回石门镇任职，清漾村党支部书记由清漾村的党员曹明兰担任。

根据调查所获分析，清漾村的书记人选更换频繁，从一个侧面表明村庄缺乏强有力的党员贤能，难以选择一个可以整合和凝聚全村党员和群众的优秀带头人，有可能影响村庄治理与发展的稳定性和可持续性发展。

四、党支部"一月一主题"活动

根据上级党委的统一安排，清漾村党支部与其他村一样，开展了"一月一主题"活动。村党支部制定"一月一主题"活动方案，以年为单位，将每月的活动主题和具体的活动内容、活动方式等清单化、公开化。具体主题主要围绕民主评议制度、党员网格员制度、爱国拥党影片观看、党性教育、远程教育等方面。2018年度"一月一主题"活动，如表 4 所示。

表 4　清漾村村党支部"一月一主题"活动（2018）

月份	活动主题	当月活动内容
1	民主评议党员	对推先评优、发展党员、党代表推荐、支部建设，以及其他党员关心的党组织重大事项进行民主评议、民主决策。
2	学习优学优做积分法	优学优做积分法细则，每位党员开展学习并落实。
3	远程教育视频观看	根据优秀推荐目录组织党员自行学习。
4	观看电影	《厉害了，我的国》
5	党员网格员制度	完善党员包片联户机制，利用"民情茶馆""民情圩日"等载体，组织党员群众召开民情沟通会，第一时间听取群众意见，掌握百姓诉求，做好上传下达，结合"最多跑一次"改革，引导党员更好地为民办事，全程代理服务。
6	廉政教育	反腐警示教育。
7	牢记誓词　不忘初心	邀请老党员、革命老人讲述回忆革命年代历史、建党历史，坚定理想信念。
8	红色使者　增添绿色	环境卫生大整治。
9	96345 党员志愿服务	结合"全科网格"建设，深化在职党员进社区、村社党员组团服务机制。
10	红色教育基地现场教学	参观学习红色教育基地。
11	远程教育视频观看	根据优秀推荐目录组织党员自行学习。
12	献爱心迎新年	爱心捐助。

基层治理必须坚持党建引领和党的全面领导，清漾村党支部根据上级的统一安排与要求，并结合村庄实际积极探索基层党建方式，促进村级组织建设和村庄治理。调查获悉，清漾村党组织和村班子过去相对薄弱，经过近些年的党建，村级班子相对薄弱的状况逐渐得到改善，一定程度地提高了党支部在村庄治理与发展中的组织力，较好地发挥了基层党建的引领作用。

第二节　基层政府的指导与管理

改革开放以来，清漾村坚持村民自治制度，以村民委员会、村民会议、村民代表会议和村务监督委员会为自治组织，管理村庄日常事务。2006 年 8 月 16 日，时任浙江省委书记习近平到清漾村考察，说了三个"没想到"：没想到清漾村是如此原生态的小村庄，没想到它真的是毛泽东的祖居地，没想到它的文化底蕴这么深厚。同时，提出了"三个好"的指示：要保护好、开发好、利用好清漾村，建成省级全面小康示范村。从此之后，各级党委和政府领导人多次来清漾村考察调研。2017 年 2 月 8 日，时任浙江省委副书记、省长车俊来清漾村考察美丽乡村建设情况。领导的关怀和指示为村庄发展带来了一次又一次契机，为清漾村的旅游发展和村庄治理带来了多项优惠政策和资金支持。江山市与石门镇等地方政府积极贯彻上级政府和领导们的指示和要求，积极推动清漾村的发展与治理，在清漾村的生态、文化和产业发展与治理中扮演了"掌舵者"和"划桨人"的角色，发挥了重要的指导和管理职能。

一、主导村庄整治与发展规划

2006 年，时任浙江省委书记习近平来清漾村时，村庄因缺乏有力的政策和资源支持，尚未实现开发利用，处于"没想到"的原生状态。清漾祖祠处于半坍塌状态，被农户当作柴房。祖宅几乎被毁，古建筑群也亟待维护和修缮。习近平视察清漾村后，江山市政府和石门镇政府抓住机遇，开始自觉地主导清漾的村庄整治和发展规划，特别是重点做好以清漾毛氏文化为资源，进行村落文化旅游的景区建设与旅游发展规划。

在村庄发展规划上，基层政府扮演了规划主导者角色。景区开发之初，政府将村庄的规划与景区规划合二为一，但实际开发过程中，以景区规划为主，村庄规划较为简单，并划分出控制区与核心区，明令禁止村民私建房屋。在调查中了解到，因限于当地政府的财政能力，可供的财政支持仍无法满足整体规划的资金要求，导致相当部分建设未能采纳原有规划方案。在此背景下，当地政府重新聘请了杭州一家设计公司，投入 90 万元重新做了规划设计。在江山市政府的领导下，市旅委等部门邀请了古建筑专家阮立山教授作为牵头人，会同同济大学国家历史文化名城研究中心的无锡城市历史研究院，共同编制了清漾历史文化村镇保护规划。根据新规划，花了 2 年时间完成了清漾南北两个路口的建设；完成了祖宅、毛子水故居、毛氏名人馆、清漾祖坟等整体修缮、清漾祖祠的原址复建、碑廊的建设。同时，基层政府对村庄整体环境进行了整治。着力打造江南毛氏文化发祥地、毛泽东祖居地等品牌。随后，基层政府围绕村落旅游进行了三期保护和开发工程，村庄逐渐从一个小景点发展为大景区，配套的基础设施建设逐渐增加和完善。2016 年提出并开始创建 5A 级景区，5A 品牌创建成功，提升了清漾村景区各方面的知名度。

根据江山市和石门镇政府对清漾村发展与治理的定位与规划，清漾村发展主要基于村落文化资源，围绕村落文化旅游开发和保护。然而，在调查中发现，基层政府在主导清漾村发展与治理的过程中也存在着过于理想的现象，时常出现一些力不从心、不接地气的情况。同时，政府的主导也可能导致村庄和社会的自主性、主动性、积极性受到遏制。访谈中时任石门镇党委书记杨子勋谈到，清漾村历史上出了 8 位尚书 83 位进士，可以打造一个学子考试的文化中心，这样既保护了文化又带动了民宿发展。古宅中也有很多故事可以深入挖掘。但这些镇政府没有精力去做，村民个体也做不成。江山市旅委规建科科长郑建清告诉我们：清漾村的开发建设是一个不断完善的过程。第一期修建了南路口，从南路口到江郎山是一条沥青路，规划时计划通过这条路将江郎山与清漾村连接在一起，以增加清漾村的游客量，促进清漾村的旅游发展。但实践中并不是很理想，江郎山的游客并没有转移到清漾村。这条路目前的功能只是便利了当地老百姓的出行，并未发挥出导引客流量的内在功能。此外，调研发现，村庄规划和建设的整体性有所缺失。进入村庄，一边是景区的仿古建筑，显现清漾历史古村落的风貌；另一边则是按美丽乡村建设项目要求新建的新浙派民居，呈现出一派现代景象。道路两边的建筑形成了鲜明的对比，给人以不协调感。

在不断完善村庄和景区规划的同时，基层政府积极地扮演着财政主导角色。清漾村的规划及景区的修缮和建设等一系列项目基层政府均给予了大力的财政支持。清漾祖祠复建工程曾被列为江山市政府 2010 年"四大百亿"工程项目，为村庄景区开发打下了坚实的资金基础。清漾祖宅修建也是由时任江山市副市长何蔚萍牵头。自 2006 年村庄旅游开发以来，上级拨款的项目预算总计约 1.3 亿元，分两期用于村庄拆迁和景区修建。据调查，因多种原因，建设中实际到账的财政拨款未能达到预算经费目标。此外，江山市政府邀请宁波数位企业家到村庄参观，共为村庄集资 500 万元用于景区建设。

二、推动村庄建设项目

村庄建设是一个复杂的工程，涉及多方面的内容且可能因村而异。从近些年来清漾村的村庄建设观察，基层政府扮演了领导者角色。特别是近年来政府以项目制方式领导和促进村庄建设过程，形成当前中国行政的一大特点，政府以项目为载体推动公共政策的落实和经济社会建设。基层政府正是通过实施一系列的项目，在清漾村建设过程中发挥着支配性作用。在最近几年，中央和浙江省政府异常重视生态文明建设，江山市和石门镇政府结合本地实际，逐步实施了一系列村庄建设工程。

（一）创建"无猪村"项目

历史地看，养猪业曾经是清漾村及其所在的江山市农村经济的重要产业。在基层政府推动下，江山农村较普遍地发展生猪养殖。清漾村也同其他江山农村一样，一度以生猪养殖作为重要产业推动村落经济发展。从一定意义上说，清漾村的养猪业正是在当地政府的直接扶持下发展起来的。然而，随着经济社会的发展，中国特色社会主义进入了新时代，人民对美好生活的需要日益增长并不断改变。在生态文明建设和习近平"绿水青山就是金山银山"的指导下，浙江省政府较早地提出了"五水共治"工程。为实施"五水共治"，江山市政府着力推动生猪养殖业的整治。石门镇政府则明确地提出创建"无猪村"项目，扮演了相关整治政策的提供者与监督落实者角色。2013年10月，石门镇政府组织石门镇驻联村干部、各村生态指导员及村两委就"共建生态家园"活动进行动员部署，正式开展了入户调查行动，并与村民代表、村民小组长进行了座谈交流。清漾村被规划为生猪禁养区，但还是存在农户养猪的情况。镇政府工作人员调查得知，清漾村有养猪农户14户，共500多头生猪，其中有两家规模养猪。总共沼气池仅150余立方米，贮液池、贮粪房少之又少，甚至没有。而因养猪相配套的处理设施如沼气池、贮液池、贮粪房等的缺失，造成产生的污染物在没有按照规定处理的情况下随意排放，严重污染了景区的空气、河水，影响了景区的形象。另外，因溪底村生猪限养区与清漾村相邻，未作任何处理的生猪污水及猪粪等随意排出，也污染了清漾村的河水，影响了清漾村的生态环境。随后，镇政府出台相关政策文件，要求关停所有养猪场，按照生猪养殖污染整治和规范管理办法处理，结合浙江省生猪整治运动，严格执行、落实到位。在清漾村生猪禁养区严令养猪农户限期整改，逾期则依法实施强制关停。而清漾村相邻的溪底生猪限养区将由镇政府处理，严令溪底村按规定处理养殖污水等，根据养殖生猪数量，严格规范使用沼气池、配备相配套的污染物处理设备，一旦发现再有随意排放、影响环境则进行巨额罚款等严厉处理。

（二）"四边三化"项目

公路边、铁路边、河边、山边等区域（简称"四边区域"）的环境状况是反映生态浙江建设水平的重要窗口，直接关系广大人民群众的生产生活和身心健康。由于"四边区域"主要分布在农村地区和城乡接合部，环境卫生整体水平不高，已成为浙江省生态文明建设的薄弱环节。加快改善"四边区域"的环境面貌，是广大人民群众的迫切愿望，也是生态浙江建设的一项基础性工作。为深入贯彻落实省第十三次党代会精神，巩固全省高速公路、铁路沿线环境卫生整治成果，扎实开展"四边区域"洁化、绿化、美化行动。2012 年，浙江省出台了《浙江省"四边三化"行动方案》，明确提出在公路边、铁路边、河边、山边等区域开展洁化、绿化、美化行动（简称"四边三化"行动）。

石门镇政府响应上级政府要求，实行"四边三化"制度，各个道路进行路面整治，拆违章建围墙，墙面以白墙黛瓦为主，增加了文化元素。省、市财政下拨给镇政府 2000 万资金，用于立面整治、庭院整治、杆线整治、电闸整治。村庄墙体的规划设计和改造费用均由镇政府负责，进行了赤膊墙整治。有些农户墙改造为徽派建筑或马头墙样式。行政推动的项目建设先后遭到了一些农户的反对，镇政府所有干部要求每个人分别联系几户村民，挨家挨户做动员，并采取其他一些方式，保证了项目建设的推进。通过基础设施的改造，进一步提升了清漾村的田园民宿。同时，石门镇政府按 5A 级景区建设标准对清漾村进行配套设施整体提升。

（三）美丽乡村建设

美丽乡村建设，最初源于中国共产党第十六届五中全会提出的社会主义新农村建设战略。2008 年，浙江省安吉县正式提出"中国美丽乡村"计划，出台《建设"中国美丽乡村"行动纲要》。2011—2017 年，江山市先后投入 1.84 亿元用于美丽乡村建设，到 2016 年底已经有 117 个行政村成功创建幸福美丽乡村。随着《浙江省深化美丽乡村建设行动计划（2016—2020 年）》的实施，江山市更加重视美丽乡村建设。2017 年，江山市秉持"绿水青山就是金山银山"的发展理念，深入贯彻落实省委、省政府和衢州市委、市政府决策部署，以承办全省美丽乡村建设现场会为契机，统筹推进农业农村各项工作，着力打造江山"大花园"。清漾村作为江山市中部的唯一一个考察点，江山市集中精力、统筹资源，精准发力，在清漾村这个"点"上精雕细琢，实现以点推面的效果。同时，将清漾村作为示范引领村。清漾村的美丽乡村建设由石门镇政府主导，主要对清漾村简易房和公厕进行了改造，并建设了居住新区和配套基础设施工程。

第三节　村民群众的自治

一、村民群众的自我管理

改革开放以来，清漾村根据国家的统一安排实行村民自治。根据调查，发现前二十年的村民自治在清漾并无什么特殊。2006年后，伴随着清漾村景区的开发，村庄治理主体逐渐多元化，村庄也被明确划分为景区与村庄两个治理单元。景区由江山市旅游公司负责管理和经营，而新划定的村庄区域部分归村庄管理，依然实行村民自治，通过村民委员会、村民代表会议、村务监督委员会等组织实行自我管理。在实践中，清漾村根据中央和地方政府的安排，依据村民自治的相关法律与政策开展"四个民主"。

首先，实行村干部民主选举。在乡镇党政的统一部署下，清漾村按时开展村"两委"换届选举。据调查，清漾村的村民委员会换届选举，努力做到公开、公平、规范、有序。比如，在验证、发票环节中，一般安排2名工作人员，1名对前来投票的选民进行选民证查验。本人前来投票的必须持有本人选民证，委托他人前来投票的，被委托人必须持有委托人选民证和委托认可证，两证缺一不可领票。另一人负责发放选票，已领到选票的选民在其选民证、委托认可证上做好标识，第一次画"√"，第二次画"○"。第一次投票结束后，通知选民保管好选民证、委托证，以备另行选举使用。写票处至少安排1名工作人员，代写人员由镇干部担任，投票箱由专人看管。投票过程中镇干部至少2人，并有意识地安排精干、负责、年纪相对较轻的党员、村民代表、村民小组长等参与选举工作。对于领票登记人员、监督人员优中选优，做到杜绝各类违规行为发生。选举过程中遵循自荐人回避原则，自荐人当日集中到村会议室，不得出现在选举现场。全体选民过半数参加投票，选举才有效，自荐人须获得本村参加选举的选民过半数选票时方得当选。

其次，实行重要村务民主决策。日常性村务由村两委决策，决策时充分发扬民主。对于涉及村民关心的重要村务必须经村两委研究，交由村民代表会议讨论通过。比如，2018 年 5 月 29 日，关于村庄景区内尚书坊场地问题，先经村两委集体讨论，提出方案：租用毛延波、毛延泉和毛延滔等三户人家老宅场地，费用共计 2000 元，三人按各自平方分摊租金。最后，方案提交由村民代表会议讨论通过。会议过程记录在村《民情沟通记录本》内。此外，在实践中努力遵循党组织提议、党员会"首议"、民情会评议和村民（代表）会决议等"四议"程序，规范村级重大事务民主决策程序。

再次，实行依制管理。村民自治强调群众自我管理，这就要求广大村民群众积极参与村庄事务。然而，实践中无疑不可能做到事事都由村民群众普遍参与，必须由少数人代表村民群众具体负责村务管理工作。由此，民主管理时常表现为经由村民群众民主讨论建立规章制度，由村干部或特定事务管理者依据制度管理村务。清漾村经过村民代表大会讨论，制定了村民自治章程。建立并不断地完善《村规民约》和《村环境卫生公约》等村级规章，努力以规章规范村干部管理，约束村民行为，维护村庄运作秩序。制定了关于生产、财务、治安、计生、党员干部目标管理等各项具体事务管理制度，规范各类村民自我管理活动，提高村级民主管理水平。

最后，实行民主监督。最为重要的是实行村务监督委员会制度，民主选举产生村务监督委员会，充分发挥村务监督委员会职能，代表村民群众对村庄财务、村务实行全方位、日常性的民主监督。同时，根据地方政府的统一安排实行村务公开和财务公开"两公开"制度。每月"两公开"一次，将涉及的具体内容、方法、时限、程序全部及时公开。实行党务公开，对党支部和党员的行为开展公开监督。

二、村集体的福利与服务

清漾村的集体经济相对薄弱，2006 年前仅靠山场租金，欠债不少，村集体的福利和服务相对较少。2006 年后，随着村庄景区开发，村庄集体经济收入有了提高，村集体给老年人的补贴提高，并建造了养老服务照料中心，为老年人日常生活提供了专有休闲场所。通过设立村级奖学金，鼓励学龄青少年努力向上，争取考取理想院校。村两委积极努力，采取多方举措解决村民就业问题。2010年专门成立了就业领导小组，村支部书记与主任分别担任组长和副组长，村两委成员为小组成员。领导小组带领其他村干部逐队调查村民就业、失业情况，全面掌握就业信息和就业需求。根据调查进行分析研究，对低保户劳动力、大龄就业困难户等人员进行针对性的就业培训推荐，重点帮助村内失业人员找原因、想对策，采取"一对一""面对面"等精细化、个性化服务方式，进行对口帮扶。通过就业培训、公益性岗位开放、就业推荐、政策扶助等途径，实现就业困难人员托底安置。

2006年前，清漾村的治理主要由村民代表会议、村民委员会等自治组织完成，村民积极参与村庄事务工作。2006年村庄旅游开发之后，村庄事务增多，工作量加大。同时，村庄治理过程也嵌入了旅游开发公司、社会组织等新主体，石门镇和江山市政府也加大了指导和干预力度。据调查，清漾村民参与意识很强。在村民代表或村两委召开重要村务决策会议时，时常会有不少村民在会场外围观，甚至不当地发言干预。由于没有重视村民群众的公共参与平台建设，村民群众很少有机会参与村庄治理活动。涉及村民群众利益的事情有时不能及时解决，村民利益诉求难以上传和实现。这些在一定程度上造成了村民群众的不满意、不理解、不支持，导致村庄治理中的矛盾与冲突增多。村庄景区开发后，村民间接得到了不少实惠。比如，村庄环境的改善、房屋道路的美化，村民可以在景区摆摊、开超市、办民宿、经营农家乐，等等。但是，村民之间因此获得的机会和收益存在着明显差异，形成心理上的不平衡和焦虑。加之，景区开发尚未给村民带来直接的经济收入和集体福利增多，致使相当部分干部和群众心生不满和无奈，获得感、幸福感不强。

第四节　社会力量的协同

改革开放以来，中国社会进入了快速转型时期，村庄社会同样经历着转型与变迁，村庄逐渐从封闭走向开放。一方面，清漾村民大量外出务工经商；另一方面，外来人口特别是游客不断增加，外来企业和社会组织等景区旅游和毛氏文化开发者逐渐进入村庄。这些均意味着村庄治理环境的新变化，开放化的村庄社会对村庄治理提出了一系列新问题与新挑战，要求改变传统的以本村户籍村民为中心，村两委为核心领导的单一、闭环式村落治理模式，推动村庄治理开放化。

2006 年以来，在当地政府的积极推动下，清漾村逐渐开始了传统文化村落保护与村落文化旅游开发。随后，又根据国家土地流转政策引进了一些外来投资者，实现土地流转和农业现代经营，清漾村逐渐演变成为一个开放性社会。今天的清漾村除户籍村民之外，同时容纳了旅游开发经营者、外来企业、流动游客等。此外，在毛氏文化挖掘与开发过程中，毛氏文化研究会等社会组织积极参与。这些社会力量成为或可能成为嵌入清漾村社会治理的重要力量。据调查，目前社会力量参与清漾村社会治理已经比较明显，而且依据在清漾村落旅游和毛氏文化开发过程中的介入程度而有所差异。特别是江山市旅游公司、江山毛氏文化研究会等参与相对较多，但受多种因素约束，诸如土地流转经营者、游客等其他一些社会力量的参与显然还不是很多。

一、江山市旅游公司的协同治理

江山市旅游公司原属于江山市旅游局的一个部门，在村庄景区开发的早期，市旅游局（含原旅游公司）联合石门镇政府开发景区。2017 年，市旅游开发公司与市旅游局分离，成为独立经营的企业。为开发清漾景区，江山市旅游开发公司专门成立了一个相对独立的子公司，专门负责开发和管理清漾景区。

江山市旅游公司对村庄景区的开发和经营表现在现有景区和未来新景区两个方面。一是对村庄现有景区的管理主要包括救济、服务和秩序整治等项目，如旅游开发公司出资管理景区内小商小贩摆摊设点问题，将其规范化、标准化，特别是摊位位置和颜色布置统一。二是负责招商引资，开发村庄新景点、新项目。

从原则上讲，旅游公司的景区经营与村庄治理相对独立，不干预村庄治理。但是，实践中景区管理与村庄治理难以完全分离。诸如景区资源的共同产权，景区和村庄基础设施的共同享用，村落旅游收益的共同分配，游客的共同管理等。旅游开发公司与村庄之间，景区管理与村庄治理之间形成了复杂的关系。作为景区的投资经营者，旅游公司自然需要介入清漾村庄发展和村庄治理，成为参与清漾村庄治理的一个重要主体。旅游公司积极协调景区开发与村庄发展的建设规划，以不同方式给予村庄治理一定的经济支持，共同接受党政部门及其领导的指导，协同管理清漾景区的游客和基础设施，共同维护清漾景区的秩序和管理环境卫生等，成了清漾村治理的重要协同者。

二、江山毛氏文化研究会

江山毛氏文化研究会是中华毛氏文化研究会（中华毛氏联谊研究会）的分会，主要承担毛氏文化研究与毛氏宗亲交流等职能。中华毛氏文化研究会的名誉会长是毛泽东嫡孙、中国人民解放军中国军事科学院战争理论和战略研究部副部长毛新宇；湖南省社会科学院教授、《中华毛氏通书》主编毛炳汉担任会长；浙江省江山市人大常委会原党组副书记、副主任，江山市毛氏文化研究会会长毛井水担任常务副会长。江山毛氏文化研究会（毛氏联谊研究会）于 2009 年 10 月成立，在首届"中国·江山毛氏文化旅游节"上正式挂牌，该研究会由江山市文化广电新闻出版局主管。毛新宇担任名誉会长，毛井水担任会长。江山毛氏文化研究会主要策划、动员和组织毛氏文化研究专家学者，深入挖掘和开发清漾村毛氏文化内涵，编撰和出版清漾毛氏文化成果，建设和管理清漾毛氏宗亲服务站，组织发动宗亲支持参与清漾毛氏文化建设。根据调查所获资料分析，江山毛氏文化研究会在清漾历史文化宣传、景区旅游开发、活动策划组织、开发资金筹措等多个方面积极参与，以一种独特的身份和方式介入了清漾的村庄发展与村庄治理。特别是与地方政府、旅游公司、清漾村等一起，积极筹办"中国·江山毛氏文化旅游节"。江山毛氏文化旅游节的定期举办得到了全国各地毛氏宗亲的大力支持，受到中央、省及衢州市领导的重视，对于宣传和保护、开发清漾毛氏文化发挥了积极作用，打响了清漾毛氏文化的品牌，提升了清漾村的知名度。

文

化

篇

传承与开发

中国村庄发展

WENHUA PIAN
CHUANCHENG YU KAIFA

文　化　为　基

文化是社会之魂，在村庄发展中具有独特地位与功能。尤其在历史文化村落的变迁与发展过程中，村落传统文化更呈现重要影响力，形成独特的"文化之基"，引领和制约着村庄发展。本篇基于清漾历史文化名村的村落特色，重点对毛氏文化的传承、保护与开发进行深入考察，并初步分析改革开放以来的礼俗文化变迁和村庄文化建设。

第一章　清漾毛氏文化的保护与开发

　　村落家族文化是中国传统文化的固有成分，是在一定的社会历史条件下，家族成员在村落生存方式之内所产生的一套思想观念、心理感受和行为方式，以及为表达这些思想观念、心理感受和行为方式所制作出来的种种成品。中国历史有着根深蒂固的家族文化传统及其酿造的家族精神，作为传统文化的核心，家族文化形塑了中华民族的人文特质，同时也是理解中国社会必不可少的透视角。[①]清漾村是江南毛氏家族聚居地，一个历经61代繁衍而成的同族聚居村落。在长期的历史发展过程中，形成了具有显著特色的清漾毛氏家族文化。清漾毛氏文化是一个较为完整的文化形态，主要有族谱文化、建筑文化、名人文化构成，具有鲜明的家族特征，有着极其重要的保护与开发价值。

第一节　清漾毛氏文化的保护开发过程

一、负重前行的清漾古村

　　在历史上，清漾村民和大多数中国农民一样，日出而作，日落而息。千百年来，清漾村作为耕读文化的载体蕴含了丰富的村落文化传统。伴随着农村社会的常规化与非常规性变迁，清漾村的各种社会元素发生了解构和重构，特别是村民们对于现代城市生活的向往，使得传承千年的传统民居和古村落已然无法满足村民们追求现代美好生活的需求，有实力的村民纷纷搬离老宅，失去原住民的传统

[①]　陈勋：《村落家族文化公共空间的嬗变》，《经济与社会发展》2004年第3期。

村落社会和文化日渐萧条。再加上这些老宅年久失修、结构老旧，受自然或人为因素的影响，不断地遭遇被破坏、被毁灭的危险，传统村落陷入了凋敝之中。访谈中，有村民说：

1958年大办食堂，祠堂就变成了食堂了，那个时候祠堂的对联已经损毁了。1982年前，这个祠堂是8个生产队的仓库，放一点农具、稻谷等。1982年以后，分给了每家每户。离得近的农户就把很多东西都放在祠堂里，后来（1996年）祠堂里着火了，由于原来的道路不通畅，消防车进不来，火烧的比较厉害。1996年祠堂被火烧掉以后，一些农户还是在用的，自己用木头搭一下。

对于清漾村民而言，他们并没有意识到世代居住、习以为然的生活空间蕴藏着清漾毛氏先人积累的生活智慧。改革开放之初，中央强调以经济建设为中心，积极鼓励广大农村发展经济，增加收入，很少顾及文化建设。毛氏文化的保护与开发没有摆到现代化建设的日程，村级组织和村民缺乏对于村落传统文化保护的自觉，更谈不上文化认同与文化自信。清漾毛氏文化深厚，但未被人识。在外人眼里，清漾村只是个地处偏僻、交通落后的小山村。调查中，毛旭明老先生回忆道：

我模糊的记得以前我们是生产队然后变成合作小组再是包产到户，那个时候我是十一二岁。我们村发生最大的变化就是最近几年。80年代的时候，我们村响应上级的号召，种养殖多一点。当时江山倡导农村发展"一桃（猕猴桃）二白（白羽乌骨鸡、白鹅）"特色产业，那个时候就出现了很多的乱搭乱建的现象。当时污染最严重的就是白鹅。当时，我们有任务的，每家每户都要养几只。专业户也有，散养也有。当时，村里很多地方都是坑坑洼洼。之前我们没有养鹅的时候，村里的土地虽然没有硬化，但是也是很平整的。但是，养了白鹅后，白鹅喜欢啄泥土，村里的平地都被整的坑坑洼洼，小溪和路边都是垃圾。说实话，当时我们村的环境是比较差的。而这个污染状态一直持续到2006年左右。

毛冬青也谈到了这一情况：

没开发之前，其实当时那里（清漾村）比较落后的。之前我去讲课，我讲他们男的不像男的，头发那么长；女的不像女的，连头都不梳。卫生情况很差，鸡都跑到树上去了，我们从树下经过都是跑过去的，怕鸡屎掉到头上。

二、国宝族谱推动的毛氏文化挖掘

从一定意义上说，《清漾毛氏族谱》的发现与挖掘，引起了人们对清漾村及其毛氏文化的关注。2001 年，浙江省档案局鼓励江山人整理《清漾毛氏族谱》，申报"中国档案文献遗产"。江山市随即组织了一批专家学者对《清漾毛氏族谱》进行认真细致的整理和论证，他们绘制出毛氏共 111 代的世系衍脉图，得出了惊人的"韶山毛氏祖先让公世居三衢——三衢毛氏主系在江山清漾"的结论。发现了清漾村是毛泽东的祖居地，逐渐引起了学界和世人的关注。加之，《清漾毛氏族谱》的完整性和异常丰富的内容，蕴含着极为重要的价值，遂于 2002 年 3 月，入选全国首批《中国档案文献遗产名录》。当时，《中国档案报》在报道这首批入选的 48 件国宝级档案文献遗产时，专门配之以"藏在深闺人未识，件件档案值万金"的副标题。《清漾毛氏族谱》作为其中的唯一一部由民间私家修撰的谱牒，赫然列于第 25 位。访谈中，毛冬青回忆道：

清漾毛氏祖宗的脉源在北方，一直往前面追，最起码追到毛伯郑。所以北方到南方，第一代毛宝，他是北方五十二代。从毛宝开始，往南方数，数到毛泽东是五十六，数到毛子水也是五十六，数到蒋介石夫人毛福梅也是五十六。他们三个相差不了几岁，都是五十六代。没有像我们清漾毛氏世系这么完整的家谱，北方没有，南方也没有，只有我们清漾一套这么完整的。一代一代人，它一代都不缺。所以，2002 年我们第一批入选了国家档案文献。当时是季羡林老先生他们评的，我们（的族谱）替代了韶山的毛氏族谱。他们讲韶山毛氏族谱是乾隆年间修订的，时间太短。争论不下，最后找到我们的。……我们清漾的族谱作为唯一的族谱入选了。我们的版本是 1869 年，清代同治年间的。

根据调查所获资料分析，正是这一国宝级《清漾毛氏族谱》引起了有关部门对清漾村的关注。《清漾毛氏族谱》记载了拥有 3000 年历史的中华毛氏由北往南的历史脉络。清漾毛氏家族兴盛，是江南毛氏主系。子孙延脉遍布中国南方及北方的河南、山东、辽宁等地，江西吉水毛氏、湖南韶山毛氏、浙江奉化毛氏等江南毛氏望族均源自清漾，是中国江南毛氏的发祥之地。随着清漾毛氏文化研究的进一步深入，人们对清漾毛氏家族有了更多的发现。2006 年，经浙江、江西、湖南三省毛氏文化研究人员对多处民间宗谱进行深入挖掘，并经过专家学者的反复论证，认为江山、韶山毛氏同根同源，毛泽东是清漾毛氏第五十六世孙。

2006 年 12 月 26 日，即毛泽东同志诞辰 113 周年的这一天，清漾毛氏族人用民间传统的方式迎接来自湖南省韶山村的《韶山毛氏族谱》。韶山村党总支书记毛雨时代表韶山毛氏宗亲向江山毛氏宗亲、父老乡亲和前辈表示："韶山、江山毛氏同根同源，希望能够把两地的毛氏文化发扬光大。"由此，"江南毛氏发祥地""毛泽东祖居地"清漾村开始令人瞩目。

此外，蒋介石原配夫人毛福梅也是清漾毛氏后裔。据《清漾毛氏族谱》记载，清漾毛氏第三十二世孙毛栗生有二子，长子仁锵后来做了知州，生有三个儿子。第三子（字睎之，号季初）迁住奉化石门，毛睎之遂成为奉化毛氏的始祖。毛福梅为奉化石门人，在清漾毛氏世系中属于第五十六世，与毛泽东为同一辈。现在奉化石门村口牌坊里还保留着"宋室开基八百年，江山衍脉三千里"的对联。浙江大学毛昭晰教授（蒋介石原配毛福梅的同族血亲）在 2001 年 4 月 20 日来到清漾寻根问祖后不禁感慨道："原来整个中华民国史，就是我们江郎山下这个清漾村的家族史。"[①]

伴随着清漾毛氏族谱的研究，清漾毛氏文化吸引了海内外众多目光。反过来，又进一步地促进了清漾毛氏文化的保护和开发。

三、开创毛氏文化保护与开发的新局面

2006 年 8 月 16 日，时任浙江省委书记习近平到清漾村考察并做出"三个好"的重要指示，引起了清漾村所在的江山市委、市政府的高度重视，并由此开辟了清漾毛氏文化保护与开发的全新局面。2007 年 2 月，江山市委、市政府迅速成立了清漾历史文化村保护与开发领导小组，结合新农村建设，全面推进清漾毛氏文化的保护与开发建设工作。2007 年 5 月，《江山市清漾村历史文化村镇保护规划》编制完成。2007 年 8 月，清漾历史文化村保护项目建设正式启动。具体内容包括修缮清漾祖宅、游线范围房屋拆迁安置、江郎山至清漾村的道路连接等 7 项工程。2008 年 4 月，清漾景区正式对外开放。随着 2008 年清漾村古文化村落第一期工程完工，清漾村文化建设的格局基本形成。自此，清漾村的发展由渐变迅即转变为急变，进入了快速发展的快车道。清漾毛氏文化保护与开发也因此呈现出新的景象、新的特征，进入了新的阶段。

---

① 励漪：《江南毛氏文化村——清漾》，http://sh.people.com.cn/BIG5/134952/197726/197737/12225411.html，2018 年 3 月 12 日。

自 2006 年以来，清漾村陆续被评为中国第二批传统古村落、省第三批历史文化村、省文化建设示范点、省廉政文化教育基地、省首批文化旅游示范基地等荣誉称号。2017 年，清漾与江郎山、廿八都景区共建成为国家 5A 级景区。为大力弘扬挖掘清漾毛氏的特色文化，自 2009 年起，围绕清漾毛氏文化的传承和保护开发，江山市连续举办了"中国·江山毛氏文化旅游节"，为海内外毛氏宗亲搭建了联谊平台，提升了区域文化发展软实力。同时，加强了清漾毛氏文化的研究与宣传，先后组织编撰了一系列著作和画册。2019 年 1 月，清漾村入选第七批中国历史文化名村。

第二节　清漾毛氏文化保护与开发的举措

2006 年，江山市提出了"政府主导、企业主体、市场运作"的清漾文化古村落保护与开发思路。江山市第十二次党代会进一步提出"整合资源，加大投入，推进清漾文化古村保护和开发"。正是在政府的主动推动下，清漾毛氏文化保护与开发工作得以展开，并形成了独特的发展路径。

一、挖掘文化价值，奠定保护开发基础

在理念上，江山市委、市政府始终坚持挖掘清漾毛氏文化价值，开发和利用毛氏文化推动经济社会发展。抓住清漾毛氏的源流和魂魄，围绕清漾"宗脉文化、名人文化、谱牒文化、廉政文化"等特色，下大力挖掘其特有的文化价值。

十多年来，根据《清漾毛氏族谱》开发和制作了《清漾毛氏衍脉世系简图》，修订和完善了毛氏衍脉世系图；完成了《清漾毛氏族谱》（中睦派）续修工作，启动了清同治八年己巳本《清漾毛氏族谱》点校出版工作；编撰和出版了一系列清漾毛氏文化的研究成果；广泛收集清漾毛氏独有的民风民俗、手工艺、传说等非物质文化遗产。

通过开展各种活动提升清漾毛氏文化的影响力。多次组织相关人员到韶山、北京等地开展宗亲联谊、资料收集工作。在活动中收集了许多有关毛泽东同志的文字、照片介绍资料，为毛氏名人馆积累了许多宝贵资料。同时，赴台湾、舟山等地与毛子水后人联系，收集到毛子水先生的藏书、画、照片、字等珍贵遗物。

开展毛氏文化旅游节，邀请毛泽东嫡孙毛新宇来清漾村参加会议。并借助江郎山国际旅游节、全国新年登高大赛、江山 100 国际越野跑等重大节会活动，积极宣传清漾毛氏文化，让更多人走进清漾村。

围绕清漾村"江南毛氏发祥地、毛泽东祖居地"的定位积极开展研究论证工作。先后赴河南原阳、江西吉水、湖南韶山、浙江奉化等 9 县市开展毛氏文化挖掘与研究，寻找当地馆藏资料，查阅复制馆藏文献。两次专程前往湖南省社科院、湖南省图书馆，与毛炳汉教授等毛氏文化研究专家交流探讨，并邀请专家学者多次来清漾村考察调研，共同推进毛氏文化研究工作。在此基础上，清漾村作为"江南毛氏发祥地、毛泽东祖居地"定位得到专家学者确认，也得到包括江西吉水毛氏、湖南韶山毛氏在内的各地毛氏宗亲的有力支持和充分认同。这些工作为清漾毛氏文化的进一步保护与开发奠定了坚实基础。

二、强化要素整合，建构多元参与格局

清漾毛氏文化保护与开发工作面大量广，涉及项目多、问题杂、人员广，要持续有效地运行，离不开各种要素的有力支撑与有效整合。为此，江山市各相关部门立足自身实际，创新工作制度和办法，从组织、资金、政策等方面进行多维度的要素保障，以更好地夯实清漾毛氏文化保护与开发的多方力量。

2007 年 2 月成立的清漾历史文化村保护与开发领导小组，为清漾毛氏文化的保护与开发建设工作提供组织保障。从 2007 年至 2017 年，通过政府财政拨款、旅游公司投资、社会捐助等，陆续投资近亿元，分三期进行了清漾核心古建筑祖宅、祖祠的保护性修复，完成 40 米碑廊建设，聘请 22 名全国著名书法家书写厅匾和楹联，并完成制作安装，进一步提升清漾景区的文化品位。实施毛子水故居修复及陈列，祖宅广场、荷花池、廊亭、古石桥、凤凰池、仙霞古道游步道、清漾塔的修建修缮，始祖毛元琼墓整修及周边景观整治等保护工程。通过名人故居、特色民居、宗族宗教建筑展现宗族文化、耕读文化等非物质文化。

另外，江山市还以"理念超前、彰显特色"为原则，聘请高资质规划设计单位对特色文化村进行规划设计。由全国知名的古建专家阮仪三教授作为规划牵头人，邀请同济大学国家历史文化名城研究中心和同济城市规划设计研究院共同编制《江山市清漾历史文化村镇保护规划》，为保护建设提供了高起点的技术支持。

通过十多年的努力，不仅清漾村落的环境与面貌得到了翻天覆地的改变，令

人刮目相看，而且清漾毛氏文化也得到了进一步的挖掘、整理和开发，极大地增添了清漾村的文化内涵，较好地发挥了清漾毛氏文化的价值。

三、注重文旅融合，推动共融共生发展

漫步清漾，处处有风景，布满绿树鲜花的乡村道路、蜿蜒绕村清澈宜人的溪流、充斥着草药清香的农家小院、古色古香的创意民宿……清漾景区已经不局限于祖祠、祖宅这样的传统景点，而是通过文旅融合，实现全村景区化，借助文化古村落旅游推动文化、生态、生产、生活的共融共生发展。

丰富乡村文化活动，带动农村经济发展。以文化礼堂、文化活动中心、体育活动中心、村民休闲空间为载体，通过乡村村晚、婺剧演奏、清漾龙凤表演、威风锣鼓、快板、村歌村舞、农村书法绘画等多元化的形式让村民享受丰富多彩的精神文化活动。通过举办毛氏文化节、家风家训展示、彩色墙绘、文明家庭、最美人物评选等方式，让村民和游客感受到清漾毛氏文化的精神品质和清漾村的文明乡风。通过整理和编写清漾毛氏文化的著作、报道清漾毛氏文化活动等，加强清漾毛氏文化宣传，提升清漾毛氏文化的影响力和知名度。

转变经济发展方式，实现文旅融合。依靠清漾毛氏文化资源，清漾被建设成了一个远近闻名的文化古村落旅游景区，吸引了大批游客到清漾旅游，推动了游客经济的发展。不仅如此，与文化古村落旅游相配套，清漾村域内逐渐兴办了近10家超市和商店，民宿、农家乐达11家，旅游服务主体20多个，每年可以给村民增加收入200多万元，村民在旅游经济发展中得到实实在在的实惠。同时，在旅游经济开发与发展中，开始有人尝试清漾毛氏文化的创意开发与利用。比如，原清漾村大学生村官周中原辞职在清漾创业，创办了"斗牛社"古村落创意文化休闲体验店，利用清漾毛氏文化开发了状元八尚糕等糕点产品。

第二章　村落礼俗文化的变迁

村落礼俗文化是村落文化的重要组成部分，它基于血缘、地缘，浸润于农村熟人社会。千百年来，村落礼俗文化流传于乡村社会的各个角落和各种场合。[①]"人们依礼而行，循俗而做。"[②]使村落社会有了一些约定俗成的行为规范和礼仪。然而，村落礼俗文化伴随社会变迁而不断发展和嬗变。

第一节　岁时节庆礼俗的传统与变化

在长期的社会实践中，清漾村逐渐形成了一系列具有地方特色的岁时节庆礼俗。这些岁时节庆礼俗具有与自然相契合、为村民所认同、同社会共变迁的特性。随着经济社会的变迁，春节、元宵节、清明节、端午节、六月六、中秋节、腊八节、祭灶日等传统岁时节庆习俗都发生巨大变迁。

一、春节（过年）

春节是中国民间最隆重、最热闹的传统节日，历史悠久，内容丰富，节庆气氛浓郁。满天绚烂的烟花爆竹，丰盛温暖的年夜饭，寄托美好愿望的春联，浓浓的年味儿。既是对过去一年的回味和感恩，又承载了对来年的祈福与期盼。

在清漾村，春节过年大约是从农历十二月二十三日开始的。这一天家家户户开始大扫除，洗刷炊具、拆洗帐被，称为"扫烟食"。都要祭灶，由家里的男性焚香点烛，行跪拜礼，送灶神上天。并祈祷灶神上天言好事，下界保平安。除夕

---

① 郭彦朋：《市场化与乡土礼俗文化的再研究》，《广西青年干部学院学报》2012 年第 8 期。
② 李慧伟：《中国传统礼俗文化及其在近代的变迁》，《贵州文史丛刊》2009 年第 2 期。

当天，再换上新的灶神像，敬香接回灶神。年关将至，村民会杀年猪和年鸡（旧时忌讳"杀"字，改说"旺"）、包粽子、做年糕、米糕，准备年货。一来供奉祖先，二来犒劳家人，三则款待亲朋。米糕是清漾村极具地方风味的年节食物，蕴含着步步高升的美好寓意和祝愿，为多数村民所喜爱。在清漾村，米糕又称状元糕。每年立冬后，各家各户就开始准备米糕制作的原材料，以四成糯米、六成籼米浸水洗净、泡水，两种米分开蒸到有香味时候倒出，晒干炒熟成焦黄，拌入红糖，有时掺入芝麻、桂花、茴香等，细磨成粉，拌入花生等，入甑蒸熟，切成片状。品味甜中发香，松酥适口，为小孩、老人副食上品。过年时，清漾村几乎每家每户都会备上一些米糕。在物资匮乏的年代，猪头、鸡、猪肉、鱼等是贵重菜肴，春节请客时主人会摆上桌意表盛情待客，但约定俗成的是客人不能吃这些贵重菜肴。如若有人在贵重菜肴上动了筷子，就会因违反礼俗而成为民间笑话。

除夕是春节过年的重头戏。是日傍晚，村民们以猪头、鸡、豆腐饭、酒等祭拜祖先和"社公""社母"，谓"谢年"或"辞岁"。祭祖完毕后，阖家团圆吃年夜饭。主妇都会想办法让年夜饭菜肴丰盛。清漾村年夜饭须备鱼，寓意年年有余。年夜饭后，家长给儿童分"压岁钱"。是夜，通宵不眠，合家"守岁"，谓"坐年夜"。中华人民共和国成立前，债主常在此夜手执灯笼上门讨债，穷人常外出躲债，俗称"做皇帝"。改革开放后，随着物质条件的变化，年轻一代思想观念的变迁，年三十祭祖的习俗已渐渐淡出人们的视野，随之而来的是年夜饭菜品越来越丰盛，娱乐活动越来越丰富，有些家庭还会选择在酒店订一桌年夜饭。

正月初一，开门第一件事就是放鞭炮，热热闹闹地开年。正月初一的早餐一般吃面或年糕，象征延年益寿，年年高升。这一天，村民会遵循一些禁忌，比如：不动刀、不扫地等。小孩子也被教育要说吉祥话，尽量避开诸如"死"之类的字眼。近些年，清漾村恢复了大年初一舞龙、舞凤的老传统。据当地老人介绍，舞龙、舞凤至今也已经有两百多年的历史了。每到春节，舞龙、舞凤队都会走家串户，为村民们送来平安和吉祥，同时祈求新的一年风调雨顺。根据政府号召，近年清漾村还在祖祠和祖祠广场举办村晚联欢活动。

初三日开始，亲友之间相互拜年，礼物（俗谓果子包）一般为荔枝、桂圆、红糖、枣等。拜年活动往往延续整个正月。中华人民共和国成立以来，过年中一些带有迷信色彩的活动已废，代之以"拥军优属""拥政爱民""新春茶话会"等活动。20世纪80年代起，都用江山白毛乌骨鸡酒、十全大补酒、双宝素等作为拜年礼物。到了 90 年代后，青春宝、脑白金、各种高档饮料酒水，拜年的礼物越来越丰富。按传统，拜年也是有讲究的，一般舅舅为大，接下来再是丈母娘家、姑姑家、姨夫家，而且进门一般都要磕头。所有的亲戚在正月里都会走一遍，大家你来我往，主人家会做一桌好菜款待来客。大家谈笑风生，猜拳行酒令，其乐融融。通过拜年交往，缩短了人际距离，拉近了亲情，长幼有序的意识也得到了强化。伴随着经济社会变迁，传统仪式已渐渐消逝。大家都觉得拜年的节奏快了、仪式简了、礼物重了、红包厚了，但年味和情感却淡了。甚至几户人家约个时间到饭店吃一席，连家门也不入了，礼物也不拿了。今天我做东，大家一起吃一顿；明天他做东，再约一顿。感觉每次都是匆匆而过，在小孩的记忆里，拜年仅仅就是吃个饭而已。

二、立春、元宵、立夏、端午、中秋

立春。俗谓"新春大如年"。旧时民间要用饭、豆腐等祭品祭拜天地，即做新春。这一天，大家基本不上别人家串门，嫁出去的女儿在这一天也不可留宿娘家。甚至如需讨债，也会错开立春这一日。到了立春的时辰，家家户户燃放爆竹，迎春接福。

元宵节。农历正月十五日，又叫灯节。旧时，灯节活动从十一日"上灯"开始，家家门前悬挂灯笼或各式各样的花灯。十五日，开展舞花灯活动。有龙灯、狮灯、鱼灯、马灯、茶灯等。正月廿日谢灯，各种活动基本结束。俗谚："过了正月廿，龙上天，佛归殿，娜妮（姑娘）做花线，老太婆拆破片（补破衣服），读书学生归书院。"春节的各项活动到正月二十基本进入尾声，农民又要开始新的一年劳作。改革开放后，群众自发组织的灯会活动渐少，气氛也没有那么浓厚。

立夏。民间时兴早晨吃红枣糯米粥、茶叶蛋，中午吃羹，在米粉糊中掺以豆腐干、蒜苗、猪肉、笋丁等，称"立夏羹"。这天，给人称体重，给小牛穿鼻。

端午。家家裹粽子、做馒头，户户插菖蒲、野艾，大人、小孩都饮雄黄酒、吃大蒜，喝剩的酒用来擦猪、牛背，还要清除房屋内外秽污，在墙脚、柱根、缸底撒生石灰消毒，并用菖蒲、野艾、竹叶煎汤洗浴。小孩在身上擦雄黄酒，手腕、脚腕及脖子上系五色线，胸前挂香袋，袋中装艾叶、香粉。早年，端午日为塾师节，学生向塾师送粽子、馒头，以示敬师，塾师则回赠纸扇、笔墨。

六月六。俗谓狗生日。养狗之家把猪肉、豆腐、米饭等放在狗的面前，狗先

吃什么，预示该物将在这一年丰收或兴旺，还把狗拉入水中洗澡。是日，家家户户翻箱倒柜，暴晒衣服、棉被、书籍等，以防虫蛀。

中秋。农历八月十五日，又称团圆节。早餐吃麻糍，晚餐吃干粉（粉干）。月明时，举家赏月，吃月饼。儿童盛行坐稻草垫拖行，称"拖中秋"。

随着经济社会的发展，清漾村民逐渐走出短缺时代，解决了温饱，走向了小康和富裕，生产方式和生活水平均发生了根本性的变化。相应地，立足于人们生产生活现实，体现人们生活需求与未来愿景的各类节庆活动趋于淡化，相关礼俗也随之日益改变，礼俗的程序与方式逐步简约化。

三、清明、冬至、中元、重阳

清明。采野艾做米煤，称"清明像"，家家户户上坟祭祖扫墓。这一天，还有插柳种树的传统。俗云："清明不插柳，外甥不认舅。"改革开放前，清明扫墓活动受到一定遏制，由各群众团体、学校组织青少年开展祭扫烈士墓活动，进行革命传统教育。近些年来，随着国家政策调整，清明节成为法定节假日。在此背景下，清明节的祭祖扫墓活动重新在清漾村普遍流行。

中元。即七月半，又称"鬼节"。这一天，家家祭祖宗，用米粉做成"马"的形状，供奉在案，社庙请巫师祭送"孤魂""野鬼"。如遇闰月年，还要请道士"打清醮"、驱"冤鬼"。这一天，家中老人都会教育孩子不要出门，尤其是晚上，怕碰到"孤魂野鬼"。伴随着改革开放和现代化建设的推进，清漾村民日益受各种现代文明的熏陶，旧有习俗逐渐发生改变。除祭祖外，其余中元节礼俗已经基本被废。

重阳。农历九月初九日，又称登高节。旧时，各地普遍祭扫祖宗墓，谓"上重阳坟"。一些宗祠还分香饼。改革开放后，上坟习俗仍相沿袭。

冬至。在清漾是一个很隆重的祭祖日。旧时开祠门，祭祖先。科举功名，学校毕业生，花甲耄耋聚祠受宴。族内男口，按人授饼。据清同治《江山县志》载："宗祠以冬至节为大祭。祭之日，分丁饼，六十以上则视年寿而有加，有功名者倍之。"届时，全族男丁齐集祠堂，用全猪全羊全鸡祭拜祖先。祭毕，本族子孙皆可大吃一顿，叫"吃祖公"。是日，本族各房报录男女婚嫁、生卒人口增减变动情况。中华人民共和国成立后，此俗已废。

第二节　人际交往礼俗的传统与变迁

在传统农耕社会，依赖土地聚合的人们，活动半径非常有限，个体的生存和发展只能在人们的交往关系中才能实现。人际交往礼俗就是人们在交往活动中所遵循的行为规范和行为准则，其生成与存续的力量主要基于乡土社会的血缘、姻缘、地缘关系，体现了人们在物质生活和精神生活方面的文化习惯。通常包括个体交往礼俗和社会交往礼俗。个体交往礼俗可以通过相见礼及交往中的称谓和避讳等体现出来；社会交往礼俗则包括拜访之礼、红白喜事礼俗、节日往来礼俗、宴客礼俗和尊老敬贤之礼等，主要体现在各种人情交往中。这些交往礼俗根植于民众的日常生活当中，又直接影响着人们的价值取向和日常行为方式。[①]

清漾村是个同族聚居的小村落，毛氏族人大多沿溪而居，村口有棵大樟树，成了村民农闲时的好去处。由于各家耕地和山场的距离都比较近，农忙时，村民们也是一边干活一边聊天，说说家长里短。收工回家，各家的媳妇妹子也喜欢结伴而行，互道一些村里的是非八卦。邻近的空间距离为清漾村民的人际交往提供了便利条件，使得这一时期的人际交往较为频繁。而随着乡村社会由传统农业文明向现代化工业文明转型，现代性通过其内在的机理、自觉的文化精神和深层的结构图式渗透到乡村社会的各个层面。[②] 村民之间的人际交往失去了基础，伴随着现代化建设的推进，乡村社会的人际交往礼俗也发生了从传统向现代的嬗变。

一、个体交往礼俗

人际交往礼俗不仅反映了交往主体个体的交往能力、思想素养、道德风貌，更是一个社会文明程度的重要表象。在传统的乡土社会中形成的交往礼俗，主要目的是增进情感，密切相互之间的关系，进而形成了一系列的礼俗。

（一）相见礼

相见礼是指人们相互见面时遵守的礼节。民间相见礼主要包括趋、拜、拱手、作揖、唱喏、长跪、鞠躬、寒暄等形式。这些礼节规范着村民们的日常生活，给人们的行止坐卧提供了准则。经千年流变，有些礼节已消逝在历史的烽烟里，有些则保持着旺盛的生命力。

---

① 李涵：《中国传统日常交往礼俗的文化批判》，《学术交流》2017年第4期。
② 李涵：《中国传统日常交往礼俗的文化批判》，《学术交流》2017年第4期。

清漾村由于聚族而居，整个村庄就是一个熟人社会，村民们沿袭了如《清漾毛氏族谱》中收录的族规、乡约所要求的，待人热情，恭敬有礼。彼此见面，都会打个招呼：或点头示意，或握手问安，或打躬作揖，以表示对他人的尊重、热情和关心。"你好！""你吃了吗？""你干什么去？"可以说是村庄里最常见的打招呼用语了。"民以食为天"，尤其在物质资源匮乏的年代，问对方是否吃饭也表达了一种关心。改革开放以来，农村经济条件整体趋好，村民的生活水平大幅度提高，吃饭已不是什么问题，但"你吃了吗"这句问候语却流传了下来。而当你与人尤其是村里的熟人擦肩而过时，不自觉的会问候一声"你干什么去啊？"基本上，并非真要对方告诉你去干什么，更多的是打个招呼，表示看见对方了。当然，在村子里，如果此时熟人正需要人帮忙，这就好比打开了一条通道，让他可以开口请你帮个忙。"你好！"一词无论对陌生人或者熟人都很适用，用简洁明了的语言，不仅打了招呼，而且还表达了对他人的一种祝福。

（二）称谓与避讳

虽说名字本身只是一个符号，但在传统社会的人际交往中，对名字的称谓往往体现着尊卑贵贱的等级色彩。清漾村人在称呼上多以亲属关系或模拟亲属关系来互相称呼。非直系亲属关系的长辈按照辈分来称呼，平辈之间多以哥姐弟妹相称，长辈对晚辈则直呼其名或者用"娜妮"（小姑娘）这样的词来代替。对于不同的交往对象及在不同的场合下要用不同的指称，还要注意一些特殊的忌讳，不能随意称呼，否则就是失礼。俗话说得好"喊人问候不折本，只要舌头打个滚"。民间的称呼带着浓浓的乡情，令人闻之欣然。

在中国古代社会的人际交往当中，还有一种特殊的礼俗，是避讳。为了表示尊敬，在双方谈话时，像死亡、灾祸、恶疾等不吉利的字眼要通过婉转的方式表达出来。比如说，"死"字用仙逝、驾鹤西游等。去别人家做客，谈话时涉及对方尊长之名的字眼要有意地回避过去，否则为不敬。古人有"入门问讳"之说。

二、社会交往礼俗

社会交往是人类日常生活的重要组成部分。在熟人社会里，村民之间形成了"人情、人缘、人伦"三位一体的人际交往模式，它们共同维系着乡土社会共同体的亲密关系和人伦宗法制度。作为社会交往规范的礼俗文化则深嵌在人们的生老病死、婚丧嫁娶、节日欢庆、宴会宾朋、尊老爱幼等活动之中，随着社会变迁而改变。

（一）拜访礼

拜访之礼是古人社交形式中最基本的一种交往礼俗，拜访者与受访者因身份地位不同而有不同的礼节。清漾村民之间的拜访形式比较简单，主要是邻里之间串门或者走亲戚看朋友。登门拜访时首先要敲门，或者在门外喊一声主人，征得主人同意之后再进门。这种事先告知、征得同意的礼俗，随着现代科技的发展，特别是网络通信的发达而发生了根本性变化。如今，要去哪家串门或走亲戚，事先都会通过手机、微信等方式提前告知和征询意见，让主人有个准备。

（二）红白喜事之礼

在熟人社会中，按照传统习俗，遇到生老病死、婚丧嫁娶等与生命过程息息相关的各种大事。人们之间遵循礼尚往来的人情原则，红事前去庆贺，丧事前去吊唁，既是人之常情，也是加强人际关系的重要手段。不得不说，人际交往中最讲究的原则非"人情"莫属了。

在乡间，村民举办红白喜事，来的人越多，场面越大，就越觉有面子。仪式的主办者和参与者都在这个过程中获得了社会的积极评价。清漾村除了婚丧嫁娶、生老病死外，村民之间往来不辍的人情交往，讲究的是长期平衡。然而，正如贺雪峰在《新乡土中国》中所说："随着现代化的快速推进，尤其是大量农村人口流出农村进城，使得村庄边界打开，过去规范村民行为的诸多地方性共识都受到了市场经济的剧烈冲击，不同区域农民正以不同的速率、方式，共同向人际关系理性化迈进。"[1] 传统的以人情为主导的礼俗社会正向以理性为主导的社会转移，乡村人情往来或变味为敛财工具，或在仪式上铺张浪费，或在仪式上删繁就简。当代中国传统儒家温情的面纱，正被赤裸裸的利益之剑划破。[2]

当前，清漾村村民之间除了结婚、生子、过寿、去世等人情往来外，还有乔迁之喜、金榜题名、店铺开张、房屋上梁，等等。随着村民们交往圈子范围扩大，人情往来的对象除宗亲、姻亲、邻里之外，还多了平时来往密切的朋友。随着时代的发展，红白喜事的仪式有些已经式微，而有些传统还继续发挥着作用。比如，调研时发现，清漾村几乎每家每户房屋的正堂中间，都挂有几幅长条形的对联。村民告诉我们，这些对联或是搬新房时，或是娶妻办喜事时，或是生日祝寿时亲

---

① 贺雪峰：《新乡土中国》，北京大学出版社 2013 年版，第 66 页。
② 萧放：《"人情"与中国日常礼俗文化》，《北京师范大学学报》2016 年第 4 期。

戚送的贺联，表达了亲朋好友对这家人的美好祝愿。对联的悬挂也是有讲究的，比如祝寿的对联最中间要挂女婿送的，结婚时最中央则挂舅舅送的，住新房需将岳父送的对联挂在最中央。对联的多少也从侧面体现着家庭兴旺和交际圈大小的程度，事实是社会资本的一种呈现。

（三）宴客礼

乡土社会里，平时各自奔波，很难聚集到一起。一般情况下，当某一家遇到生活中的大事，不论远亲还是近邻，无论何时何地都会过来赶人情。伴随着这些重要仪式的必有宴请，一则表达对上门宾客的感谢之情，二则也是为了增进感情。宴客有相应的礼节。在清漾村，村民如要宴请（办酒席），必会提前理好要邀请的亲朋好友名单，主要是平时有人情往来的。或亲自上门邀请，或寄去请帖，抑或通过电话邀请。礼至诚，以表示对方在自己心里的分量。到了酒席当日，主人家还会挨家挨户上门提醒，生怕由于忙乱，漏掉某个有人情往来的亲朋好友。等宾客坐定，还会委托专人清点一下，看看有没有遗漏。当然，在这个过程中，有些客人也会不请自来。上门皆是客，主人家在一般情况下也会热情招待。古时候，宴请是很讲究座次排列的，一般以坐北朝南为最尊，坐东朝西次之，坐西朝东再次之。到了现代，由于流行圆桌吃饭，这个讲究随之发生了一些变化。随着经济条件的日渐变好，村民宴请很多都会请专业公司上门服务或者直接到酒店，以往宴请时那种的热闹的场面也渐次淡却。

第三节　民间信仰与习俗的改变

一、祖先祭祀

祖先祭祀是中国传统文化的重要组成部分，是融入群众血脉的民族记忆，历久而不衰。传统的祖先祭祀主要是为了"序昭穆，崇功德，敬老尊贤，追远睦族"，借祭祀仪式促进宗族亲属群体的和谐，不但使家系延绵不绝，而且是亲属关系和谐均衡。所以，作为子孙后代，对祖先首要的义务就是祭祀它，实现"香火不断"。[1]

---

[1]　刘豪兴：《农村社会学》，中国人民大学出版社 2008 年版，第 183 页。

在传统社会，虽然各地祖先祭祀的形式各有不同，但在时间节点上还是较为一致的，基本上是春夏秋冬四祭。其中，春祭和冬祭比较隆重。除此之外，还有墓祭。一般情况下，祖先祭祀都是放在祠堂里的。祭祀时十分隆重，祭礼非常讲究，祭品要做到"必丰、必洁、必诚、必敬"。参加祭祀的族众要按照辈分低或年龄小的人在前，尊者在后的顺序进入祠堂，分东西序立，按世代和昭穆排列。通常，祭祀礼仪由鸣赞相当于现在的司仪主持。祭祖仪式分为十多项，主要的包括迎神、初献、亚献、终献、撤馔、送神六种程序，其中的三拜九叩之礼是最隆重表达对祖宗孝敬之礼。

在现代社会，祖先祭祀基于亲属关系的"延续性"，历经数千年而一直普遍流行着。村民们会在特定的节日通过祭祀的方式来祭奠祖先，一则表达后人对先祖的"慎终追远"之思；二则请先人们保佑子孙后代健康，事业顺利，步步高升。

自 2009 年始，清漾毛氏祭祖大典作为一种文化资源，被江山市政府纳入到地方特色文化开发行列，举办"江南毛氏祭祖大典"，作为清漾文化村落旅游的核心项目，吸引了来自全国各地的毛氏宗亲代表，社会各界人士及四面八方赶来的父老乡亲。祭祖大典不仅凝聚了各地毛氏宗亲的亲情，进一步促进了毛氏文化的传承和发展，而且也大大提升了毛氏后裔的自豪感。更为关键的是，它在很大程度上提高了清漾村在全国范围内的知名度，对清漾村旅游业的发展起到了不可估量的作用。伴随改革开放的进程，许多传统正遭遇着不同程度的现代化变迁，村民的祖先信仰和崇拜也受到了不小的冲击。现代的祖先祭祀、宗祠祭祖逐渐变为一种世俗化、功利化的仪式，一种经营方式和获利手段。

除集体性的祖先祭祀之外，各个家庭还会有私人的祖先祭祀。根据清漾人的习惯，祭祀仪式有时在家里进行。比如，七月半、年三十，会备上一桌酒席，点烛燃香，将祖先们一一接回，请他们参加宴席。酒过三巡，还会在案头给祖先们烧一堆纸钱元宝。年轻人对于此种做法其实是有些不以为然的了。有时，是在墓前进行。比如，清明、冬至，会到祖先墓前进行祭拜。这些习俗在"文化大革命"时期曾经受到取缔，改革开放后逐渐随着传统文化的保护与开发，再次得到党和政府的许可和鼓励，进而在清漾村广泛流行。

二、舞龙

据村里老人介绍，清漾村舞龙的习俗已有两百多年的历史。旧时，每年正月里，清漾村民自发组织舞龙队，走家串户，为村民们送来平安和吉祥，同时也祈求新的一年风调雨顺，一切平安。改革开放后，由于江山市有"中国蜜蜂之乡"美称，老百姓对蜜蜂有着特殊的感情，清漾村的龙就是由9只巨型蜜蜂连接而成，长十余米，在龙珠的引领下，上下翻飞，灵动传神。凤凰在龙的带领下，时而展翅欲飞，时而追逐嬉戏，一派龙凤呈祥的景象。正因如此，清漾传统的舞龙习俗亦被称为舞蜂龙。清漾村舞龙队队员胡洪林说："过年了，大家回来了，外面的小伙子、小姑娘他们都回来了，我们毛氏家族大家一起在这里欢庆一下，龙凤就是希望大家在外面也好，在家里也好，能够吉祥如意。"① 舞蜂龙活动寄托了村民对美好生活的共同期待和共同的信仰利益，增进了毛氏家族的认同感和凝聚力，也为毛氏家族文化传承提供了很好的平台。

三、民间信仰

民间信仰是流行在中国一般民众尤其是农民中间的神、祖先、鬼的信仰，庙祭、家祭、墓祭，岁时节庆、人生礼仪和象征等。② 作为一种具有宗教性质的文化力量，既能以普遍的价值法则影响社会成员，又能以其基于非正式规则基础之上的软约束力量规范民众言行、维持社会秩序。③

清漾村民间信仰的形态多种多样，归纳起来主要有俗神信仰、鬼神信仰、祖先信仰等，而且清漾村民的民间信仰带有多神信仰的性质。仙居寺就是典型一例。

仙居寺是江山古代主要寺院之一。北宋至和二年（1055）重建，宋仁宗赵祯赐额"仙居寺"。明万历年间（1573—1620）先后构建房屋130余间，有大雄宝殿、达摩祖师堂、藏经堂等。原为清漾毛氏的私庙与家塾，宋代名相王安石、词学家毛滂、谏议大夫毛注，明代刑部尚书毛恺、御史中丞赵镗等，曾就读于此。旧寺已毁，现寺为1998年重建。④

仙居寺主殿的如来佛高大肃穆，妙相庄严。两边的十八罗汉塑得滑稽喜庆，让人忍俊不禁。置于殿后的文殊、普贤菩萨及其坐骑更是别具一格，后殿观音阁内新塑的千手观音金光亮堂。北面连着主殿的一座有天井的老屋里，供着尚书公毛恺，两边有两个神牌位，分别为："安奉大宋淳熙进士毛公璩字睿玉神位""安

---

① 姜金梅：《文化礼堂看大戏：清漾村——龙飞凤舞闹新春》，江山电视台，2015年2月19日。
② 周大鸣：《凤凰村的变迁》，社会科学文献出版社2006年版，第188页。
③ 刘江宁、周留征：《社会转型期民间信仰的功用研究》，《山东社会科学》2011年第11期。
④ 江山市志编撰委员会：《江山市志》，浙江人民出版社1990年版，第524页。

奉皇明嘉靖乙未科进士历礼吏刑部尚书毛公恺字介川神位"。祖师殿。堂上正中供着三座神像，分别是关羽、杨戬和达摩。祖师殿西面靠墙台上供着六尊神像，中间是送子娘娘，右边是玉帝和西王母；南侧三个披着蓝袍、扎着道士髻的黑脸道士是道家三清。可见，仙居寺不仅把佛教、道教、神像合在一起供奉，而且还供奉着民间传说中的神仙和义、财、武的化身关羽，以及毛氏先人毛恺和毛璩。这种信仰的大杂烩，对于习惯于一神教信仰的西方人断然不能理解。然而，放在中国乡土社会的语境下，宗教本来就是用来解决世俗问题，无论是社会支持还是社会控制，它都是在满足农民的某些功能需求。[①] 中国农民的宗教信仰带有超强大的实用主义色彩，这也就解释了为什么中国农民见佛磕头、遇庙烧香。仙居寺的多教共供奉使得但凡有所求者都能找到因缘，进而引得各地善男信女纷至沓来。在清漾村，以前大多数村民都有过在人生的重要关口诸如考试升学、谈对象、结婚生子时，到仙居寺求神拜佛烧香的经历。有意思的是仙居寺还曾是宗教信仰与教育机构的合署。清漾村走出去的古代乡贤和历史名人相当部分曾有在此学习的经历。

随着经济社会发展，祭拜活动逐渐与娱乐休闲生活联系起来，甚至村子里有些中老年妇女把信仰活动融入日常生活中，把每天给菩萨烧香念经做得就像饮食起居一般规律化。改革开放以来，村民的生活条件越变越好了，人们求得无外乎一方平安、身心健康、求子求福、升官发财之类。而借由民间信仰衍生的各种活动，改变如今乡邻之间日渐淡薄的人情往来，大家又可以热热闹闹地聚在一起，精神上有了依归，心情也好了。用村民的话说，这些民间信仰，主旨都是引导人们向善的，它可以让乡村社会变得更加和谐。民间信仰在当代形成了其独特的社会功能。

---

①　王德福：《乡土中国再认识》，北京大学出版社 2015 年版，第 130—131 页。

第三章　家庭礼俗文化的变化

　　王德福在《乡土中国再认识》一书中提到乡土社会家庭的完整内涵包括三个层面：家庭是同居共财合饮的生活单位，家庭是生育和交往的社会单位，农民的家庭还是中国传统生活中的"宗教单位"。①在中国乡土社会里，家庭承载了人类繁衍和文明传承的各项功能，家庭礼俗文化在维护家庭秩序、促进家庭发展过程中发挥了极其重要的作用。

第一节　婚丧礼俗的传统与变迁

　　婚丧是人生大事，人们自古以来都很重视婚丧礼俗。改革开放以来，清漾村婚嫁、丧葬习俗在传统与现代、国家政策与民间习俗反复博弈和建构中不断变迁。

一、婚嫁礼俗

　　中国古代的理想婚礼是以"三书六礼"为核心的一整套礼仪习俗。据《江山县志》记载，在江山的各个乡村，婚姻必须有"父母之命，媒妁之言"，通过"一纸八字、三两茶叶"定终身。传统的婚嫁礼俗表现为以下方面。

　　一是托媒提亲。由媒人将女方"八字"送交男方，如男女年庚八字无"冲克"，男方即以少量金钱给女方，称"压八字"。

　　二是送聘送日子。男方择吉日将婚期写在大红帖上，连同聘金送至女方。女方回帖时，附绣花袋1对，丝织裤带1双，万年青2株。

　　三是嫁娶成亲。一般需三天时间。第一天男方派人至女方搬运嫁妆，晚宴称

---

① 王德福：《乡土中国再认识》，北京大学出版社2015年版，第130—131页。

"大会酒"。第二天用花轿迎亲。新娘上轿前，母亲有"哭女"之俗。花轿进新郎家，停放于天井中团匾米筛上，意谓新娘是经过筛选的贤淑之女。接着新郎、新娘并立于中堂红毯上，行拜堂礼，然后入新房。晚宴称"归间酒"。盛行"闹新房"。第三天新婚夫妇向族内长辈及亲友行见面礼，午宴请媒人，称"谢媒酒"。

四是回门。婚后第三天，新郎陪新娘回娘家，拜见岳父母（父母亲），称"三日回门"。回门须当天赶回。[①]

通过充满仪式感的婚礼仪式，新婚夫妇向众人宣誓一个新家庭的组成，给人以一种庄重的感受。

中华人民共和国成立后，乡土社会的婚姻变革开始加速。1950 年颁布的《婚姻法》，废除了包办强迫、男尊女卑、漠视子女利益的封建主义婚姻制度。还明确禁止重婚、纳妾、收童养媳、干涉寡妇婚姻自由、借婚姻关系索取财物等。与此同时，政府大力宣传婚事新办，废除旧风陋俗，提倡婚事简化，传统的一些婚嫁礼俗逐渐被取消，取而代之的是新式的结婚礼俗。调查时，毛旭明告诉我们：

儿子结婚是 1998 年，结婚仪式比较简单，感觉还是自由方便的。以前很多形式都有。比如说，拜天地、抬花轿。现在结婚请酒放在酒店比较多。（过去）喜酒要喝三天：第一天，大会酒，所有朋友都来，所有菜肴都是新的。第二天，新郎要带迎亲团队到新娘家里边。新娘家拦门，新郎会撒一些糖果、香烟、红包等，女方会请迎亲队伍吃饭。走的时候分两批，抬嫁妆的先走，第二批新娘自己走。小孩子抱一个子孙桶，到了男方家里，小孩会得到一个红包。第三天，一般邀请帮过忙的亲属来家里喝酒。

改革开放以来，清漾村在政治、经济、文化各方面都发生了翻天覆地的变化，村民的生活条件好了，走出村子到城里工作的年轻人多了，思想观念随之发生了非常大的变化。再加上现在的年轻人从小在外求学，邻居之间的日常走动本就不多，邻里之间那种守望相助的情感渐渐淡了，传统乡土社会那种从容不迫的婚礼习俗遭受严峻挑战。乡土社会正在慢慢适应经济社会发展和人口流动带来的婚姻观念礼俗变迁。近年来，清漾村的婚礼仪式变得简单快捷，婚宴很少在家操办，基本上都放在酒店里。婚礼当天，新人在酒店门口迎接亲朋好友，大家会随身带上新婚祝福的红包。婚礼俨然成了收礼送礼的平台。有些稍微年长点的亲朋开玩笑说，新亲戚家门朝哪儿都不晓得。而有些年轻人甚至连酒席也不操办了，直接

---

① 江山市志编撰委员会：《江山市志》，浙江人民出版社 1990 年版，第 554—555 页。

登记结婚，最多请双方的父母家人聚在一起吃个饭，算是有交代了。"婚姻成为现代人的私事。因为是私事，目前可以随便的、自由地谈婚论嫁，可以随便地离婚再婚。传统婚礼仪式所表达的社会宣誓组成'白头偕老'的对社会负责任的家庭的意义消失了或正在消失。"[1]

二、丧葬

传统的丧葬形式复杂，迷信色彩浓厚。其礼俗大致有以下方面。

一是送终。老人弥留之际，子女亲属静候床前，为其送终。

二是沐浴入棺。由亲属披麻戴孝，到水井或河里丢钱取水，称"买水"，然后给死者洗脸、整容、更衣、入棺。

三是设灵堂吊孝。棺材前放篾扎"纸座（屋）"，座前摆猪头、鸡、米馃等祭品，祭品前摆烛台、香炉。

四是出娱。凌晨将棺材扛至村口，祭拜后，子孙披麻戴孝，送至墓地。

五是送灵牌。将写有死者辈分、排行、姓名的灵牌，送进祠堂。

六是祭奠。以七天为一期，七七四十九天。除四七外，其他"七日"皆祭哭。也叫"做七"。富裕之家，还要请僧道"超度亡灵"。

在这样庄严而烦琐的仪式活动中，子孙后代获得了一种慎终追远的情感体验和精神洗礼，让人对生命充满敬畏和珍惜。

清漾村传统的葬式是土葬，村民们一般会选择村子附近的小山建筑墓地。20世纪70年代，政府改革殡葬旧俗，提倡以开追悼会、送花圈、戴黑纱等吊唁方式，取代殡葬旧俗。1979年，江山市城郊建成火葬场，设立殡葬管理所，建有办公楼、悼念厅、骨灰盒保存室，在群众中提倡火葬，但实际上没有贯彻到底。到21世纪初，村民基本上还是沿袭旧俗，只是有些仪式从简。2002年，江山市率先开展生态墓区建设，到2018年全市已有5个乡镇（街道）统筹27个行政村联建了8个公益性墓地，共创建"百处森林墓区"300个、"示范性公益性墓地"260个。可见，清漾村所在的江山市殡葬制度改革正在政府的强力推动下向纵深推进。目前，清漾村村委与镇政府已经签订了殡葬改革与管理工作目标责任书，明晰了村级组织及其干部的责任，要求认真贯彻执行殡葬政策法规，树立殡葬新风。正是在此背景下，清漾村的丧葬礼俗正在并将继续发生重大变化。

---

[1] 贺雪峰：《新乡土中国》，北京大学出版社2013年版，第38页。

第二节　居家礼仪的变化

家庭作为一个兼具经济生活和精神生活的场所，能否按照时代的节拍正常运作，居家礼仪起着非常重要的作用。它调整和规范家庭成员的行为，使所有的家庭成员长幼有序、尊老爱幼、尊卑有分。当然，每个家庭成员所遵守的礼仪会随着其扮演的家庭角色而改变。传统的居家礼仪范围很广，最为重要的是：父子之道，兄弟之道，夫妻之道、邻里之道。

一、父子之道

传统中国农村家庭关系的核心当属父子关系，"父慈子孝"是理想中的父子相处之道。做子女的要尊老、爱老、敬老，做一个守孝道的晚辈。不仅要在物质上赡养老人，而且还要给予老人精神上的慰藉。在传统的居家礼仪中，"孝"被放在了一个至关重要的位置。做父母的要"慈、严、教"，要尽自己的义务和责任，言传身教，用心养育孩子，经营好家庭。古代教子的内容十分广泛，大到做人的道理，小至日常起居，从小教会子女一整套的伦理道德规范，以及与之相应的行为礼节。

清漾毛氏族人历来都非常注重尊老爱幼，强调父子之道。改革开放以来，清漾村的经济社会发生了翻天覆地的变化，人们更加注重现实的物质生活水平的提高，对家庭伦理道德规范的关注和培养表现出越来越淡的情感倾向。村子里也曾出现个别子女不愿赡养老人甚至虐待老人的现象。据村民反映，伴随着清漾毛氏文化保护与开发工程的展开，清漾文化古村旅游开发，清漾毛氏的孝道文化重新获得关注和广泛宣传。在这一过程中，清漾村民得到了潜移默化的影响，敬老爱老的风尚得到了一定程度地恢复与发扬。

二、兄弟之道

兄弟姐妹之间有割不断的手足亲情，"兄友弟恭"是指兄弟姐妹之间相互扶持，相互关爱，相互帮助。一方面，哥哥对弟弟要友爱；另一方面，弟弟对哥哥要恭敬。传统农村家庭有"同居共财合饮"的鲜明特点。兄弟几个即便各自成家生子，还是和父母同居共财，子女赚的钱也是如数交给父母统筹分配。子女如提出分家是一件大逆不道的事情。与父子相处的"孝"文化相对应，兄弟之间讲的是"悌"。

伴随着农村的现代化发展，家庭关系和居家礼仪发生了重大变化。首先，在家庭结构出现了重大的转变。在现代社会，为了更好地生产生活，给子女比较独立的空间。农村家庭基本以子女成家作为一个分界点，选择和儿子分家，分家时要请村中有威望的村干部，自家叔伯娘舅到现场见证，将诸如家庭财产分割、养老赡养等问题一一约定。其次，受国家计划生育政策影响，如今清漾村有许多独生子女家庭，传统兄弟之道存在的前提已然消失。有时候父母子女之间为了宅基地等也会象征性地搞一个分家仪式，但基本上是不分灶的，子女饮食起居还是和父母一起。此外，利益关系逐渐走向重要，影响着兄弟姐妹之间关系的变化，传统的手足亲情遭遇了金钱利益的冲击。有时候为了自己小家的利益，兄弟之间发生口角变得更为常见。随着经济社会发展和农民生活水平的提升，如今的清漾村民生活条件好了，兄弟之间一般不会再为一点点的小事起争执，更多的是守望相助。平时大家忙于自己的工作生活，只有家族里的一些节日，才会聚在一起。

三、夫妻之道

在古代社会，夫妻在家庭乃至社会中的地位是不平等的。"夫为妻纲"是传统社会夫妻之道的总纲，决定了传统社会夫妻在家庭中的地位和作用，明确了夫妻之间丈夫尊贵，妻子卑贱；丈夫为主，妻子为从；享受让给丈夫，劳作留给妻子的依附型的夫妻关系。更有甚者，为了维护夫妻之间的这种不平等，以儒家学派为主的各学派还特别强加给女子"三从""四德"等异常严苛的妇女行为规范体系和道德评价标准。"三从"指"未嫁从父""既嫁从夫""夫死从子"，明确了女性在不同时期应该分别服从于谁。从另一个角度印证了在父权制社会，女性的一生都是依附于别人的，得不到最基本的人格尊严。"四德"指"德"（妇德）、"言"（辞令）、"容"（仪态）、"工"（女红），从品德、辞令、仪态和手艺方面对女性做出具体规范。稍有不慎，就容易被人诟病为妇德不端。这些规范曾在相当长的时间里影响着清漾村村民的夫妻相处之道，甚至到了当代社会，家庭中还存有男尊女卑现象。清漾村民家庭中男的负责在外赚钱养家，女的在家操持家务、抚养小孩、孝敬公婆的相处模式并没有太大改变。

改革开放后，中国社会发生了天翻地覆的变化，清漾村的妇女开始走出家门，承担起越来越多的社会责任，女性开始重新自主思考自己在社会分工中的位置。随着观念的更新，妻子在家庭中有独立决策、支配收入的权利，有获得财产的继承权利，摆脱了对丈夫和他人的人身依附，改变了女性在家庭和社会中的地位。而乡村家庭中的丈夫，也开始尝试着完成许多理论上本来由妻子完成的"家务活"。现代夫妻之间形成了更为平等的相处模式，很多时候，都是夫妻两个为了家庭，为了孩子的未来，齐心协力、同舟共济，努力工作，改变家庭经济状况。现代女性，即便选择在家当贤妻良母，选择当全职太太，内心也是自信从容的。当然，夫妻之间时有发生一些不忠诚、不负责任的行为，离婚率有所走高。

第三节　生育礼俗的传统与变化

古语有云："不孝有三，无后为大。"生育是传统中国家庭的大事。人们在长期的社会生活中，形成了一整套生育礼俗，并伴随着经济社会的发展而发生改变。

一、生育礼俗的变迁

小孩的出生对所在的家庭来说意味着血缘的延续，是特别重大的事件。围绕着婴儿的出生与生长形成了一套相应的仪式，统称为生育礼俗。

报喜。在清漾村，小孩出生，女婿要到岳父母家"报喜"。舅子挑糖酒作贺，外婆则带上鸡、蛋、红糖一类的营养品去服侍女儿。当然，除了向岳父母报喜外，还要向亲友、乡邻报喜，亲友、乡邻也会拿着鸡蛋、核桃、面等营养品看望产妇。随着现代经济社会发展，传统的报喜方式已成为少部分群体的记忆。现在大多数人都是通过手机、微信等现代化的方式将婴儿出生这一喜讯告知岳父母和其他亲友，而亲朋好友送礼也逐渐由鸡蛋、红糖、核桃等变为产妇和小孩的奶粉、尿不湿等，更直接的就上门探望并随礼一个红包。

满月宴（百日宴同），称"满月红"，要办"满月酒"。在婴儿满月之时，家里人一起商量着择一黄道吉日，给小孩办"满月酒"。一般这个时间会选在产妇出"月子"后，所以很多人家时兴办"双满月"。小孩的外婆要带着满月礼前来祝贺，一般馈赠衣、裤、鞋、帽、索面、米馃等礼物。这一天，孩子父母通常会举办酒宴，邀请送过礼的亲朋好友前来赴宴，清漾村人将之称为"吃满月酒"。这个传统一直延续至今，不过当下清漾人在办"满月酒"时，形式简化了，范围缩小了。一般只是在自己家范围内置办一桌酒菜，热闹的聚一起，为新生的小孩送上祝福。

周岁，又称"抓周"。是在婴儿一周岁时举行的庆贺仪式。外婆家会给婴儿送来周岁礼。在孩子周岁这天，家长将其放在平坦的床上，将象征志向、前途的物品，诸如书、笔、算盘、钱币、针线、糖果、泥土等放在孩子面前，任其选择。如果孩子选书，则预示着孩子将来定是有文化的读书之人；选毛笔则预示着孩子将来定会是书画能人；选算盘则预示着孩子将来行商。以此类推，来预测孩子的前途，物品大多是一些寓意吉祥、安康之物。现在清漾村民大多数了解抓周的礼俗，但人们对其的态度明显不是太在意了。

二、生育观念的改变

在传统文化中，生育成为中国农民生命逻辑中最重要的人生使命，人们通过生育来完成个体生命由有限到无限的转换。传统中国农耕社会，农民们受小农经济和自给自足生产方式的影响，在生育观念上表现出"早生早育、多子多福、重男轻女、养儿防老"的偏好。随着农村社会生产力普遍提高，生产方式转变以及国家人口政策的变迁，中国农民在生育需求方面表现出诸多变化，农民传统的生育观念乃至生育文化亦在逐渐变迁。

随着农村生产力水平的提高，尤其是先进科学技术的应用，减少了对体力型劳动力数量上的需求，村民生产生活条件也得到了极大改善。加之，医疗卫生条件的改善，婴儿死亡率大幅降低。这些都促使村民们的生育观念从追求数量到质量的变化，从男孩性别偏好到男女平等的改变。同时，伴随着农村生产方式的转变，家庭的经济功能和养老功能逐渐削弱，劳动力的数量不再是决定家庭经济的根本因素。再加上农村社会保障体系的建立和健全，让农民意识到可以通过自己的积累来养老，在很大程度上消除了村民养儿防老的传统观念。

20世纪70年代，为控制人口过快增长，缓解人口与经济社会、资源环境的紧张关系，开始全面推行计划生育。1982年9月，中共十二大把实行计划生育确定为基本国策，同年11月写入新修改的《宪法》。与之配套的独生子女户的奖励政策，"少生优生、生男生女都一样"的宣传教育，在很大程度上改变了村民的生育观念。在清漾村，这种转变主要体现在村民对生育数量从多生到少生，生育时间从早生到晚生，男性生育偏好的改变上。村民生育观念中的传统性逐渐为现代性所替代。不得不说，计划生育政策是最有效的控制人们生育动力的外部措施。清漾村也紧跟国家政策的走向，在计划生育政策实施30多年后，人口发展呈现出重大转折性变化。清漾村妇女从一开始心理上抵制计划生育政策到逐渐认同，走过了比较长的一段路。许多村民对严格执行独生子女政策还是有些想法和抵制，认为失之偏颇。虽然很多人都承认中国人口多，要控制。但村民们也有自己的担心：一对夫妇只生一个，那万一有个三长两短怎么办？女孩出嫁后，老父母怎么养老？等等。当然，担心归担心，绝大多数的青年夫妇还是响应了政府的号召，遵守了这一政策。

21世纪以来，国家开始调整生育政策，先是实施双独两孩政策。2013年11月，十八届三中全会审议通过《中共中央关于全面深化改革若干重大问题的决定》，提出坚持计划生育的基本国策，启动实施一方是独生子女的夫妇可生育两个孩子的政策。2015年党的十八届五中全会提出全面两孩政策。然而，令人意想不到的是，即便如今全面实施二孩政策，村民们的二胎生育动机并不强烈。访谈中了解到，受当前抚养孩子成本和教育成本大幅增加的影响，大多数年轻人更倾向少生优生。许多受过高中以上教育的青年夫妇也不那么关心要把"代"传承下去，更注重自己的生活质量和享受，"传宗接代"的观念有所式微。另外，随着女性在家庭和社会中的经济地位提高，很多家庭也意识到女儿在生活和养老方面甚至发挥了比男孩更好的作用，但这种现实生活的改变并不能从根本上改变生育性别的偏好。目前来看，生男孩还是清漾村村民的向往。

第四章　村庄文化建设

　　文化建设是乡村发展的内在要求和重要内容。党的十九大报告提出了"产业兴旺、生态宜居、乡风文明、治理有效、生活富裕"的乡村振兴战略要求，为农业农村改革发展指明了方向。文化振兴是增强农村社会凝聚力，增进农村社会和谐发展的重要途径。

　　改革开放初期，因片面强调经济建设，造成了一个时期两个文明不平衡的发展格局，文化建设相对滞后于经济发展。因片面强调城镇发展，导致了农村文化建设落后于城市文化建设。在文化功能日益凸显的时代背景下，浙江省在全国率先提出了建设文化大省的重要战略，并陆续出台了一系列的政策和措施。根据浙江省委、省政府的部署，各地农村的文化建设逐步展开。清漾村结合村庄实际，努力探索具有村庄特色的农村文化建设之路。

第一节　村庄文化设施建设

一、村庄文化设施建设的过程

　　村庄文化设施是村民开展文化活动和政府对村民进行文化宣传、教育的主要场所，良好的文化设施、便捷的服务网络是村庄文化建设的硬件保障，对于提高农村居民的生活质量、幸福指数和文化素养，对农村文化建设乃至农村经济社会的发展都有着极其重要的作用。改革开放以来，清漾村文化设施建设经历了从无到有，从有到高的发展历程。

　　改革开放初期，地方政府主要精力放在发展经济上，农村公共文化处于最为沉寂的状态。[①]那时候的清漾村，还是个不为世人所知的小山村，没有电影院、图书馆，也没有文化站，甚至连祠堂也都分给不同的农户用于放置农具，堆一些杂物。一则由于政府部门"重经济，轻文化"的发展导向；二则因为清漾村集体经济薄弱，无意且无力开展村庄文化设施建设。这种状态几乎持续到20世纪90年代末。

进入21世纪后，浙江省委、省政府高度重视农村文化建设，注重统筹城乡发展和缩小城乡文化差距，每年都会召开农村文化建设专题会议，进行具体的工作部署。伴随浙江"文化大省"战略的推进，清漾村响应号召，努力改变村庄原有文化设施建设薄弱的状况，逐步建成了清漾村农家书屋、清漾村文化信息共享工程基层点，老年活动室、阅览室等设施。2006年8月习近平考察清漾村后，清漾村的文化建设进入了一个新的阶段。村庄文化建设与村落特色文化相结合，以保护、传承与开发清漾毛氏文化为重点，文化建设与旅游开发相结合，修复了祖祠，建设了文化站、党员廉政文化中心、碑林、文化礼堂等，为村庄文化建设奠定了良好的基础设施。

二、现有村庄文化设施的主要类型

应当说，相对于一般村庄，清漾村的文化设施属于比较齐全、先进的。依据文化设施的功能，清漾村现有的文化设施主要分四大类。

（一）艺术表演设施

艺术表演设施主要指供戏剧、歌舞、曲艺、杂技等文化艺术的演出场所和电影、录像、投影等放映场地。在清漾村，主要有祖宅广场、村文化广场及祖祠的戏台等。2015年，清漾村投入15万元完成村文化广场建设，并组织村民开展广场舞活动，舞龙活动。在清漾祖祠，建有戏台，并配有舞台演出需要的灯光、音响、座椅、帷幕等。在这个舞台上，清漾人已连续3年举办属于自己的"村晚"，吸引了众多村民参与和观看。

（二）学习阅览设施

学习阅览设施主要是指为村民提供学习知识、阅览报纸杂志、网络学习、查阅信息等功能的场所。在清漾村，建有图书阅览室、文化信息资源共享工程基层

---

① 张良：《政府主导、社会参与、市场配置：农村公共文化服务体系建设的理想模式》，《理论与现代化》2012年第4期。

点、农家书屋、文化活动中心等。电脑、图书、报刊、资料是其最主要的设施，同时还有一定数量的桌子、凳子、柜子，必不可少的黑板报、宣传栏及广播器材等。2006 年 10 月，为响应省委加快文化大省建设要求，从丰富村民精神文化生活、提高村民文化素质的高度，清漾村结合本村实际，充分利用清漾毛氏文化资源，建设了清漾村文化信息资源共享工程基层点。基层点设于村委办公室，环境整洁，各项设施符合标准。配有一台计算机，并接入带宽为 512k 的互联网，配备 DVD 播放机及户外视频。有 2 名接受过专业培训的专兼职人员，能够熟练操作设备设施及硬件的基本维护。2007 年底，为丰富村民的精神文化生活，提高江山市图书馆馆藏图书的流动性，清漾村与江山市图书馆签订协议，建成"农家书屋"。文化礼堂建设是清漾村 2014 年的实事之一。清漾村充分利用自身村庄自然资源禀赋，挖掘和传承清漾毛氏家族文化资源，注重传统民俗文化与现代文明的融合创新，按照"两堂一廊"即文化礼堂、最美微讲堂、文化长廊的规格进行建设，着力打造农村精神家园。文化礼堂着力在展示内容、活动样式、模式机制等方面形成特色、形成品牌，文化长廊着重展示了清漾村史村情、最美人物、乡风民俗、美好家园等，成为清漾村民及外来人口了解清漾村的重要窗口。室内"文化礼堂、最美微讲堂"的开辟，又为清漾村进行学习、培训等教育性活动提供了场所。

（三）文化娱乐设施

文化娱乐设施主要指不同村民群体的文化娱乐活动所需的场地和设备。为了满足不同年龄结构、不同文化层次、不同习惯和情趣的人对文化娱乐的需求，文化娱乐设施在形式上也不是统一的。在清漾村，建有文化活动中心，室内有排舞室、台球乒乓球室、图书室、电脑房等形式多样、内容丰富的活动室。电视、网络、智慧设施等已成为清漾村村民文化娱乐的重要工具。

据调查，在清漾村的文化活动中心建设中，努力挖掘清漾毛氏文化，建有毛氏图书馆、毛氏展馆，毛泽东诗词触摸屏等，受到了广泛好评，周边不少同行来清漾文化中心参观考察。2013 年，文化部领导也曾经到清漾文化中心指导工作。

（四）体育运动设施

在中国农村，因村民常年劳作，对于体育锻炼的需求相对不高，一般较少建设专门的体育运动设施。2016 年，为提高村民的身体健康指数，清漾村斥资 12 万元，建成了标准化的篮球场。同时，配备了乒乓球室、秋千、吊环等小型的活动器材，为村民体育锻炼提供了有利的场所。

在考察清漾村村庄文化设施建设过程中，我们发现，清漾村的文化设施既有政府投资建设的(例如文化活动中心、廉政教育中心)，又有村集体投资建设的(例如村文化广场、篮球场等)，还有企业（旅游公司）投资建设的（例如祖宅和祖祠），形成了多元主体投资建设的共建格局。由于清漾村属于政府推动的重点建设村，不少镇级文化设施（如文化站）就落在了村里，不少与清漾毛氏文化开发与保护相结合的文化项目相继建成（祖祠修复、祖宅重建等）。一方面，提升了清漾村的公共文化服务设施；另一方面，呈现了社会力量在村庄文化建设中的重要作用。根据约定，不同产权的文化设施以不同的形式为清漾村民所享用，一定程度地实现了村庄文化设施的共建、共治、共享。乡村文化基础设施的良好配置，为农民提供了掌握和了解国家政策，以及学习现代文化技术的场所，为丰富广大村民群众的业余文化生活创造了有利条件。

第二节　村庄文化活动的变迁

一、村庄文化活动的变迁过程

改革开放以来，随着生产生活条件的改善，清漾村民对于文化生活提出了更多更高的需求。同时，清漾村的文化娱乐活动在政府、市场和村庄三重力量共同作用下不断变化、日趋丰富。既延续了旧有的乡村文化传统，又融合了现代化的文化因素。

在改革开放初期，受经济社会发展水平和政府公共服务能力的制约，清漾村民的文化活动少得可怜。在没有电视机的年代，村民们的闲暇时间基本上是在聊天、打牌中度过的。在那个年代，村民印象最深的文化活动当属观看"电影下乡工程"每月一次的电影了。每个村放电影时，村民们都会蜂拥而至，甚至邻村的村民也会赶过去。

到了20世纪80年代末，清漾村村民有了第一台电视机。村民们说，这个电视机成了村里的稀罕品，主人将它放在窗口播放，让左邻右舍观看。很长一段时间，看电视成了村民主要的文化活动。

直到 21 世纪初，政府提供的公共文化服务虽有增长但仍较匮乏。然而，伴随着村民的物质生活水平的提高，大多数家庭都具备相应的财力，购置了电视机、VCD／DVD、图书甚至电脑等私人文化设施。村民们在闲暇时可以看看电视、听听音乐、上网玩玩电脑。在此背景下，村民的私人文化生活比过去更为丰富，但村庄公共文化生活却走向式微。一定程度地形成了村庄文化生活私人化、家庭化的现象。

近年来，随着清漾村村庄公共文化设施的完善，农村文化骨干队伍的壮大，村庄公共文化产品和服务供给日趋多元。农村文化活动明显呈现多元、普及的趋势，群众自主办文化活动的主动性有所增强。就此我们访谈了清漾村妇女主任。

问：您在这里住了这么多年，关于吃住行还有些娱乐，您觉得有什么变化呢？像农村有搭台唱戏之类的？

答：农民运动会（村里搞的）。

问：什么时候开始有的？

答：我回来的时候就有了（2014 年回来的）。

问：运动会都做些什么呢？大概什么时候举行呢？

答：挑谷子、拔河。一般都是正月初一。

问：正月初一好多活动啊，不是还要搞春晚吗？

答：我们一上午结束了。

问：除了正月初一的娱乐活动还有其他活动吗？

答：还有广场舞，在文化礼堂的那个台子上面。

问：人多吗？

答：我们村里十几个人（有人教的）。现在天气热，没有了。

问：其他的人玩什么呢？

答：下棋呀（老年人）！腰鼓队啊！唱歌。我们村有村歌，我们村里人唱。

二、村民集体文化活动的主要形式

（一）以扬"乡俗"为核心的民俗活动

清漾毛氏文化就像一座宝藏，蕴含了丰富的村落传统和人文内涵。近年来，清漾村在非物质文化遗产的传承和保护方面下了大工夫，并且将婺剧表演、舞龙、唱村歌、快板等传统娱乐方式传承下来，不仅吸引了大批村民主动参与，也为这些民间表演艺术和民俗活动创造了传递途径。

舞龙是清漾村周边地区的一种民间习俗。相传在江山民间，自农历十二月下旬起，到来年正月廿以前，都要舞龙灯。江山的龙灯，有数种，其中"江山断头龙"的兴起，源于江山老百姓纪念一条悲天悯人，舍身救百姓于干旱中的好心龙。这一风俗代代相传，每年灯节，各乡村都会扎"断头龙"，到各地巡舞，以祈求风调雨顺。这个习俗到了明代嘉靖年间，清漾毛氏后裔出了三部尚书毛恺，因刚直不阿，为奸人所害，民间误传说他被斩首弃市，并不准家人将他身首合葬。于是，在毛尚书下葬那天，江山出动了三十六条断头龙，一路游舞，护送毛尚书的棺木到江山城南景星山。从此，江山"断头龙"又多了一层纪念毛尚书的意义。故此，舞龙作为一种民俗活动被赋予了特殊的意义。如今，过年过节时，作为一个传统表演节目被传承下来。

唱"村歌"是江山市首创的一个当代农村文化活动品牌。清漾村结合本村实际成功创作出村歌《千年清漾》，并在"村歌献给党"全国优秀村歌评选活动中荣获十大金曲奖。2016年，《千年清漾》成为江山献礼G20杭州峰会的文化产品，并唱进北京人民大会堂，参加"让世界听到中国幸福乡村的声音系列活动"。

（二）以留"乡愁"为宗旨的节庆活动

乡愁隐含在人们对乡村的记忆中，是一种非常美好的情感。那些记忆中走过的路，行过的桥，种过的田，爬过的山；那些记忆中吃过的米糕、发糕和甜点；那些记忆中庄严肃穆的祭拜仪式，锣鼓喧天的热闹场面，白墙黑瓦的古建筑。留住"乡愁"，就要让这些乡村记忆永葆"温度"，要对相关记忆场所做好日常维护工作，为传统技艺传承人延续传统技艺创造条件，保持乡村传统活动的原有品质。清漾村通过举办毛氏文化旅游节、毛氏祭祖大典、毛氏乡贤会和毛氏联谊活动，以村民喜闻乐见的方式将毛氏文化及乡村文化厚植于人们的记忆中。

自2009年始，清漾村连续举办了毛氏文化旅游节，通过江南毛氏宗亲呈谱归宗仪式、清漾毛氏宗祠落成大典、江南毛氏祭祖大典等活动，宣传和弘扬毛氏文化，搭建海内外毛氏宗亲联谊平台，开展文化交流活动。毛氏文化旅游节已成为江山的一张新名片，既打造了清漾村的特色性文化氛围，又能提升游客对清漾毛氏文化的深度理解，增强体验感，有效促进了村落知名度和美誉度的提升。

（三）以树"乡风"为目的的评选活动

清漾村通过"家训征集""最美家庭""最美人物"的评选活动，树立榜样，传承优秀家风、民风，带动广大村民传承尊老爱幼、勤俭持家的传统美德，全面融入社会主义核心价值观。尊重农民的文化需求和文化创造，弘扬好家风，推动乡风文明。2015年1月，清漾村两委组织开展"敬老孝老"活动，本村20多位80岁以上的老人及其家属欢聚在村文化礼堂，参加村里举办的文化礼堂敬老孝老礼仪活动。活动中，村党支部书记毛志红还宣读了《致清漾村全体村民的孝老敬老倡议书》，希望村民从点滴做起，尽儿女所能，为父母做些实事，让老人切实感受到孝心和敬意。类似的活动有助于营造一种敬老孝老的氛围。

（四）以应"民求"为目的的文娱活动

美丽乡村建设主体是村民，新时代新农民对村庄文化活动有了新要求。清漾村两委及时关注到村民的新需求，经常举办各种文化活动。诸如清漾村农民运动会，清漾村广场舞比赛、清漾村晚等，满足村民日益增长的多元化文化需求。以清漾村晚为例，自2015年举办第一届村晚开始，清漾村已连续几年举办村春节联欢晚会。虽说"村晚"没有奢华的舞台、大牌的明星，但是村民们作为晚会主角，表演的节目非常"接地气"，都是村民们喜闻乐见的好事、开心事。一年比一年热闹的"村晚"，吸引了不少远近村的村民赶来观看。在喜庆的气氛中，村民们感受着改革开放带来的福利，感受着村庄发展带来的喜庆，感受着亲切的乡音，感受着浓浓的乡愁。

第三节　村庄文化产业的发展

村庄文化产业发展是乡村振兴的重要抓手，对于提高农民收入，推动新农村建设，建设社会主义文化强国有着至关重要的作用。改革开放以来，清漾村文化产业经历了从无到有，从单一到多元的发展历程。21世纪初，尤其是2006年后，清漾村立足毛氏文化资源，尊重传统，面向未来，大力发展"文化+"业态，推动乡村文化的创造性转化和创新性发展。

一、乡村"文化 + 旅游"

在清漾毛氏文化保护和开发工作伊始，清漾村就确定了保护历史文化、自然环境和建设新农村、发展文化旅游并举的可持续发展模式。从 2007 年至 2017 年，陆续投资上亿元，不断推进景点多元化、景色丰富化、整治长效化，分三期进行了清漾核心古建修复与保护。通过名人故居、特色民居、宗族宗教建筑展现宗族文化、耕读文化等非物质文化。2017 年，清漾景区与其相邻的江郎山景区整合，获得了国家五 A 级景区的金字招牌。清漾村以典雅优美的景色、古朴含韵的建筑、博大精深的文化，迎接着来自各方的游客。据不完全统计，每年游客量达 15 万人次。

不难看出，在乡村文化产业开发过程中，清漾村始终挺起"旅游"这个龙头，做好"文化 + 旅游"的文章，将"美丽资源"转变为"美丽经济"。近年来，清漾村以农家乐、民宿、农特产品线上线下销售等形式不断推进文旅融合。同时，还引导更多的农村青年、返乡大学生回乡创业。如今，清漾民宿、农家乐达 11 家，促进了农民增收增产。

二、乡村"文化 + 手工业"

乡村文化手工业主要是指乡村民间手工艺产品生产行业。主要以手工劳动为主，辅以机器加工，具有低能耗，绿色环保的特点。清漾村旅游开发以来，村民毛旭明的儿子就看到了文旅开发的商机，在祖宅边开了一家根雕艺术馆，结合清漾毛氏文化开发一些特色产品。清漾旅游刚开始的几年，根雕生意还是不错的，店主在此之后在廿八都古镇又开了一家根雕店。

三、乡村"文化 + 商业"

大学生村官周中原根据自己对清漾村文化产业发展情况的调研和考察，和几个年轻人一起在祖宅边租了一个店面，通过古村落文化创意休闲体验的模式，尝试改变清漾村的业态。他说：按照我们的规划来说，江郎山属于自然风光，清漾村属于人文，两者是可以相互结合的。可以承接到文化里，也是劳逸结合的过程。现在边上建设归江郎居的项目，清漾村对面会配套一个商区。这个项目可以把人留下来，这样游客就可以到清漾村来玩。放开来讲，这个对清漾村也是有好处的。除了民宿、农家乐外，摆摊提供的旅游产品也比较少。我自己也在做这个事情，尝试改善这个情况。我们作为大学生村官，也和一些年轻人一样在祖宅边上租了一个店面，通过一些有创意的东西来改善业态。我自己的模式是古村落的创意模式休闲体验店。现在考虑将清漾村的一些元素结合进来。比如，开发特色小食，开发尚书卡牌等，店铺的 logo 也充分运用清漾文化元素。作者在清漾村调研期间，周中原的店铺还在紧张装修中。追踪调查得知，他已经结合清漾毛氏名人文化开发了状元米糕等产品。我们看见清漾村文化产业正朝着多元可能性发展。

生

态

篇

保护与建设

中国村庄发展

SHENGTAI PIAN
BAOHU YU JIANSHE

文　化　为　基

生态保护和生态文明是现代社会变迁的必然要求，也是中国特色社会主义现代化的重要内容。在村庄发展，尤其是乡村振兴和乡村文旅开发中，生态保护与建设同样具有重要地位，呈现特殊功能。本篇主要考察改革开放以来清漾村庄发展中的环境保护、空间调整、生态效应，以及生态文明建设等。

第一章 自然环境的保护与开发

作为人类聚居的空间形式，村落是自然环境与人文环境相融合的产物。在长期的社会实践中，清漾毛氏族人居住生活在祖先选择的村落，在这块土地上耕耘、劳作，顺应自然并改造自然，保护自然并开发自然，不断地根据自身目标营造着向往的生产生活环境。

第一节 林地的保护与开发

清漾村三面环山，有着丰富的林业资源，给村民带来了无限生机和生活给养。据统计，清漾村现有山林面积 3574 亩，林木覆盖率达到 72%。保护与开发山林无疑是村庄发展的重要内容。改革开放 40 年来，清漾村的山林保护与开发在不同时期具有不同做法，对不同类型的山林也有不同措施。

一、地方政府的林地承包经营政策

据调查，从 1981 年始，江山市开展稳定山林权、划定自留山和确定林业生产责任制的"三定"工作，进行定权发证，把山林分为自留山、集体统管山、责任山。1982 年 7 月，江山市开始对全市所有山林进行所有权登记。1984 年下半年开始，江山市继续落实林业生产责任制，将一部分原为集体统管的山林承包到户经营，并于 1987 年成立完善林业生产责任制领导小组，以区为单位组织专门队伍，逐乡、逐村分批进行林业责任制完善工作。2004 年 5 月 9 日，中共江山市委办公室、江山市人民政府办公室出台了《关于长期稳定山林承包责任制的通知》，要求在 2004 年底前，全面完成山林承包责任制的延包完善工作，完成林权证的换发证工作，建立完善森林、林木和林地使用权流转制度。

通过政策文本分析，长期稳定山林承包责任制的主要内容：

（一）已经划定的自留山要保持不变，由农户无偿使用，不得强行收回，对权属明确的尚未核发自留山权证的本次要依法核发。

（二）已承包到户的责任山要继续保持承包关系。

1. 上一轮责任山承包到期后，原承包做法基本合理的，可直接续包，新一轮责任山承包期统一到 2054 年。

2. 已经签订承包合同的责任山，但还没到法定承包期的，这次要一起进行延包，承包期统一延长到 2054 年。

3. 签订新一轮承包或延包的责任山合同，原则上按照"稳定不变"的要求进行。

4. 农户不愿意继续承包的责任山，可交回发包集体另行处置；原承包家庭成员全部死亡的，其责任山承包期满的，或者承包期未满但无人经营的，由集体收回另行处置；承包方全家转为非农业户口的，原承包的责任山没到法定承包期的，可以在承包期内继续经营，也可自愿交由集体收回处置，不再办理延包手续。承包期满的由集体收回另行处置。

（三）对目前仍由集体统一经营管理的山林要明确主体，分类指导，积极探索有效的经营方式。

1. 凡群众比较满意，经营状况良好的村集体林场、股份合作制林场、联合林场，要继续保持经营形式的稳定。

2. 凡已经通过招标、拍卖等形式实行有偿流转的，如合同未到期，仍按原合同执行，不得任意更改；已经到期的应实行公开招标，有偿流转。

3. 其他集体统一经营管理的山林，可以通过招标、拍卖等形式确定经营主体，将经营权明晰到个人；对造林难度大的宜林荒山，可通过公开招标的方式，将一定期限使用权无偿转让给有能力的单位或个人开发经营，但必须限期绿化。

4. 集体统一经营管理的山林不管实行哪种形式确定经营方式，都要根据《中华人民共和国土地承包法》有关规定，经过本集体经济组织成员民主决策，集体经济组织内部成员享有优先经营权。

二、清漾村的林地经营政策

1982 年，清漾村登记在册的共有山林 27 块，面积 3807 亩。村级山林被分为自留山、集体统管山、责任山三类。如狗山、鱼山、清明山、月亮山、门花山等为责任山，毛头竹山、中龙山、龙口山、凤凰山等为自留山。自留山划分到户，由农户长期无偿使用。山上的林木，一律归农户所有。清漾村于1982年6月和1982年9月分两次对村民的自留山进行确权登记。责任山（类似于责任田）按人分到户，由农户承包经营，需要上交一定的承包款。集体统管山大部分由集体统一经营，统一管护，收益归集体所有。部分集体统管山林承包给个人进行荒山开发，并签订书面承包合同，明确双方的权利义务。特别需要指出的是，承包合同条款中都明确要求承包者必须进行保护性开发，不得抛荒，以及种什么，如何砍伐等。必须严格按照合同约定或者国家相关的法律法规和政策执行，否则要承担相应的责任。

调查发现，清漾村的林地政策相对稳定，但也根据国家政策和地方政府要求而调整。2004年，根据江山市委办公室、市府办公室《长期稳定山林承包责任制的通知》和石门镇党委、政府《关于做好我镇长期稳定山林承包责任制工作的实施意见》，清漾村结合本村实际，于2004年9月9日经村民代表会议审议通过了《石门镇清漾村关于长期稳定山林承包责任制的决议》，明确村级山林的所有权、经营权及其流转等相关问题，对各产权者的责、权、利，以及村级山林承包经营、林地承包权流转、收益分配等方式均做了明确规定，开始实行第二轮山林承包延包工作。

石门镇清漾村关于长期稳定山林承包责任制的决议

根据江山市委办公室、市府办公室《长期稳定山林承包责任制的同志》（市委办〔2004〕52号）和石门镇党委、政府《关于做好我镇长期稳定山林承包责任制工作的实施意见》（石委发〔2004〕31号）文件精神，结合本村实际，经本村村民代表会议审议，通过如下决议。

一、自留山政策

本村原已经划分到户的自留山，由农户长期无偿使用，自留山上的林木，一律归农户所有。

二、集体统管山政策

本村有统管山12块，面积1630亩。其中，通过公开招标承包的212亩。对于未承包的统管山由集体统一经营，统一管护，收益归集体所有。以后要承包，须由村两委以上干部集体商量决定，定好承包基数、承包期限等进行公开招标。对于已承包的山林，此次继续按承包合同执行，待合同期满后收回集体再公开招标承包。

三、责任山政策

1. 本村的责任山原合同已于 2015 年 1 月 1 日到期，根据上级有关政策，由原承包户直接承包，承包期签到 2054 年 12 月底止；2015 年以前的责任山上缴等政策，按原合同约定执行，2015 年 5 月 2 日以后的责任山上缴等政策，按村民代表会议通过的新决议办法执行。

2. 责任山上缴基数，按 1985 年签订的责任山承包合同规定的木材数量并按当年的木材中间价折成现金上缴，上缴款须在 12 月 31 日前交清。

3. 对于个别不要继续承包责任山的农户，可将本户的责任山退还集体，由村统一定好基数、承包年限进行公开招标，承包期签到 2054 年 12 月止。

4. 对于"五保户""全家农转非""绝户"的责任山，先不办理承包手续，待合同期满后，责任山由发包方收回；对于自愿提前退包的责任山由村收回，统一招标承包，山上的原有林木进行适当折价。

5. 人口增减矛盾解决办法：在 2015 年以前出现的人口增减等仍按 1985 年划分责任山时的规定不予找补；对于 2015 年 1 月 2 日以后的人口增减矛盾采用动钱不动山的办法解决，对于新增人口每年每人给予 2 元的补贴，对于减少人口在上交款不变的情况下每年每人找出 1 元。人口增减计算办法是，人口截至 2015 年 1 月 1 日 24 时止的统计数与该户 1985 年参加划分责任山时的人口数相比，增加的人口为增加数，减少的人口为减少数，一定 39 年，找补款年年结清。

四、其他政策规定

1. 如果本村的山场以后被列为生态公益林，那么山场内林木由村派人管护，工资由村统一支付，上级政府补助资金由村集体与经营户各半分成。

2. 山场经营权流转需经村集体同意，流转后上交款仍由原承包户按合同规定上交，流转的合同期须在村与户签订的合同期限之内。

3. 占用林地采石，开矿等须经村集体同意，并报上级有关部门审核批准，林地征占用后，土地补偿费由村与村民小组各半分成，林木损失补偿费归承包户，所损失的山场集体不再增补，上交款免交。

4. 违约责任。承包户在规定期限内未交清上交款的，村集体有权中止合同收回承包山场另行发包。

五、本决议与 2004 年 9 月 9 日由本村村民代表会议通过，应到本村村民代表 32 名，实到 22 名，同意通过本决议的 22 名。

村民代表签名或盖章

总体而言，清漾村关于山林第二轮承包延包规定比较全面具体，突出了"长期稳定"的原则，确保了山林承包者的利益和山林保护开发的可持续性。调查得知，2005 年因高速公路建设，国家征用了部分自留地和自留山，相关的征用土地就是按照这一决议的规定处置的，并得到了村民的认同与支持。

随着生态文明建设的推进，清漾村积极响应党和国家的号召，陆续制定了若干相关的林地政策。比如，2007 年，清漾村召开了村两委、村民代表、村民小组长等参加的山体绿化工作会议，经集体讨论决定，本村村民所涉及的山场由村集体统一规划、统一安排，村集体出树苗及劳力给予绿化种植，所涉及村民的山场将由村集体每年补助，所有种植树木由村统一护理，山林权仍归村民所有，其他人不得干涉。为了封山育林，村民需要砍伐树木的，由村集体统一审批，村民同时砍伐。后来，为响应国家的生态文明建设号召，打造生态示范村，清漾村对林地的经营政策做了小幅调整，对部分山林实行封山育林，进一步加大山林的保护力度。

可见，清漾村的林地经营政策呈现出若干明显特点：第一，清漾村的林地经营政策是国家政策与村庄实际相结合的产物，既充分体现国家政策原则，特别是坚持了国家关于林地承包经营长期稳定的政策原则；又较好地结合了村庄的具体实际，因村制宜制定和调整林地经营政策。第二，清漾村的林地经营政策是民主决策的成果。在林地经营政策制定与实施过程中，村民群众积极参与，集体决策，较充分地体现了群众自治和基层民主的原则。

三、山林管理的村规民约

村规民约是村民实施自我管理的基本依据，具有较强的约束力。清漾村的祖辈就极其重视村落的自然环境，《清漾毛氏族谱》的"二十四约戒"中就有"毋强砍山木"族规。改革开放以来，清漾村共制定过三个不同时期的村规民约，每一个时期的村规民约都体现一定的时代性，均有山林管理的相关规定。

1999 年制定的村规民约规定：

1. 严禁滥伐、盗伐树木。滥伐林木的，每根罚款 50—300 元；盗伐林木的，每根罚款 100—500 元。

2. 严禁在山场或山场附近随便用火。不按规定用火未造成火灾的，对当事人处以 10—50 元的罚款，并予以纠正。造成火灾的，对当事人处以 500—2000 元的罚款，并由当事人负责赔偿损失。采伐火烧木的，在当年或次年种上林木，苗木款和造林费由当事人承担。

3. 情节严重的或屡教不改的上报司法机关追究法律责任。

2008 年制定的村规民约规定：

第十二条 不盗伐国家、集体、他人的林木和损毁政府明令保护的珍稀树木。砍伐承包经营的山林，必须依法办理相关手续，严格按照审批的数量、范围伐木，及时补种树苗。各家各户积极植树造林，绿化环境。

2014 年制定的村规民约规定：

第四十一条 严禁山边烧草烧灰，防止森林火灾发生，如因此发生火灾当事人要承担赔偿责任，严重的要承担刑事责任。

第四十二条 管好用好生态公益林和防洪林，采伐林木必须依法审批，严禁乱砍生态公益林和防洪林。

第四十三条 竹木在拖行下山时不得损害路边他人的作物，否则必须承担赔偿责任。

第四十四条 村民不得侵害他人承包山林的财产，否则必须承担赔偿责任。

第四十五条 承包山林与耕地相邻的，山地上的果树、林木、毛竹等，其枝叶不得伸展至耕地，应以果树、林木、毛竹的滴水在山地为准。

村规民约的约定俗成和潜移默化增强了清漾村村民的山林保护意识，促使村民能较自觉地依法、依规、依约进行山林保护性开发。正因如此，造就了清漾村青山葱茏的良好生态环境。

四、林地的经济开发与经营利用

自然资源不仅具有生态价值，而且具有经济开发价值。在改革开放以来的经济社会发展过程中，清漾村根据国家的相关政策和村庄自然资源创造的条件，尝试着进行林地的经济开发，实施承包经营。最为主要的有以下内容。

（一）板栗基地的开发与经营

1985 年，江山市建立板栗基地（后被列为省板栗基地试验区），清漾村下岩山也建有一片板栗基地。1994 年 5 月 20 日，为了加强对板栗基地的经营管理，经村委会商定承包给村民毛万根经营，并签订书面承包合同。因双方对板栗基地的实际情况缺少了解，后经过技术人员勘察分析后，于 1994 年 11 月 8 日重新签订承包合同。

根据合同规定，承包户有加强扶育管理的义务。如出现荒芜，村里有权单方面终止合同，承包期满后承包方要完好归还板栗树。这些规定无疑是为了有效预防在开发中可能出现的山林乱砍滥伐，或疏于管理等导致山林破坏，呈现出清漾村集体组织对山林保护的重视。

（二）杉木林、茶园等的开发与经营

20 世纪七八十年代，江山市为鼓励群众植树造林，采取了许多扶植措施，积极鼓励种植杉木，建设实用林。清漾村根据相关政策对村集体所有的荒山进行开发利用，通过村民承包经营的方式开辟杉木林、茶园等。荒山承包开发，实现了山体绿化，促进了山体保护和生态改善，推动了村庄经济发展和村民收入增加。

1984 年底，清漾村经济合作社把村里 74 亩的正明山山场承包给本村村民毛延席开发，期限为 20 年。要求承包者必须在山场种植杉木、茶叶等，不得有荒山出现。承包者砍伐林木须凭证限期限额砍伐，否则将按有关政策处理。林木砍伐时，根据不同情况由承包户和村集体按不同比例分成。原集体营造林木砍伐按四六分成，村集体占 40%，承包方占 60%；承包方营造的林木按二八分成，村集体占 20%，承包方占 80%。承包方以实物上交，在山上兑现，砍伐工由乙方负责，其他开支按比例分成负责。

2004 年 4 月 6 日，清漾村村委、村经济合作社通过公开招标的方式，把坐落于周炉村上山顶 68 亩山场承包给村民毛万阳。承包期为 30 年，承包总额为70000 元。调查时，毛万阳担任清漾村村民委员会主任。访谈中，他表示承包山林带来了一笔不少的家庭收入。

2014 年 4 月，清漾村把正明山 135 亩的土地以每年 52000 元的价格流转给村民毛洪清用于发展种植业、林果业。

调查发现，清漾村的林地开发经营体现了几个原则：一是坚持林地保护性开

发原则。林地的经济开发必须以山林保护为前提，不得破坏山林。二是利益共享原则。林地开发经营的收益为承包经营者和村集体即林地所有者共同享有，按一定比例分配。较好地体现了林地的双层经营制，增加了集体的经济收入。三是法治原则。林地的开发经营均签订相关合同，各方依法依规办理，较好地体现了法治原则。

第二节　水体的利用与保护

一、清漾村的主要水体与水利资源

水体生态环境与生产生活息息相关，清漾村域内的主要水体包括"一库、两溪、四塘"。

"一库"为联家垄水库，水域面积 400 亩。改革开放初期，联家垄水库曾经被村民承包养鱼，由于养鱼过程中投放大量的饲料，包括猪粪便等，造成水库水质严重污染，并影响了与水库相连的其他水系。

"两溪"分别为文川溪、后岭溪。文川溪是流经全村的唯一多支流的水系，也是清漾古村落内最主要的水系，其水源主要来自联家垄水库和古村落南部丘陵的泉眼。后岭溪是村落内的另一条水系，长约 1.34 千米，宽不到 1 米，水体规模较小，无护岸植物。

"四塘"是指 4 座山塘。历史上清漾的山塘主要用于灌溉，兼营养殖。改革开放后，随着农业家庭承包经营制的推行，山塘也纳入了家庭承包经营的范围。目前，主要由承包农户自行进行小规模的养鱼为主。

村落的水体具有特定的生产与生活功能。在历史上，水库、山塘主要被用于农业灌溉和生活用水，间或兼营鱼类养殖，获取有限的生活资料。溪流则往往是自然形成和人工开挖的排灌设施，承担着雨水和生活污水排放的功能。当然，水体也可能构成村落景观的重要部分，可以为村落景色增添独特的灵气。清漾的文川溪与周边山脉、古道等相结合，共同呈现了特殊的景观功能。目前，在清漾村落旅游开发中，成了一个重要景点。

二、水体污染与治理

水体的水质与产业发展和生活方式存在紧密关系。改革开放初期，为推动经济发展，政府号召发展养殖业，清漾村大力发展水产养殖、家禽家畜养殖等，造成了水体的大污染，致使环绕村庄的文川溪水体发臭。村主任毛万阳回忆说：

八十年代的时候，我们村响应上级的号召，种养殖多一点。当时江山倡导一桃（猕猴桃）二白（白羽乌骨鸡、白鹅），污染最严重的就是白鹅。当时我们有任务的，每家每户都要养几只，专业户也有，散养也有。养白鹅的话有承包一个水库，下面是鱼，上面是白鹅，造成水库水质变得很差。

2006年，习近平考察清漾村后，当地政府积极推动清漾古村落旅游的开发建设，实现了清漾村域产业的结构性调整，即从卖产品逐渐转向卖景色。特别是在国家提出生态文明建设后，借助于浙江省"五水共治"等政策的推动，清漾村落内的水体先后得到了有效治理。

第一，联家垄水库的水质保护。联家垄水库是村庄水体的主要水源，关系到整个水体的水质状况。当地政府和清漾村采取了一系列积极措施。最为主要的：一是控制联家垄水库及附近地区的开发建设，关停了周边的制砖厂等，促进水库水质的保护与改善；二是解除联家垄水库的承包养殖经营，在县环保部门指导下放养具有清水洁水功能的特种鱼类，改善水质；三是整治生猪养殖，严禁尚未处理的生猪养殖场的污水溢出进入水库渠道或直接排入。

第二，文川溪的水体治理。首先，扩大文川溪局部地段的水域面积，提高村落的环境品质和增加储水功能。其次，调整古香樟树以南的一段文川溪的河道线性，恢复以前弯曲的河道形态，以体现乡村水系景观的野趣，提升清漾古村落的景观品质。再次，清漾古村落景区内文川溪左右两岸进行衬砌和驳岸处理。采取了新挖水系、修筑堤岸、栽种护岸植物、河道清淤、河道线路调整等措施。最后，成立护溪保洁队，由集体出资、专人负责全天候开展文川溪的保洁护绿工作。经过整治，文川溪景区段呈现出全新景象。

不过，目前清漾村的水体治理主要局限于景区内的文川溪，文川溪的其余部分和后岭溪均未进行全面整治，溪道内有大量淤泥、垃圾等。

第三，生产生活污水集中处理。首先，实行居民生活污水集中处理。禁止村民将生活污水直接排放到各类水体中，居民生活污水需经化粪池后排入沟渠，然后流入镇集中管道。其次，实行生产性污水的合理利用与处理。在清漾村禁养区生猪养殖场整规之前，清漾村的生产性污水主要是养猪场产生的污水。要求通过沼气池、沉淀池后，分二类排放。一类排入水渠田沟，一类用人工清运作为农家肥使用。

第二章　空间格局的改造与变迁

第一节　村庄居民区的空间格局

一、古村落的保护与开发

2006 年，清漾村被批准为浙江省第三批省级历史文化村，为适应村落文化旅游开发的需要，江山市人民政府委托同济大学国家历史文化名城研究中心和同济城市规划设计研究院编制了《江山市清漾历史文化村保护规划》，把清漾村古村落大致划分为保护区、建设控制地带和环境协调区三大功能区。

（一）保护区。集中体现清漾古村落历史风貌的传统民居区域，是古村落发展至今村落格局与院落格局保护相对完整的部分。东至祖宅前卵石古道，南至凤凰塘，西距村内南北道 10—15 米，北至文川溪与仙霞古道的转弯处。规划要求保护区内的建筑物、构筑物、街巷及空间环境要素应不受破坏，如需改动必须严格按照保护规划执行并经过上级建设主管部门审定批准。保护区内的各种修建行为需在城镇建设部门及文物管理等有关部门严格监督下进行，以建筑的维修、整理、修复及内部更新为主，建设内容应服从对文物古迹的保护要求，其外观造型、体量、色彩、高度都应与保护对象相协调，较大的建筑活动和环境变化应由上级城市规划主管部门组织专家评审会通过方可执行。

（二）建设控制地带。沿文川溪，包括村北的社公殿和青龙寺等地块为建设控制带。规划要求在建设控制带内，新建建筑或更新改造建筑必须按照当地的传统民居形式进行建造和改造，一切建设活动均应经规划部门批准、审核后方能进行。对整个建设控制地带，新建筑应鼓励按照一层传统民居形式进行建造，禁止不符合上述要求的任何新的建设行为，对不符合要求的已有建筑，应停止其建设活动，并在适当的条件下予以改造或拆除。

（三）环境协调区。为最大限度保护清漾古村落的整体历史环境景观，在建设控制地带外围选取一定范围的区域作为村落的环境协调区，包括山体、农田、水域等。该区域东至青龙山山脚，南至建设控制地带外延 100 米处，西至黄衢南高速公路东侧，北至北部山脚的自然边界环境。规划要求协调区内新建、扩建、改建建筑应当在高度、体量、色彩和空间布局等方面与本古村落的风貌特色相协调；新建、扩建、改建道路时，不得破坏古村落的历史文化风貌。新建筑应原则上不超过二层，地块内部建筑高度应严格按照"高度控制规划图"执行，禁止不符合上述要求的任何新的建设行为，对不符合要求的已有建筑，应停止其建设活动，并在适当的条件下予以改造。

经过 10 多年的建设，清漾村逐渐形成了"三大功能区""两条发展轴线"的新的生活空间形态。

三大功能区：保护区与建设控制地带为具有公共服务与居住功能的传统居住区，南侧为具有旅游服务与居住综合功能的入口新区，北侧为新村建设的居住新区。

两条发展轴线：以清漾祖宅为起点向南侧发展的轴线为"对外文化展示轴线"，它联系着南部的旅游接待服务功能与古村落核心地区；以清漾祖宅为起点向北侧发展的轴线为"内部生活发展轴线"，它联系着核心区和新村、公共服务功能的祖祠、寺庙等部分，是当地农民进行生活联系的重要通道，也是新村发展建设的方向。

当然，保护与建设实践势必受到多种因素影响，致使现实与规划之间形成一定的偏差。调查发现，《江山市清漾历史文化村保护规划》对清漾村的建设起到了较强的指导和调控作用，但实施过程中也出现了一些偏差。

二、村庄居住区的现有格局

从空间格局上看，当前清漾村落建筑总体格局大致由三个片区构成，即古村落建筑区、老民居区、新民居区，三个片区呈现出不同的时代特征和建筑风格，形成了多种风格并存混搭的村庄空间格局。

（一）古村落建筑区

清漾村是浙西具有代表性的历史文化古村落，迄今保留的古建筑群主要为明清时期的建筑物，在习近平考察清漾村后开始得到重视，在村落旅游开发过程中逐渐地进行保护和修复。2006 年 7 月,江山市委、市政府做出"整合资源,加大投入,推进清漾文化古村保护和开发"的决定,积极推动清漾古村落建筑的保护与修复。古村落旅游景区的建设,有力地促进了清漾古村落的开发性保护。通过市政府的协调,江山市旅游开发公司积极介入,成了清漾古村落景区开发的主要投资主体。在古村落旅游开发的规划和建设中,明确提出了"一祠两寺五山秀,江郎千载文溪流。东西毛裔传百世,清漾族谱续春秋"的保护与开发思路。"一祠两寺五山秀",即保护并复建毛氏祖祠,修复社公殿,复建青龙寺,保护村落周边的五座山体。"江郎千载文溪流",即保护"毛氏祖宅、毛氏祖坟、清漾塔"的脉络关系,保护并清理仙霞古道,保护整治"文川溪"的水系。"东西毛裔传百世",即保护梳理村落及其街巷的格局,整治重点历史建筑,完整历史院落关系。"清漾族谱续春秋",即保护并宣传毛氏族谱中的耕读文化、儒学家风、乡规民约等一些非物质文化遗产。

经过 10 多年的建设,清漾村现在已经被建设成为一个当地有名的古村落旅游景区。景区整体延续古村落历史文化传统的发展脉络,保持古村落与周边自然环境和谐共生的历史村落景观。古村落建筑群古朴端庄,由鹅卵石和青石板铺就的路面和特色的院落、街巷格局,与周边的山水自然环境紧密相依,较好地体现了清漾村千百年来纯朴的儒学家风、宗族文化,构成了一个鲜活的历史文化村落。

(二)老民居区

老民居区是由中华人民共和国成立以来逐渐修建的村民住宅构成的传统居住区。随着经济的发展,村落人口的增长,村民的住房需求也不断增强,但因缺乏村庄住宅建设的长期规划,以及宅基地审批制度等的限制,村民通过审批宅基地新建住宅,拆旧建新、原址扩建住宅,违规未批先建住宅等多种方式,陆续地在古村落建筑区周边建造了一代代、一批批的村民住宅。这些民居环抱古村落建筑区,但因几十年来不同时期的住宅共存,生活居住与生产养殖的功能混合,形成了风格各异、多元杂乱的老民居区。近年来,随着古村落的旅游开发、"幸福江山"和美丽乡村建设的推进,清漾村的老民居区一定程度地进行了人居环境整治,看上去整体环境比较干净,但整体格局依然显得凌乱。

(三)新民居区

新民居区是由村集体统一规划,村民新建的住宅区。大致分 2007 年和 2014

年两批建成。新民居区一部分是古村落旅游开发拆迁安置的村民住房，另一部分是根据国家政策经审批新建的村民住房。在建设过程中得到了美丽乡村建设项目的经费支持，在功能上主要是以居住生活为主。与老民居区不同，新民居区依据美丽乡村建设项目的要求统一规划。风格统一，色调一致，整齐划一。外墙以灰白色为主基调，瓦片统一用小青瓦或灰色、蓝色瓦片，属于典型的新浙派民居建筑。一眼看去，新居民区内一幢幢白墙灰瓦的新民居非常整洁、美观，颇有特色且极具标志性。如若单独地看，不失为美丽乡村的样板。然而，遗憾的是新民居区与清漾古建筑群、古村落旅游景区仅一路之隔，两个片区的风格迥异、格调不一，似乎"一个村庄、两个世界"，显得不太协调。

第二节　村落的公共空间

村落的公共空间是居民日常生活和社会生活公共使用的室外及室内空间，是村民生活的重要场所，也是村庄共同体得以延续的重要平台。清漾村的公共空间变迁呈现出明显的阶段性。

一、村落公共空间的衰败

改革开放初期，农村实行农业家庭承包经营制。农户经营在积极调动农民的农业生产积极性的同时，客观上对农村公共空间建设形成了一些消极影响。农业家庭承包经营制推行后，地方政府等公共组织不同程度地退出了农村生产生活领域，农民则受利益驱动更多地致力于家庭生产和生活，形成了农村生产生活家户化趋势。村民群众较少参与公共事务、较少顾及村落集体、较少关注公共空间、较少开展公共交流。宗族组织难以在村落公共空间建设中发挥传统功能。正是在此背景下，清漾的村落公共空间建设在一个时期里被忽视，不仅没有新建公共空间，而且原有公共空间遭受了分割与破坏，逐渐形成了一幅公共空间衰败的景象。祖祠因失管被烧毁，留下一片废墟，残败不堪。祖宅倒塌，无人理会。公共道路、公共池塘和溪流等因发展家禽、家畜养殖业而遭受了严重的破坏和污染。村落内原来鹅卵石铺就的公共道路路面被破坏，变成坑坑洼洼的泥路。村民们说"晴天一身灰，雨天一身泥"，"出门一趟回来，鞋子不洗一洗无法进屋"。同时，村落内的公厕均为简易农村旱厕，弥漫着种种恶臭味，造成了严重的空气污染。

二、村落公共空间的重建

清漾村公共空间的重建起始于 2002 年，2006 年后进入高速发展期。在习近平"三个好"的指示推动下，清漾村的公共空间建设进入了快车道，在较短时期内实现了根本性改变。突出地表现在以下几个方面。

（一）重建传统村落公共空间

伴随着古村落旅游的开发，传统的村落公共空间的地位因景区、景点建设需要而得到重新界定。先后修缮了清漾塔，重建了清漾祖宅，复建了清漾祖祠等。这些传统的村落公共空间重建后不再是村集体管理服务的公共空间，而是供游客参观、了解古清漾的重要景点。当然，这些传统公共空间对于清漾毛氏族人有着特别的意义，同时也一定程度地兼具村落公共空间的功能。

（二）新建的村落公共空间

从 2003 年开始，清漾村在响应"千村示范、万村整治"号召，逐步开展村庄整治工作，特别是 2006 年后，实施了一批村落公共空间新建项目，极大地推动了村落公共空间的建设与发展。

伴随着清漾村落旅游的开发，在祖祠旁新建了祖祠广场兼公共停车场，在大樟树边新建了毛氏文化林，在祖宅前新建了祖宅广场、荷花池，祖宅东南侧新建了文化碑林。根据"五水共治"、生态文明建设、新农村建设、美丽乡村建设等要求，新建了垃圾池 4 个、垃圾填埋场 1 个、旅游公厕 2 个；新建了占地面积 110平方米，建筑面积 330 平方米的村办公大楼；建设了村俱乐部、休闲健身广场、篮球场、文化站，以及老年活动室、棋牌室、乒乓球室、台球室、阅览室等公共服务设施。

总之，清漾的村落公共空间在 2006 年后迅速得以重建，形成了崭新的局面。然而，在调查中发现，近年清漾的村落公共空间建设主要是政府推动的结果，而且多个建设项目同时共建，存在着一定程度的协调性不够、整合性不足、发展不平衡等问题。

第三章　产业发展的生态效应

生产与生态有着密切关联。有些生产与生态共生互促，产业发展将推动环境保护和生态改善；相反，有些生产与生态排斥互害，产业发展将造成环境破坏和生态恶化。产业发展具有特定的生态效应。

第一节　旅游业发展的生态效益

2006 年前，清漾村还是一个比较"原生态"的村落，村里的道路还是泥路，养猪、养鹅、养牛的很多，路上都有牛粪，村庄的环境脏乱差。2006 年开始，当地政府和旅游公司积极投入开发清漾文化古村落旅游业，进而对村落环境提出了新的更高要求。正是在此背景下，清漾村实施了一系列的环境整治工作。之后，随着国家对生态文明建设的高度重视及相关方针政策的出台，清漾村积极响应中央和上级政府号召，进一步推动了村庄环境整治，并取得了较为理想的生态效益。

一、旅游业发展推动村落景区化

清漾村是一个历史文化名村，从 2006 年开始，依托村落的历史文化资源，在当地政府的积极推动下，实现了快速的旅游开发。根据《江山市清漾历史文化村镇保护规划》，清漾村选择了保护历史文化、自然环境和建设新农村、发展文化旅游并举的可持续发展模式。特别是由于村落旅游开发促进了村落空间的景区化。村庄环境获得了根本性的整治，生态资源获得了较好的保护与开发。对此，清漾人有着最直观的感受。

生态优势是清漾古村落潜在的资源优势，保护、开发、利用好村域内的生态资源，因地制宜地抓好生态保护与开发，方能彰显出清漾的村落特色。因此在村落旅游开发中需要综合分析清漾古村落的区位条件、经济基础、产业特点、自然风貌等情况，充分体现"生产发展、生活富裕、生态良好、文化支撑"的要求，充分利用山水风光、特色人文等景观资源优势，融田园风光、人文景观和现代文明于一体，体现时代特征和农村特点，整体推进农村基础设施建设，让村民在良好的生态环境中生产生活。

在清漾村的旅游开发过程中，最初主要聚焦于古村落历史建筑与毛氏历史文化的开发与利用，重在祖宅重建、祖祠复建、名人故居修缮、古民居建筑群的维护与修缮，以及其他一些历史性建筑的保护与修复等。重在建设游客参观的景点而忽视了游客身临其境的多方面的体验、感受、享受。随着清漾旅游业的进一步发展，游客需求的不断更新，相关部门逐渐形成了村落旅游的新认识。目前，清漾的古村落旅游景区已经不再局限于祖祠、祖宅这样的传统景点，而是通过融合美化生态、发展业态、繁荣文态，实现了全村的景区化。通过景点多元化、景色丰富化、整治长效化，努力让每一条路、每一幢房、每一座院都成为风景点，眼之所望皆是美丽风景，初步建构一个生产（旅游业）、生活、生态"三生共融"的村落新格局。现在清漾村被评为国家 4A 级村落景区，并与江郎山景区等联合申报评为国家 5A 级风景区。

二、旅游业发展推动古村落生态保护

清漾村的旅游开发主要依赖其古村落留存的历史建筑和毛氏文化遗产。然而，许多古建筑因年久失修、无人居住而倒塌，有的木料虫蛀腐烂、瓦片破碎成为危房，部分古宅户主因老宅居住条件差及子女结婚居住需要申请拆建新房。不少景区沿线的房屋外围，村民乱搭乱建钢棚钢架用于晾晒衣物、放置柴火等，影响了景区的生态和观感。同时，随着农民生活质量的提高和生活习惯的改变，产生了大量的生活垃圾和生活污水，而配套的基础设施没有跟上，因生活污水、垃圾等造成的环境问题日益突出，严重影响了清漾村民的居住环境和生活质量，同时也对景区形象造成不利影响，阻碍了村庄旅游业的发展。因此，在旅游开发过程中各部门高度重视古村落生态的有效保护。

（一）制定古村落生态保护规划与政策

从清漾村的具体情况出发，政府及相关部门聘请专业机构和专业人士专门制定了《衢州市江山市石门镇清漾村传统村落保护整体实施方案》。强调根据清漾实际，因地制宜；坚持规划先行，禁止无序建设；坚持重点保护优先，禁止过度开发；坚持民生为本，反对形式主义；坚持精工细作，严防粗制滥造；坚持民生决策，避免大包大揽。

古村落的建设需要保护其外围的自然景观环境，维持清漾古村落特有的格局。为了加强对旅游景区建设管理尤其是毛氏文化、世界自然遗产地的保护管理，更好地加强景区农村私人建房的管理，确保按规划实施，有序建造新房，2014年清漾村村民委员会专门制定了《清漾村建房管理办法》。规定清漾村的建房户必须按清漾村古村落保护规划，可原址拆建，严禁新建；清漾村建筑控制高度以两层为主，总高度控制在6米以内，高速公路外农户建房高度控制在10米以内，建筑户型委托有资质设计公司设计；经镇政府、旅游局、规划局审查，可根据现场实际采用中式现代型或徽派，以审查为准；新房外墙以灰白色为主基调，屋面以二坡斜屋面为主，屋面瓦以灰色、蓝色、哑光为主，铝合金窗以银灰色、古铜色、以白玻为主，严禁阳台、窗台采用不锈钢材质；所有建筑方案、户型设计、建筑色彩经镇政府、旅游局、规划局审查同意后方可施工。同时，要求严格按照建设规划的要求进行房屋建设活动，不得擅自改变建筑施工图纸（包括立面造型、建筑高度、外墙装饰材料和色彩，以及阳台、屋面造型等）。

（二）切实落实古村落生态保护政策

为了确保古村落政策的有效实施，清漾村建立了专门组织，村支书为工作组长，村主任、负责纪检的支委和村文体辅导员等为成员，具体负责村落生态保护工作的实施。建立河道"河长制"，责任到位。成立违建巡查小组，建立每日巡查制度，对景区及规定所涉及范围内的建设每天专人巡查，以"预防、发现、制止、报告、拆除、查处"为步骤，确保农户建房规范化、制度化。对新产生的违法建设，确保及时发现、及时查处、及时整改，努力实现景区零违法建设目标。通过规范管理，执行到位。2015年，清漾村对房屋外围搭建的钢棚钢架进行集中整治拆除，实现"无违建村"。

（三）加强古村落生态建设

在清漾古村落的保护与开发过程中，不仅注重古建筑的重建与修缮，而且关注环境要素的保护与修复。旅游开发之初就对文川溪进行了改造，清理垃圾和淤泥，疏通河道。同时，村道铺设了鹅卵石、青石板，实施了村道亮化、硬化，古村落周边耕地农田保护，农村生活污水治理等。祖宅前面是一座荷花塘，夏天荷花盛开之时，微风拂过，满塘的荷花迎风摇曳，祖宅、荷花、远处的清漾塔和四周的青山勾勒了一幅绝美的夏日清漾图。为了保护荷花塘，清漾村从联家垄水库引水入塘。

调查发现，生态保护建设与古村落保护开发是密切关联的两个方面，在清漾村的旅游开发过程中有效地实现了协调发展。可以说，正是旅游业的发展有力地推动了清漾村的生态环境整治。从一定意义上说，发展村落旅游意味着清漾村逐渐从过去卖产品转向卖风景，势必要求生态环境的美化。伴随着村落旅游业的开发与发展，村庄的生态环境发生并正在发生着翻天覆地的变化，"原生态"的清漾村转变成了闻名遐迩的美丽乡村。

2006 年 8 月 16 日，习近平考察清漾村后，村庄发展掀开了新的篇章。地方和基层政府高度重视，特别是对清漾村的生态保护、文化开发、产业发展。在生态保护方面，最为主要的是结合浙江省"五水共治"战略，积极开展无猪村建设。2015 年进行了生猪养殖的整治，关停了所有的养猪场。其次，对于清漾村的生活污水进行了截污拉管，与邻近几个村联合建立了集中的终端处理器集中处理。再次，对文川溪上游的水库实行节水养源，源头治理。正是在地方政府的有力推动下，清漾的村落旅游开发不仅实现了村落结构的根本性调整，而且促进了村庄生态环境的强力整治和有效改善。

第二节　农业生产方式转变的生态效应

改革开放 40 年来，清漾村的农业生产方式逐渐从粗放型向绿色生态型转变，由此带来了明显的生态效应。

一、种养结合型农业的生态影响

在改革开放后的较长一段时间里，清漾村的经济主要以粮食生产为主，零星养殖少量畜禽，村民过着温饱的生活。1990 年，为了带动农民致富，江山市开始推广"三白"即"白菇、白鹅、白羽乌骨鸡"的种养。清漾村积极响应政府号召，每家每户开始养白鹅、白鸡，形成了粮食生产兼家庭养殖和种养结合型的产业结构。养殖业的迅速发展，在带来较高农民收入的同时，也严重地破坏了生态环境，造成了村庄环境的脏乱差局面。据调查，当初清漾村的生产方式单一、落后，基本上家家户户都养鸡、鹅、猪等，但规模比较小，而且采取放养方式。加上当时畜禽粪便是农业生产的重要肥料来源，畜禽粪便直接用于农地施肥。村民卫生意识淡薄，病死畜禽大多被随意丢弃或掩埋。清漾村一度出现了"鸡上树，猪鹅满地跑"的"原生态"，村庄生态环境严重恶化。

在比较利益的驱动下，在发展养殖业的同时，部分村民陆续地外出务工。村民的种粮积极性明显下降，并出现了一定程度的土地抛荒现象。为了促进粮食生产，提高农民种粮积极性，杜绝抛荒现象，2004年江山市石门镇人民政府制定了《关于粮食生产的指导性意见》，出台了多方面的粮食生产扶持政策。积极扶植粮食生产，鼓励规模生产，把发展粮食生产和促进农民增收有机结合起来，通过平衡配套施肥、化学除草、重大病虫无害化治理等技术的应用，发展无公害农业生产，一定程度地保护了清漾村的粮食生产。

同时，清漾村的种养业逐渐向多元化、规模化、专业化转变。一是利用本地优势发展苗木生产，种植红心火龙果、葡萄、枇杷、中草药等，促进了种植业多元化、规模化发展。在增加了村民收入的同时，也丰富了清漾村的自然景观。2000年以后，散户养殖逐渐转向专业化规模养殖，放养转向圈养，进而对村容村貌的改善起到了积极作用。调查时，村妇女主任告诉我们：

之前家家户户都养鸡的，小孩子要吃蛋什么的，现在都不养了。从开发以来，就提倡家庭圈养。像鸡、鹅都是家庭圈养起来，不可以放出去，因为鹅跑到河里去也容易污染水源。现在养鸡养鸭的人也没见几户，而且都是圈起来养的，对生态环境的影响也要好一点。

但是，专业化、规模化养殖在有力促进清漾村养殖业提档升级的同时，也带来了新的环境污染问题。因化肥的广泛使用，农家肥不再受农业经营者欢迎，专业大户养殖产生的猪粪、鸡粪等污染物集中处理遭遇到了现实困难。如果治理不当或疏于治理将会对环境造成更大破坏。调查获悉，在发展养殖业的过程中，清漾村就出现过养猪场的污水严重污染土壤、水源和空气，联家垄水库因养鱼造成严重污染的问题。

二、现代农业发展的生态效益

2010 年以来，政府积极鼓励和支持发展现代农业，扶植农业园区、家庭农场的建设和发展。清漾村结合本村实际，积极推进土地流转经营，引进现代农业企业，扶植家庭农场，发展绿色生态农业，逐步实现农业生产方式的转型升级。

绿色生态农业的发展既带动了采摘游、观光游等旅游产业的发展，丰富了清漾村的旅游项目，也促进了生态环境的进一步改善，实现了清漾村的生产与生态融合发展。

随着生态文明建设的推进，浙江省农村整治工程的逐步推进，农村养殖业发生了重大改变。2008 年 1 月 10 日江山市石门镇人民政府下发了《关于加强发展畜禽养殖业管理的通知》，明确指出，长期以来，养鸡、猪、鹅等专业大户在促进农业增效、农民增收方面发挥了一定作用。但是，由于长期以来缺乏规划，猪栏、鸡舍等建设不规范，导致畜、禽排泄物严重污染周围环境，影响四周群众生产生活。因此，凡是新发展的畜禽养殖场的选址地必须经由东南西北四周农户，承包山场、农田户主同意。用地超出 1 亩必须经村民代表公决同意，并报经镇农业综合服务中心、镇社会事业服务中心联合审核审批。大型养猪场还必须经环保部门评估，方可建设生产用房。对已经养殖的畜禽场所，要加强管理，制定规划"入园入区"，采用一场一策解决排污等问题，力争实现零排放的目标。对利用原来荒废养猪场重新恢复的，除必须符合土地利用总体规划外，还必须经过环保部门审批，未经环保部门审批的一律不准重新养殖。根据通知要求，清漾村对畜禽的养殖进行了整规，禁止家禽放养，提倡不养。

从 2010 年开始，基于保护生态环境和发展村落旅游业的考虑，清漾村关闭了大批规模小、排放不标准的养殖场，鼓励规模养殖，并建立沼气池对猪场排泄物进行无害化处理。推动养殖业开始向规模化、标准化、生态化转型升级。2013 年，根据地方政府要求，关闭了所有生猪养殖场，实现了"无猪村"。同时，严格禁止家禽散养，支持"温氏"养鸡，对鸡粪以及病死鸡均严格执行无害化处理。调查时，村主任说：

生态方面变好表现在无猪村和森林覆盖率就是绿化覆盖率。原来的养猪场就在水库的前面，办了有七八年了。这里的水全部都污染了。所以镇政府就下定决心关停养猪场，然后复垦，该种树的种树，该种粮食的种粮食。

从小规模散养到规模性现代化集中圈养，从根本上解决了传统养殖业造成的环境污染问题，有效地促进了清漾村生态环境的改善。

第四章　村庄发展中的生态文明建设

生态文明建设是中国特色社会主义现代化建设的重要内容。尽管清漾村有其村落特色，进而呈现出一定的发展特点，但其生态文明建设的总体路径并未脱离国家生态文明发展战略。

第一节　村庄生态文明建设的过程

一、村庄的生态破坏时期（改革开放初期——2006 年）

党的十一届三中全会提出了以经济建设为中心的方针政策，迎来了经济高速发展时期。然而，过快的经济增速和生产规模的扩张给资源、社会、环境带来了极大压力，环境保护和生态问题受到了不同程度的忽视。20 世纪八九十年代，清漾村一则依靠农业家庭承包经营，调动了广大村民的生产积极性，极大地提高了农业生产率；二则相当程度地依靠发展养殖业来推动农业经济的增长。村民们普遍地养鸡、养鹅、养猪、养牛，加之正在为温饱而努力的村民群众缺乏生态文明意识，一味地追求养殖带来的经济收入增长，不顾生活环境的破坏，通过乱搭乱建临时性的养殖场所开展家禽家畜散养。鸡飞牛跑、鹅啄猪哄，村落的道路和公共场地被搞得坑坑洼洼，空气中到处弥漫着污臭味。村民的房前屋后随处都可以看到凌乱不堪的饲养棚，河道里流淌着莫名的污水。总之，村庄生态和生活环境遭受了严重的人为破坏。

随着农村经济发展和农民生活水平的提高，片面强调经济增长带来的生态问题日益凸显，环境保护和生态文明逐渐得到了党和国家的重视。早在 1997 年，党的十五大报告就提出了可持续发展战略，要求正确处理经济发展同人口、资源、环境的关系，将经济发展和环境保护结合起来。2002 年十六大报告进一步指出，要走"生产发展、生活富裕、生态良好的文明发展道路"。经济发展走在全国前列的浙江省，生态文明建设同样走在了全国前列。2002 年，浙江省第十一次的党代会就提出了创造"天蓝、水清、山绿"的"绿色浙江"建设战略，并写入《浙江可持续发展规划纲要——中国 21 世纪进程浙江行动计划》。2003 年 6 月，时任浙江省委书记的习近平亲自领导并启动了"千村示范、万村整治"工程。7 月，浙江省第十一届党代会第四次会议提出了面向未来发展的"八八战略"。发挥浙江的生态优势，创建生态省，打造"绿色浙江"成为"八八战略"中的重要战略之一。2004 年，浙江实施首轮"811"三年生态环保计划。2005 年，习近平在安吉余村考察时提出了"绿水青山就是金山银山"。

然而，理论和政策转变为实践需要有一个过程，并受到多种因素的制约。地处浙江西部的江山市，经济发展在浙江省相对落后，在改革开放以来的一个相当长时期，主要依靠农业特别是具有地方特色的养殖业发展推动经济增长，并闻名于周边。比如，江山的白羽乌骨鸡、白鹅是当地有名的地方特产，养猪、养蜂是江山的重要产业。或许，正是由于这一客观实际，造成当地的生态文明建设一时相对滞后。直到 21 世纪初，清漾村的生态环境依然没有发生根本性改变，以至于习近平在 2006 年考察清漾村时还处在一种特殊的农村"原生态"，发出了"没想到"的感叹！

二、村庄的生态恢复和重建时期（2006 年——）

2006 年 8 月 16 日，习近平到清漾村考察，提到了"三个没想到"，提出了"三个好"的指示，由此拉开了清漾古村落旅游开发和生态保护、修复的序幕。

与此同时，2007 年，党的十七大首次提出了"建设生态文明"的号召，这意味着发展理念和发展模式的转变。2012 年，党的十八大首次将"美丽中国"作为生态文明建设的目标，提出建设中国特色社会主义"五位一体"的总体布局，大力推进生态文明建设。2015 年 9 月，中共中央、国务院印发了《生态文明体制改革总体方案》，为加快建立系统完整的生态文明制度体系、推进生态文明建设提供了基本遵循。

2010 年 12 月，浙江省政府制定《浙江省美丽乡村建设行动计划（2011—2015 年）》，提出了"科学规划布局美、村容整洁环境美、创业增收生活美、乡风文明身心美"的四美目标要求和实施"生态人居建设行动、生态环境提升行动、生态经济推进行动、生态文化培育行动"四大行动。2013 年 12 月，以"以治污水、防洪水、排涝水、保供水、抓节水"为主要内容的"五水共治"行动在全省铺开。2016年 7 月，"建设美丽浙江，创造美好生活"的"两美"浙江建设目标提出。2017 年7 月《浙江省生态文明体制改革总体方案》出台，提出要建设推进全国生态文明示范区和美丽中国先行区。一系列省域生态文明建设目标和政策的出台，极大推进了浙江省生态文明建设的进程。

从 2006 年开始，清漾村根据习近平的"三个好"指示，党和国家的生态文明建设要求，以及浙江省的"绿色浙江"、美丽乡村建设等战略，在当地政府的部署下，结合村庄具体情况特别是村落旅游开发的需要，先后开展了一系列的村落生态文明建设工程，取得了不错的成效。随着村庄发展战略的转变，旅游业成了发展重点，造成村落环境污染的源头产业被遏制，村民的生活方式被文明化改造，生态环境得到了有效的保护与修复，清漾村逐步地建设成为一个旅游跨越式发展的生态之村。

第二节　村庄生态文明建设中的重要工程

一、"森林村庄"建设

按照省委、省政府关于推进生态文明和"森林浙江"建设的战略部署，江山市政府致力于打造"江山森林城，浙江后花园"，推行全域覆绿、城镇织绿、民众添绿的"三绿一体"模式，把村庄绿化作为改善农村生态环境的重点，大力建设"森林村庄"，提升农村生态质量，加快推动农村走上生产发展、生活富裕、生态良好的文明发展道路。清漾村是当地开展绿化示范村建设的典型之一。

早在 2000 年，清漾村就成立绿化运动领导小组，开展绿化工作，并把做好绿化工作列入村庄发展目标。在做好村庄绿化的同时，鼓励家家户户做好庭院绿化，积极推进"森林村庄"建设。

（一）制定村庄绿化的相关制度。清漾村"两委"先后制定了《村庄绿化制度》《村规民约》《护林员巡山制度》《村干部森林防火值班制度》等一系列村级制度，以制度保障"森林村庄"建设的有序开展。以制度管人，按制度办事，并结合村庄整治等工作，开发森林旅游观光资源，配置旅游配套设施。同时，广泛利用会议、广播、标语、宣传单、黑板报等多种途径和方式，宣传森林村庄建设的意义和方法等，吸引村民积极参与，促进森林村庄建设。

（二）积极开展"3·12"绿化专项运动。石门镇为了推动"森林石门"、旅游强镇建设，每年开展"3·12"绿化专项运动，动员干部和群众参与大规模的植树活动。清漾村根据石门镇的具体部署，为确保整个绿化创建活动顺利实施，专门成立了以村两委为中心，各村民小组为单位的绿化小组，对村庄、田园进行绿化，对山体进行铣山、绿化。根据实际情况进行改种补种阔叶树，进行合理配置，常绿树种和绿叶树种有机结合。通过"3·12绿化"专项运动，村庄和各山林的绿化已经初见成效，取得了较好的效果。

（三）开展"绿色生态院"创建活动。清漾村两委发动每家每户开展庭院整治绿化美化活动，营造优美和谐的人居环境。同时，健全村庄保洁队伍，定期开展生态环境保护宣传和村庄环境整治活动，确保村容村貌整洁美观。建立"宣传一条路"，在"路平、灯明、水清、地绿"工程基础上，在路两旁设立公益性广告灯箱和文化长廊。

"森林村庄"建设有力地促进了清漾村的绿化、美化、洁化，打造了和谐优美的山水人居环境，改善了村庄的生态环境，繁荣了村庄的生态文化。2008 年 11 月，清漾村获得浙江省绿化委员会、林业厅颁发的"浙江省绿化示范村"称号；2009 年 12 月，清漾村获得由浙江日报社、浙江省生态旅游系列宣传活动组委会颁发的"浙江十大生态旅游名村"称号；2011 年 12 月，清漾村的森林村庄建设工作得到了浙江省关注森林组织委员会通报表彰，并被列入了第二批"浙江省森林村庄"；2012 年 9 月，清漾村获"全国生态文化村"称号。

二、"五水共治"工程

2013 年 11 月 29 日，浙江省委十三届四次全会提出了治污水、防洪水、排涝水、保供水、抓节水的"五水共治"战略，明确提出了分三步完成的治水目标。2014—2016 年要解决突出问题，明显见效；2014—2018 年要基本解决问题，全面改观；2014—2020 年要基本不出问题，实现质变。从一定意义上说，"五水共治"是一举多得的举措，既扩投资又促转型，既优环境更惠民生。

当地政府在贯彻实施"五水共治"战略过程中，结合清漾村旅游开发的具体实际，采取了一系列有力举措，取得了显著的生态效果。

（一）"无猪村"建设

治水先治污，治污先"治猪"。江山市是我国重要的生猪养殖与调出地之一。据统计，到 2013 年底，江山市生猪养殖场达到了近万家的规模，全市生猪存栏量达 63.62 万头，年饲养量 195.71 万头。2014 年"五水共治"工作开展以后，江山市率先吹响了生猪养殖污染整规的集结号。2015 年 5 月，江山市部署开展了养殖污染整治"百日攻坚"行动，针对养猪场开展了一场大规模、高强度、大力度、全覆盖的集中攻坚。

作为历史文化村的清漾村，更是此次生猪养殖污染整治的重点。根据江山市政府的统一安排，一方面，与清漾村相邻的溪底村生猪限养区由镇政府处理，溪底村库区养殖场必须严格按规定处理养殖污水等，根据养殖生猪数量，严格规范使用沼气池、配备相配套的污染物处理设备、严禁库区养殖污水未经处理直接排入水库沟渠，市环保局要加强景区水质日常监测分析；另一方面，清漾村定为生猪禁养区，严令养猪户限期关停，逾期则依法实施强制关停。猪舍全部拆除，实现"无猪村"。

（二）联家垄水库水质治理

联家垄水库曾被承包养鱼，水质被严重污染，养鱼承包期至 2014 年底。根据江山市政府［2013］68 号专题会议纪要精神，由石门镇政府负责提前终止承包合同，江山市水利局开展水库清淤工作，同时与旅游公司共同配合做好清水鱼养殖等生态恢复工作。同时，为加速水库的水质恢复，进行了化学中和、生物分解等相应处理。此外，旅游公司计划对水库进行招商引资，引进与景区相匹配的、生态环保型项目进行旅游开发。联家垄水库是清漾村内水系的主要源头，为此，清漾村还租用邻村的田地，营造人工湿地，让水库里放出来的水经过人工湿地净化后再流入村庄。

村主任毛万阳介绍说：

我们就把那些田（水库下游的田）租过来，承包过来。不让他们把水乱弄，水经过他们的田就是清的。去年，刚把它转过来。我的意思是把它整片种上荷花，又可以看，水出来也不会浑。这（水库）是我们几个村都有份的。以前都是有需要就去水库里面放，现在不可以，要经过我们审核，是否可以用。

（三）生活污水治理

近年来，在地方政府的统一领导和安排下，清漾村有效地实施了农村生活污水治理工程。最为重要的是：改造农户粪池；铺设生活污水收集管网，进行雨污分流；建设污水处理终端；等等。

通过多举措推进"五水共治"，清漾村的水系水质迅速得到了改善，目前都已经达标。

三、垃圾分类治理

2014年，清漾村作为江山市石门镇实施农村生活垃圾分类的7个试点村之一，率先全面铺开农村生活垃圾分类治理工作。根据上级要求，清漾村两委制定了《清漾村垃圾处理协议》《石门镇清漾村垃圾清运管理办法》《清漾村垃圾分拣员工作职责》等专门性村级规章，引导和规范群众和干部的垃圾治理行为。实行垃圾分类工作网格化管理，全村为1个网格单元，由村书记担任总负责人。全村划分为7个区块，每个区块下设若干网格小组。每个网格小组由1—2村民小组或若干农户组成。村两委成员、党员代表、妇女代表等，按照就近、方便原则分别担任网格组长。每人联系一定户数，负责垃圾分类处理的政策宣传、工作指导、巡查监督和考核评比工作。

根据当地政府制定的农村生活垃圾分类处理相关规定和标准，清漾村的农村生活垃圾被分成可腐烂垃圾与不可腐烂垃圾两类，要求各农户对农村生活垃圾进行分类收集和处理，并为每家每户配备可腐烂和不可腐烂垃圾桶各1只。根据镇政府的统一要求添置了垃圾分类收集清扫车，建造了太阳能垃圾减量化处理堆肥房，配备了专门的垃圾分拣员。垃圾分拣员每天定时统一收集，负责对农户垃圾分类指导，并对垃圾房中垃圾再次进行筛选，确保可腐烂垃圾和不可腐烂垃圾严格分类。

为保障农村生活垃圾分类处理工作的正常运行，激励先进，调动广大村民和各类工作人员的积极性，清漾村还建立了垃圾分拣员工作奖惩制度、"红黑榜"制度等专门的奖励与考核机制。

同时，开设了"垃圾兑换超市"。"垃圾兑换超市"是清漾村深化垃圾分类工作的重点，也是推动垃圾分类的特色做法。村民将垃圾进行分类后，根据兑换回收项目表，就能进行"物物交换"，涉及的兑换垃圾种类涵盖 10 多个种类。自开办"垃圾兑换超市"以来，大部分村民都会把垃圾进行分类，从而兑换生活用品，获得少许实惠。久而久之，很多村民便逐渐形成了良好的卫生习惯，积极投身到"变废为宝、美化环境"行动中。女村委毛志红介绍：

> 垃圾兑换如塑料袋，不管大的小的，80 个塑料袋可以换一袋盐，100 个可以换一块肥皂，120 个可以换瓶洗洁精或者香皂、蚊香之类。对垃圾分类村里会进行抽查，村民如果家门前都没搞干净、垃圾分类没分好，就会被停止兑换。现在走在村里垃圾袋都很少会出现了，环境和生活水平上来以后，村里种花种草的人挺多的，家家户户建美丽庭院。

通过积极、有力、持续的推动，清漾村的农村生活垃圾分类工作逐渐变为村民群众的行为习惯，不仅有效地改善了村庄环境面貌，极大地提升了村庄的整洁度，而且促进了村民卫生习惯和环境意识的转变，形成了良好的清洁卫生观。

四、美丽乡村建设

从某种意义上说，清漾村的美丽乡村建设从 2006 年进行旅游开发、实施环境整治就开始了。以"书香清漾"著称的清漾村是全国首批古村落保护村，青山怀抱、白墙灰瓦、古风淳朴，为美丽乡村建设打下了重要基础。近年来，清漾村更是因地制宜，建立健全生态文明建设制度，植入书香元素，围绕村庄洁化、美化，全力打造美丽乡村建设示范村。目前，总体来看，清漾村村道干净，村容整洁，生态良好，成了一个度假休闲的好地方。

（一）村庄卫生整治

2009 年 8 月，江山市围绕当初中央提出的"生产发展、生活宽裕、乡风文明、村容整洁、管理民主"的社会主义新农村建设"二十字"方针，启动了以产业增收、公共服务、农民素质、环境整治和基层基础等五大提升工程为主要内容的"中国幸福乡村"建设，开展富裕、满意、文明、美丽、和谐"五村联创"活动。同年 9 月，清漾村就制定了《石门镇清漾村创建"中国幸福乡村"实施方案》，并成立了建设行动小组，紧紧围绕"中国幸福乡村"各项建设指标要求，制定美丽乡村建设的具体方案并逐步落实。比如，新建沼气池 3 个（原来有 3 个），对村内的 5 户生猪养殖的排泄物进行彻底有效地无害化处理，对村内文川溪、祠堂前水塘进行治理，清理疏通河道，对河道、水塘存在的垃圾、漂浮物进行打捞并统一处理，对村内所有河道水塘进行一次彻底地清理。村主任毛万阳回忆说：

（村庄）最大变化是2007到2010年。村貌是2007年初步开始，2009年到2010年创建幸福乡村，两边绿化都是那个时候种的，乡村不协调的建筑都拆掉了。

2010年6月，为了保证景区环境质量，利于旅游发展，清漾村对公共区域（包括古村落景区）环境卫生保洁实行了承包管理，并要求按照江山市古村旅游开发有限公司制定的《江山市清漾历史文化村景区清扫保洁作业质量标准》和市、镇、村的相关要求执行。同时，实行卫生包干区制度，每位村干部负责一个片区进行不定期督查。专人负责，专人打扫，定期检查。对村民住宅也进行卫生检查，督促村民做好自家房前屋后的卫生保洁工作。清漾村的环境卫生、村容村貌发生了彻底的改变。

2011年，清漾村获得了江山市"和谐乡村""满意乡村""文明乡村""富裕乡村""中国幸福乡村""村容整治工程示范村"。

2013年，为了建设美丽清漾，开展"清洁家园"创建活动，清漾村对环境治理又做出了一系列的规定，提出了更高的要求。包括除"四害"工作制度、河道保洁绿化制度、村内道路管护工作制度、卫生工作人员岗位职责等。2014年，为了进一步做好村容村貌、卫生保洁工作，清漾村还制定了《村民卫生公约》《村庄整治、美化环境手册》，实施村民门前"三包"责任制，并定期对每个农户的清洁家园建设情况进行打分评比，每月组织村干部对当月村庄卫生情况进行评分，以此督查村庄卫生及美化情况。村庄的环境卫生状况进一步得到提升。

（二）推进"三改一拆"

2013年，浙江省"三改一拆"工作启动，要求在全省范围内深入开展旧住宅区、旧厂区、城中村改造和拆除违法建筑（简称"三改一拆"）。清漾村根据省市要求，结合历史文化村建设、幸福乡村建设、美丽乡村建设，与"四边三化"联动，全面推进"三改一拆"，创建"无违建村"，打造"青山清水"的美丽清漾。据调查，清漾村共拆除旧房70多间，露天厕所220多个，对所有的违章建筑，村民搭建的钢棚等进行拆除。到2015年底，实现了"无违建村"。村主任毛万阳介绍道：

露天（厕所）220个，村里投钱给他改。这个变化很大，本来露天厕所都在大路边，破破烂烂不像样，在一起都是整排的。

（三）美丽乡村考察点建设

2016 年，江山市举全市之力推进美丽乡村示范县创建，成功摘取了美丽乡村示范县的"金名片"，成为浙江省第一批六个美丽乡村示范县之一。2017 年 4 月，清漾村与江郎山、廿八都共同成为国家 5A 级景区，并列为浙江省美丽乡村建设现场会的考察点。

为了迎接浙江省美丽乡村和农村精神文明建设现场会的召开，江山市政府出资 2700 万元，对清漾村的村庄环境进行了升级打造，景区内的房屋外立墙面全部进行重新统一粉刷，村内道路进行整修，补种或新种各色景观树木。2017 年 11 月 16 日浙江省美丽乡村和农村精神文明建设现场会在江山市召开，与会嘉宾到清漾村考察美丽乡村建设成果，清漾村以其"青山、清水、清漾"的独特魅力赢得了嘉宾们的点赞。

通过一系列的生态文明建设工程，清漾村的环境状况得到了根本性的改变。与 2006 年前的村庄环境相比，可谓天壤之别。村民们非常引以为豪，外出务工经商的清漾人回家时也大加赞赏。近年来，清漾村先后获得了江山市示范重点整治村、"十村示范百村整治"工作先进单位、浙江省绿化示范村等多项荣誉。

专

题

篇

文化与振兴

中国村庄发展

ZHUANTI PIAN
WENHUA YU ZHENXING

文　　化　　为　　基

村落特色文化保护与开发的策略选择

　　乡村振兴是一项系统性的农村建设工程，文化振兴具有独特的地位与作用。习近平在党的十九大报告中强调："文化是一个国家、一个民族的灵魂。文化兴国运兴，文化强民族强。"并把"乡风文明"确定为乡村振兴战略的重要方针和建设内容。意在转变过去那种重经济、轻文化的发展理念，推动农村创新、协调、绿色、开放、共享发展。文化振兴涉及面广泛，村落特色文化保护与开发无疑是需要特别关注的重要内容之一。浙江省江山市清漾村有着悠久的村落历史和丰富的文化积淀，形成了以江南毛氏文化为核心的村落特色文化。本文基于清漾村的调查，就乡村振兴中村落特色文化保护与开发的策略选择做初步研究。

第一节　清漾村落文化的特色

　　村落特色文化源于乡村生产生活，是村落居民在长期的农业生产和农村生活中创造的物质和精神文化成果的总和，带有浓厚的乡土气息和地方特色。它既是村落历史发展的沉淀，也是村落社会的重要体现。从留存的古街、古祠、民居、用具中可以找到传统村落社会的痕迹，从历史故事和名人名文中可以寻觅村落社会的风貌，从传统民俗民风、家规家训中可以看到村落社会的"初心"。受村落特殊发展环境和具体历史条件的影响，不同村落有可能形成不同的文化形态，进而塑造出文化的村落特色，构成村落社会的重要标识。

　　具有近1500年历史的清漾村是江南毛氏发祥地。在长期的历史变迁过程中，毛氏家族随社会发展和王朝更迭经历了风风雨雨。他们不断地总结经验教训，逐渐沉淀和培育了具有鲜明特色的村落文化。人们习惯地称为"清漾毛氏文化"。依据历史文献和历史遗存的考证与分析，清漾毛氏文化总体具有"和合包容、朴实内敛"的文化品格，主要体现在以下方面。

一是"崇教学、重农桑"的发展取向。历史上毛氏先祖曾经战功卓著、护国有功，名声显赫，出了众多武将。但大多在战场搏杀中献身，或在王朝更迭中蒙难。毛氏族人吸取血的教训，逐渐地训导族人弃武从文。清漾毛氏遵循先辈意志，归隐田园。告诫族人以"诗书名世、清白传家"，渐渐形成了"崇教学、重农桑"的耕读文化和"书香清漾"的村落特点。或许，正是在此基础上形成了清漾毛氏后裔文化名人辈出，历史文献浩瀚的局面。

二是"和亲友、睦乡党"的人际关系观。清漾毛氏强调"孝友睦姻、信义和平"。要求亲朋、邻里之间和睦相处，平等相待，互帮互让，培育了和睦为上的人际关系观和处世哲学。著名的"六尺巷"故事在清漾传颂至今，而且遗迹犹存。不必讳言，对于"六尺巷"故事的来源目前尚有争议 ①，但在清漾一带流传的"六尺巷"故事里的主人公明代刑部尚书毛恺为清漾毛氏后裔，"千里修书只为墙，让他三尺又何妨"的训导久久影响着清漾毛氏族人。

三是"明礼诚信、勤政为民"的品德修养。在清漾毛氏十分注重品德修养，在人身修养上要求明礼诚信，在官德修养上要求勤政为民。明代刑部尚书毛恺为官三十余载，勤政廉洁，始终为清漾毛氏族人引以为豪。

四是"耕读传家、贵而不富"的家风。历代清漾族人非常重视家风建设，提出了"耕读传家、贵而不富、清正廉洁"，"和顺齐家、循理保家、读书起家、勤俭治家"，"齐家先修身、修身先正心"等一系列持家理念，逐渐形成了富有特色的家风。

第二节　村落特色文化保护与开发的现行策略

历史地看，清漾村是一个具有深厚文化积淀的村落，在发展中形成了自身特

---

① 关于"六尺巷"的故事流传着众多版本，故事内容大致相同，都是两家邻里争宅基地向做大官的家庭成员求援，大官回信赋诗一首，训导家人要礼让："千里修书只为墙，让他三尺又何妨？长城万里今犹存，不见当年秦始皇。"据不完全统计，上述故事涉及的历史人物有安徽桐城的张英士（康熙年间的大学士、礼部尚书），河北蔚县的魏象枢（清康熙年间左都御史、刑部尚书），山东聊城的傅以渐（清朝第一个状元、顺治年间武英殿大学士兼户部尚书），浙江江山的毛恺（明朝隆庆年间刑部尚书）等。

色，并以物质文化与非物质文化的形态得到了保护与传承。然而，也应当理性地认识到，清漾毛氏的文化传统曾经在近现代发展中遭遇传承危机。清漾毛氏祖宅、祖祠先后被毁，《清漾毛氏族谱》险遭厄运，优良家风也遭受破坏，甚至在中国革命时期出现了毛人凤、毛万里、毛森之类清漾毛氏后裔，背弃家风家训成了反面历史人物。清漾村也未能伴随改革开放而迅速发展，一时间沦落为一个名不见经传的普通村落。直到 2006 年，因时任浙江省委书记的习近平考察清漾村并提出保护、开发和建设好清漾村的指示后，才开始引起当地政府的高度关注，主动推动了清漾村落特色文化的保护与开发。十多年来，根据国家的发展导向和上级政府的政策要求，结合清漾村的具体实际，先后在清漾村实施了一系列文化建设工程。

宏观地分析，2006 年以来清漾村落特色文化的保护与开发呈现了自身的重要特点，在实践中形成了一套独特的建设策略。

一、以清漾毛氏文化为重要资源

清漾村落的文化特色集中体现在毛氏文化，村落特色文化保护与开发理所当然地以毛氏文化为重要资源和对象，形成自身的重点、特点和优势。十多年来，地方政府和清漾村采取了一系列举措，着力推进清漾毛氏文化资源的保护与开发。最主要的内容如下。

（一）《清漾毛氏族谱》的整理与续修

族谱是中国传统宗族文化的特殊载体与表达。一个时期来，在"左"倾思想影响下，族谱一度成为负面文化而遭厄运。在调查中得知，《清漾毛氏族谱》已经基本失传，是一位有心的毛氏后裔设法保存了一套。几经周折，最后在江山市相关领导支持和协调下，由江山市档案局出面，设法购买了《清漾毛氏族谱》，后上交国家档案馆收藏。2002 年，《清漾毛氏族谱》被国家档案馆确定为中国首批 48 件国宝级珍贵文献档案，受到了最高级别的保护。

为确保毛氏族谱能够继续保持完整性和准确性，在有关部门指导下，清漾村专门成立了族谱修订小组，组织专人开展族谱重修工作。2012 年，族谱修订成员专程赴国家档案馆复印了《清漾毛氏族谱》，在原族谱基础上进行了重新整理与续修，并提供了多重保护措施。

（二）古建筑的修缮与旅游开发

古建筑是村落文化的物质载体和物质文化形态，顺理成章地成为村落特色文化保护与开发的重要对象，在清漾村更被视为村落特色文化保护与开发的重点。借助历史文化名村保护与建设、古民宅保护与修缮、村落文化旅游开发等建设工程，清漾村的古建筑等逐步得到了修缮与保护。在此基础上，以修复的古建筑为主要资源，由江山市旅游公司负责实施清漾村落文化旅游开发。

（三）开展清漾毛氏文化研究与宣传

2009 年，江山市组建了毛氏文化研究会，并编辑专门的会刊。旨在组织发掘和整理毛氏文化资源，推动江山毛氏文化的学术研究与交流，传承与弘扬毛氏文化事业，提高清漾村和江山市的知名度和美誉度。在该研究会的推动下，编纂并出版、发表了诸如《清漾毛氏文化》（上、下）、《清漾毛氏族谱·艺文选》、《清漾毛氏史话》等一系列清漾毛氏文化的著作。并利用各种媒体多渠道宣传清漾毛氏文化，扩大社会影响。此外，清漾村还时常与各地毛氏宗亲开展毛氏族谱文化交流，研讨毛氏文化价值，传递宗族情义。这些为清漾村特色性的非物质文化传承与开发做出了独特贡献。

（四）举办毛氏文化节庆活动

为传承与弘扬清漾毛氏文化，增进海内外毛氏宗亲之间的合作和交流，推动村落文化旅游，充分发挥"江南毛氏发祥地、毛泽东祖居地"的品牌效应，在当地政府支持下，清漾村举办了形式多样的毛氏文化节庆活动。最有影响力的是两大节庆活动——江南毛氏祭祖大典、江山毛氏文化旅游节。

二、以项目制建设为主要方式

项目制在促进公共政策落实、重组条块关系、推动政府购买服务、扶贫开发等各个领域逐步深化，彰显出在国家治理体制中的意义。[①] 因其具有办事效率高、职权灵活集中、财政针对性使用等重要特点和优点，近年已经成为中国政府推动经济社会建设的一种重要选择。正是在项目制流行的政策环境下，清漾村落特色文化保护与开发主要采用项目制建设方式。根据调查，2006 年以来，围绕着清漾村落特色文化保护与开发，地方政府立项并实施的建设项目主要有以下几项。

---

① 孙宇凡、蔡弘：《项目制的边界：生产、异化与制度建构——基于 L 区的"社区民生"政策过程的分析》，《甘肃行政学院学报》2018 年第 6 期。

（一）清漾历史文化名村保护与建设项目

项目于 2015 年 6 月到 2016 年 12 月实施，主要分两部分：一是古建筑保护与修缮。因部分古建筑年久失修，残损严重，甚至于已经倒塌。为了保护好村落古建筑，先后投入 100 多万元从村民手中收购了一些旧宅，通过原拆原建或旧宅修缮等方式实施古建筑保护。二是文川溪改造。文川溪是一条古老的河道，贯穿清漾村，全长 2500 米，清漾村投入 60 万元进行河堤改造、河道清淤等。经过改造后，文川溪已经建成为清漾村的一道美丽风景。

（二）清漾村落文化旅游开发项目

2007 年，根据《中华人民共和国文物保护法》和《关于切实加强中国传统村落保护的指导意见》，结合清漾村落特色文化资源，开始启动清漾村落文化旅游开发项目。项目由江山市政府、江山市旅游公司和清漾村共同合作，由旅游公司负责经营。先后投入了 1.2 亿元资金，开辟了祖宅广场，恢复了荷花池，铺设了鹅卵石地面；建设石拱桥和花坛，复原了 20 世纪 80 年代的清漾村样貌；修复了清漾祖祠、祖宅，并进行陈列布展，设置了祖宗牌位、塑像和追远堂、合敬堂等，以便人们参观、祭拜。

（三）清漾古民宅保护与修缮项目

2015 年，清漾村古民宅群保护与修缮项目获得立项建设，先后投入 350 万元，主要从现存 20 多幢保留较为完好的明末清初民宅中选取了 16 幢破损严重的古民宅，在保持原有结构和风貌的前提下进行了保护性大修缮。

三、以政府主导的多元共建为运行机制

村落特色文化的保护与开发是一项复杂的系统工程，"不能依赖单一主体完成，必须由多元力量共同参与"[①]。在清漾村的特色文化保护与开发过程中，建构了以政府为主导、多元协同的共建机制。

（一）村落特色文化保护与开发的多元协同共建

清漾村落特色文化的保护与开发过程，积极引入多方力量共同参与。最主要的有以下力量。

一是地方政府。大致包括省、市、镇三级政府。首先，省级政府的参与主要

---

① 吴思斌：《乡村振兴需多元力量共同参与》，《人民论坛》2018 年第 32 期。

表现在宏观引领和立项资助。2006 年，时任浙江省委书记的习近平主动要求到清漾村视察，并提出了"三个好"的指示，开启了清漾村落特色文化保护与开发的进程，并始终引领着清漾村落特色文化保护与开发的方向。据调查，清漾村于 2006 年被批准为浙江省历史文化名村，获得省有关部门的立项资助。2015 年，清漾古民宅群的保护与修缮又获得了省有关部门的立项资助。其次，江山市级政府主要发挥了组织策划、政策供给、财政支持等方面的功能。在清漾村落特色文化保护与开发的各个项目和主要活动中，清漾村所在的江山市委、市政府均主动介入，积极指导甚至指令有关部门直接参与项目申报、方案策划、活动组织、政策支持、财政资助等，发挥了核心作用，扮演着关键角色。再次，镇级政府作为最基层的一级政府，直接参与清漾村落文化保护与开发的具体指挥、协调、调控，扮演着直接管理者角色。

二是清漾村。作为村落特色文化的所有者，清漾村是村落特色文化保护与开发的最重要主体之一。首先，清漾村特别是毛氏家族是村落特色文化资源的供给者，提供了一系列赖以保护与开发的物质文化与非物质文化资源。其次，村党支委和村委会等村级组织在村落特色文化保护与开发过程中积极参与，特别是为各个项目与活动的落地、落实发挥了特殊的管理与服务功能。再次，村民群众的支持性参与。具体表现在：（1）清漾村毛氏后裔中的部分有识有能之士直接参与了村落特色文化保护与开发项目与活动的组织与服务工作。诸如续修族谱、重修祖宅、开发祖祠、举办江南毛氏祭祖大典和江山毛氏文化旅游节、收集和整理毛氏文献等。（2）部分清漾村民出让或出租古民宅，用于村落特色文化保护与开发。（3）清漾村民以保持环境清洁，维护景区秩序，经营民宿、农家乐、商店等多种方式支持村落文化旅游开发。（4）村经济合作社为村落特色文化保护与开发提供了一定土地和配套资金。

三是江山市旅游公司。作为一家国有企业，江山市旅游公司听从市委、市政府的指挥，积极投身于清漾村落特色文化保护与开发过程中，特别是在清漾村落文化旅游项目中发挥着核心作用。先后投入大量资金进行清漾毛氏文化村景区建设，利用清漾村现存的毛氏文化资源进行旅游开发。同时，具体负责清漾毛氏文化村景区的经营管理。在当前清漾村落特色文化保护与开发的核心项目——村落特色文化旅游中扮演了建设者、经营者的角色。

四是毛氏文化研究会。作为一家民间组织，主动介入清漾村落特色文化保护与开发过程，发挥着重要的智力支持功能。他们积极收集和整理清漾毛氏文献，撰写和编辑了一系列清漾毛氏文化的著作和文章，深入挖掘毛氏文化资源。在清漾村落特色文化保护与开发的各个项目和活动过程中，积极提供咨询服务和智力支持。

可见，实践中的清漾村落特色文化保护与开发是一个由政府、村落、企业、社会组织等多元主体协同参与的共建过程。

（二）村落特色文化保护与开发的地方政府主导

在多元主体共存的前提下，多元主体的关系建构直接影响建设与治理的过程与结果。在清漾村落特色文化保护与开发的实践中，地方政府是主导者，发挥了支配性作用。

第一，引领村落特色文化保护与开发的方向。各级地方政府通过领导指示、政策倡导、项目审批、活动支持等多种方式和手段，引领村落特色文化保护与开发的总体方向。

第二，规范村落特色文化保护与开发的行动。结合《中华人民共和国文物保护法》《关于切实加强中国传统村落保护的指导意见》等法律法规，各级地方政府出台了一系列针对性的具体制度与政策，对清漾村落特色文化保护与开发起到了规范作用。

第三，资助村落文化保护与开发的项目。以项目制的方式资助清漾村落特色文化保护与开发，先后有多个项目获得省市政府立项建设，各级政府通过项目拨款或项目经费配套等形式给予村落特色文化保护与开发以巨大的资金支持。据不完全统计，各级政府资助清漾村落文化保护与开发的建设经费达到了数百万元，一定程度地实现了建设经费的地方政府主导。

第四，调控村落特色文化保护与开发的过程。毛氏文化的资源在清漾村，村落特色文化保护与开发的场域在清漾村，但各个文化保护与开发的建设项目和活动大多由江山市和石门镇政府的有关部门直接负责，协调管理整个项目运行和活动过程。

总之，清漾村落特色文化的保护与开发既是多元力量协同参与的过程，又是地方政府主导的过程，初步建构了一种政府主导、多元协同的共建机制。

第三节   当前村落特色文化保护与开发面临的矛盾

应当肯定，在当地政府的特别关注下，清漾村落特色文化保护与开发不仅形成了自己的特点，而且取得了值得赞许的成绩。但不必讳言，也存在着一些值得关注的矛盾和问题。

一、村落特色文化保护传承与开发利用的矛盾

村落特色文化的保护传承与开发利用是辩证统一的。保护传承是村落特色文化开发利用的基础，合理开发利用则是村落特色文化保护传承的重要手段与方式。根据习近平同志在 2006 年视察清漾村时提出的"三个好"要求，以及乡村振兴战略的方针。保护传承与开发利用应当内在地统一于村落文化建设的全过程、全领域。在清漾村落特色文化保护与开发的实践中，虽然也注意到了两者之间的统一，但彼此之间的分离与失衡客观存在。突出地表现在重村落特色物质文化的开发利用、轻村落特色非物质文化的保护传承。

清漾村落特色文化具有广泛的内容，既有有形的物质文化，又有无形的非物质文化。从一定意义上说，优秀的非物质文化传统在乡村振兴中具有更重要的价值，在乡风文明建设中呈现更为重要的促进功能。然而，从目前政府主动推动的清漾村落特色文化保护与开发项目看，主要集中于清漾村落特色物质文化的开发利用。诸如历史文化名村保护与建设、古民宅保护与修缮、村落文化旅游开发等项目。有的虽然名义上是保护村落特色文化，但实践中最终无一例外地落脚于旅游开发利用，成了特殊意义的"保护性开发利用"。对于清漾村落特色的非物质文化，虽然也采取了文献整理、节庆活动之类保护与开发举措，但相对于物质文化而言，因其难以迅速获得立竿见影的开发利用效果，事实上存在着一定程度的忽视。不可否认的是，村落非物质特色文化的保护与开发具有特殊规律。在清漾村落特色文化保护与开发过程中，因缺乏专业的理论指导、有力的人才支持、坚强的财力支撑，非物质特色文化的保护与开发显得相对乏力。特别是对于优秀的民风家风等非物质文化传统的传承，因受多种因素制约而被有意无意地忽略。故此，未能在清漾村乃至更广泛的农村乡风文明建设中发挥应有作用，呈现其独特的社会价值与治理功能。

二、村落特色文化所有者与经营者的矛盾

从现代产权理论看，产权是指所有者实施一定行为的权利。① 但是，在产权实践中，所有权与经营权是可以分离的。从法理上讲，清漾村落特色文化的所有权无疑归属于清漾村集体和村民。但清漾村因受制于资金和人才等资源的短缺，无力自主保护与开发村落特色文化。在此背景下，在政府主导下引入了江山市旅游公司等社会力量共同开发与建设，不同形式、不同程度地出让了部分村落文化资源的开发经营权，进而形成了村落特色文化的"两权分置"现象。

在"两权分置"的背景下，所有者与经营者势必需要追求自身利益，两者之间的利益协调构成村落特色文化保护与开发协同共建与正常展开的重要前提。但是，受利益驱动，不同的产权主体之间发生矛盾与冲突在所难免。调查发现，在清漾村的特色文化保护与开发实践中，作为投资经营者的旅游公司显得相对强势，在清漾村落文化旅游项目运行过程中处于主导地位。作为所有者的清漾村及其村民相对弱势，基本处于被动的无奈地位，缺乏应有的话语权和合理的利益分配权。由于两个产权主体的地位不平等，在村落特色文化保护与开发项目运作过程中形成了村落特色文化资源所有者与经营者之间的权利矛盾。比如，清漾村落文化旅游项目主要由江山市旅游公司投资建设和开发经营，拥有项目决策权和经营管理权。而清漾村作为特色文化资源的所有者，理当以特殊方式参与项目决策与运行，并享有一定的利益分配权。但访谈中村民们一再提及，村组织和村民在项目决策与运行中难以与旅游公司实现平等的交涉，所有者的权利得不到有效保障。同时，因项目经营的经济效益不佳，作为毛氏文化资源所有者的清漾村基本不能从中获取利益。据了解，近年旅游公司每年向清漾村给付10万元，包含清漾毛氏文化资源的使用费，以及景区保洁和秩序维护等费用。对此，清漾村干部和群众以不同方式表达了不满，获得感不高。

三、村落特色文化共建与共享的矛盾

村落特色文化保护与开发是一个多元共建过程，相应地需要建构多元利益共享机制，实现共建与共享的统一。在清漾村落特色文化的保护与开发过程中，初步建构了独特的共建机制，有力地推动了清漾村的文化建设进程。正因为村落文化旅游开发项目的实施，村庄环境获得了根本性改观，村庄名声得以极大提升，

---

① 科斯：《企业、市场与法律》，上海三联书店1990年版，第123页。

村民群众因此而得益匪浅。但是，客观地分析，清漾村落特色文化保护与开发特别是村落文化旅游开发项目实施过程中没有建立有效的共用共治共进机制，造成了共建与共享之间的矛盾。突出地表现在以下方面。

1. 共建者不能共用。清漾村落特色文化的保护与开发有多元主体的共同参与，清漾村及其村民、政府、旅游公司、其他社会力量分别以不同角色投身其中，形成了村落文化的共建局面。但是，实践中没有形成合理有效的共用机制。比如，清漾毛氏祖祠重修开发后成了江山市旅游公司用于旅游经营的景点，不再是清漾毛氏家族能够随意使用的祖祠了。

2. 共建者不能共治。在清漾毛氏文化的挖掘与整理、研究与宣传过程中，江山毛氏文化研究会积极参与，发挥了重要作用。但是，他们难以介入清漾特色文化保护与开发的项目决策与管理过程。正是由于共治机制的缺乏，造成了目前清漾村落特色文化建设和文化开发呈现出缺少清漾文化特色的现象。比如，清漾村落文化旅游变成了只是看看古祠、古宅的一般性古村落游。不仅如此，作为文化资源所有权的代表，清漾村级组织及其干部也无奈地被排除于村落特色文化保护与开发项目的决策管理过程之外。

3. 共建者不能共进。清漾村落特色文化建设的参与者未能形成患难与共的共进共退机制。比如，清漾村落文化旅游项目主要由旅游公司开发经营，自负盈亏。清漾村作为文化资源所有者和景区所在地的管理者，每年获取固定的费用，未能与旅游公司建立共进共退机制，挫伤了清漾村干部群众对村落文化旅游开发的积极性和满意度。

第四节　村落特色文化传承与开发的优化策略

在历史发展长河中，乡村不仅是中国人生活的主要场域，还是文明礼仪的发源地，传统伦理的根基。2018年全国"两会"期间，习近平在参加山东代表团审议时强调"深入挖掘优秀传统农耕文化蕴含的思想观念、人文精神、道德规范"，"培育文明乡风、良好家风、淳朴民风"等，为村落特色文化保护与开发的策略优化指明了方向。我们认为，在乡村振兴过程中，村落特色文化保护与开发的策略选择与优化，要以国家宏观政策为指导，坚持问题和需求导向，采取针对性策略。

一、加强村落特色文化保护传承与开发利用的协调共进

乡村振兴是全面振兴，文化振兴是乡村振兴的重要环节，更是乡村振兴的铸魂工程。村落特色文化是祖先留给我们的珍贵财富，其丰富的内涵与外延、独特的禀赋和价值等与我国当下实施的乡村振兴战略紧密契合。① 村落特色文化的价值不仅表现在经济的开发利用上，而且更重要地表现于"铸魂"上，具有多重价值与效应。故此，挖掘村落特色文化的价值既要重视开发利用，推动经济增长；又要强调保护传承，促进乡风文明。将保护传承与开发利用两者有机地结合起来，推动文化振兴与产业振兴的结合。

具体地说，要求在村落特色文化保护与开发过程中采取切实有效的策略，充分挖掘村落特色文化对于产业振兴和文化振兴的双重价值，努力实现两者的有机统一。应当转变理念，不再把文化建设仅仅视为发展经济的手段和工具，不再沿袭"文化搭台，经济唱戏"的做法，真正把文化振兴视为乡村振兴的重要内容和重要目标之一。村落特色文化保护与开发既是乡村振兴的手段，又是乡村振兴的目的。一方面，需要积极推动村落特色文化的产业化发展，充分发挥村落特色文化的产业效应和经济价值；另一方面，村落特色文化的产业化开发利用需要更加注重文化的内在价值，让产业化成为村落特色文化保护传承的助推器，充分呈现村落特色文化产业的文化效应和社会价值。或许，这是当前村落特色文化产业化开发中值得进一步关注的课题。

需要特别强调的是：村落特色文化保护与开发不能片面地强调经济发展目标，应当更加重视村落特色文化尤其是非物质文化在社会发展中的价值定位，充分发挥其在乡风文明建设中的特殊功能和重要作用。首先，要充分挖掘村落特色文化中无形的思想道德资源，促进良好的文明乡风。通过收集和整理村规民约、族谱家训、诗文楹联、名人名事、历史文献等，挖掘村落特色文化中的道德资源，继承和弘扬传统美德和文明乡风，强化社会公德、家庭美德和个人品德建设，形成积极的精神追求、文明的生活方式、和美的社会秩序。其次，要全面挖掘和保护村落特色文化中有形的历史文化资源，传承乡村文脉。加强对村落内历史遗址遗迹、宗祠祖宅、名人故居，赋有特色的古居民宅等乡村文化地标性资源的合理

① 卢勇：《重视农业文化遗产价值，助推乡村振兴》，http://news.njau.edu.cn/2018/0903/c70a95850/pagem.htm，2018 年 9 月 3 日。

开发与科学保护，有效发挥历史文化资源的传承功能，让广大村民群众记住"乡愁"，找到归属感。

二、创新和完善村落特色文化产权制度

村落特色文化是一项特殊的文化资源，也是重要的文化资产，涉及广泛的产权及其利益问题。在村落特色文化保护与开发的实践中，因无视其产权识别与保护引发了一系列产权纠纷与权益矛盾，需要在乡村振兴过程中创新和完善村落特色文化产权制度。最为迫切的内容如下。

建立村落特色文化产权保护制度。村落特色文化涉及广泛、内容复杂，需要有关部门做出顶层设计，建构原则统一的识别指标，制定产权认定方式与流程，指导和规范村落特色文化的界定、分类与产权认定，并确定专门机构负责村落特色文化的产权认定工作，对村落特色文化的产权进行统一认定。在此基础上，出台关于村落特色文化产权保护的专门性法规和政策，合法推动村落特色文化的保护与开发，依法保障村落特色文化的产权，任何组织和个人均不得侵犯村落特色文化产权人的权益。同时，可以有效地防止村落特色文化保护与开发的随意性、主观性，一定程度地避免无序开发造成村落特色文化破坏与损害。

实行村落特色文化的"两权分置"制度。一般而言，村落特色文化的所有权归属村集体或村民个人，但受多种因素影响，村落特色文化的所有者往往缺乏保护与开发能力，政府和社会力量就有可能介入村落特色文化保护与开发过程，形成独特的产权关系，如若处置不当有可能引发矛盾与冲突。有必要借鉴农村集体土地"三权分置"、宅基地"两权分置"的做法，实行村落特色文化的"两权分置"制度。即村落特色文化的所有权与经营权可以分开，所有权归村集体或村民个人，经营权可以多种方式转让给有能力保护与开发的企业、组织和个人。村落特色文化的所有者和经营者分别依据所有权与经营权而拥有相关权益，并承担相应责任。

三、构建村落特色文化保护与开发的命运共同体

村落特色文化保护与开发是一个多元主体参与的文化共建工程，参与建设的各个主体之间的关系状况直接影响着村落特色文化保护与开发的成败。应当构建村落特色文化保护与开发多元主体的共享机制，在共建的基础上实现共用共治共进，形成患难与共的命运共同体。

确立村落特色文化保护与开发的共同利益观。参与村落特色文化保护与开发的各个主体都是理性的，显然会有各自的利益考量，应当充分尊重各主体的利益追求。然而，各主体之间的利益关系并非一种排他的零和关系，而是相互依赖、彼此交融的共存关系。各个主体都只是村落特色文化保护与开发项目建设中的一环，处于共同的利益链条上。任何一个主体、任何一个环节出现问题都将影响其他主体、其他环节，导致共同利益链条的断裂。任何一个主体均不能在村落特色文化保护与开发项目建设中独善其身，要想自己获得利益，就必须让其他主体获得利益。因此，在追求自身利益的同时促进其他参与主体的利益，努力将自身利益与全体参与者的利益有机结合起来，最大限度地实现共同利益。

明确各主体在村落特色文化保护与开发中的权利与责任。每一项村落特色文化保护与开发项目，均需要正常签订共同开发与建设的合作协议，在协议中明确各方权利与责任，建立共建者之间的契约关系。将村落特色文化保护与开发的合作共建置于契约关系之上，依法开展建设活动和项目工作，保障村落特色文化保护与开发参与者的合法权益。

建立同舟共济、合作共进的伙伴关系。参与村落特色文化保护与开发各方应当在相互信任的基础上，为了实现共同的目标建立起共担风险、共享利益的伙伴关系。这就要求相互信任、同舟共济，相互沟通、平等协商，相互配合、共同担当，相互协调、互利共赢，相互支持、合作共进。

（本专题报告原发表于《杭州师范大学学报》2019 年第 4 期，编入本书时有格式调整和个别删节与修改。）

访

谈

篇

经历与感受

FANGTAN PIAN
JINGLI YU GANSHOU

文　　化　　为　　基

第一章 访谈活动综述

本项研究主要采取田野调查方法，侧重运用访谈方式向当事人采集口述资料，辅之以一定的文献资料和研究者的实地观察，力求从最基本的事实中去发现清漾村的发展逻辑和发展机制，呈现其独特的样本价值。为此，课题组先后于2018年4月、5月、8月三次进入清漾村开展调查。访谈了大量的基层政府官员、村干部、村民、外来企业经营者等，从不同角度和层面就清漾村发展进行了较为详细的访谈，并做了仔细的访谈记录和全程录音。根据课题研究的需要，在访谈过程中运用了共同访谈、小组访谈和集体座谈等三种访谈方式。

共同访谈指课题组全体成员共同参与，面对某个访谈对象开展访谈，由一名课题组成员作为主要提问者，其他成员进行补充性提问或追问的调查方式。该访谈方式可以使课题组全体成员参与访谈过程，获得较全面的信息和资料，但同时也可能会给访谈对象带来无形的压力。共同访谈的具体情况如表1所示。

表 1 共同访谈一览表

编号	调查人员	调查对象	调查时间（2018）	调查地点
1	访谈人：课题组成员 整理人：叶君红	杨子勋（石门镇党委书记）	8月7日上午	石门镇政府 会议室
2		何小围（石门镇镇长）		
3		周中原（清漾村驻村干事）		
4		姜金梅（清漾村文化站站长）		
5	访谈人：课题组成员 整理人：王子豪	徐进前（清漾村书记）	8月7日下午	清漾村党群服务中心一楼会议室
6		毛万阳（清漾村主任）	8月7日下午	
7		毛万恭（清漾村文书）	8月8日上午	
8		徐进前（清漾村书记）	8月8日上午	
9		王群菊（清漾村妇女主任）	8月9日下午	

在调研过程中，课题组根据研究内容进行分组，将课题组成员分为史地组、经济组、治理组、文化组和生态组等 5 个专题小组，每个专题小组 3 人，分别开展调查。小组访谈就是指某个专题小组成员对不同访谈对象进行访谈的调查方式。该访谈方式更具有针对性，可以提高访谈工作的质量和效率，使各调研小组根据调研需求精准地获得信息和资料，快速高效完成访谈任务。小组访谈采取了入户调查、电话访谈、微信访谈等多种形式，在调查对象相对熟悉或隐秘的环境中开展互动，可以获得更为全面、真实的信息。小组访谈的基本情况如表 2 所示。

表 2 小组访谈一览表

编号	调查人员	调查对象	调查时间（2018 年）	调查地点
1	史地组（访谈人：张小玲、卢福营，整理人：熊兢）	毛旭明（村民、原村主任）	4 月 27 日上午	祖祠
1	经济组（访谈人：曾智洪、王子豪，整理人：丁沙沙）	毛延业（村民小组长）	8 月 8 日下午	祖祠
2		毛存志（村会计）	8 月 8 日下午	祖祠
3		姜梅琴（左邻右舍老板娘）	8 月 8 日下午	村超市
4		徐正浩（火龙果基地负责人）	8 月 9 日下午	火龙果基地
5		毛万恭（村文书）	8 月 9 日上午	清漾村党群服务中心一楼值班室
6		王群菊（村妇女主任）	8 月 9 日上午	
1	治理组（访谈人：卢福营、熊兢，整理人：何花）	毛旭明（村民、原村主任）	4 月 27 日上午	祖祠
2		毛万恭（村文书）	8 月 8 日下午	清漾村党群服务中心一楼会议室
3		毛存志（村会计）	8 月 8 日下午	
4		毛善文（村民、原村支书）	8 月 9 日上午	
5		林清顺（村民、党员）	8 月 9 日上午	
6		毛永兴（村民、原村支书）	8 月 9 日上午	
1	文化组（访谈人：占建青、朱瑾，整理人：苏梦博）	毛旭明（村民、原村主任）	8 月 8 日下午	毛旭明家
2		姜金梅（村文化站站长）	8 月 9 日上午	石门镇政府会议室
3		毛代学（根雕店老板）	8 月 9 日下午	清漾村根雕店
1	生态组（访谈人：安亚琴、郑高花，整理人：鲁晨阳）	毛万阳（村主任）	8 月 8 日下午	清漾村党群服务中心一楼值班室
2		王群菊（村妇女主任）	8 月 8 日下午	
3		毛良善（养鸡场负责人）	8 月 9 日上午	清漾村养鸡场

集体座谈主要指课题组成员与众多调研对象一起，以会议形式开展座谈的调查方式。由一名课题组成员作为主要提问者，其他成员进行补充性提问和追问，调查者与调研对象之间可以互动、讨论。该访谈方式可以促使调研对象之间进行充分的交流和互动，从而获取区别于单独访谈的信息，但因多人在场，具有公开性，调研对象可能会产生心理上的顾虑，回避一定事实，进行选择性回答。集体座谈的基本情况如表3所示。

表3　集体座谈一览表

编号	调查人员	调查对象	调查时间（2018年）	调查地点
1	访谈人：课题组成员 整理人：王子豪	张志军（江山市副市长）、杨子勋（石门镇党委书记）、何小围（石门镇镇长）、杨威（石门镇宣传委员）、徐进前（清漾村书记）、毛万阳（清漾村主任）	4月26日上午	石门镇政府会议室
2	访谈人：课题组成员 整理人：王子豪	徐进前（清漾村书记）、毛万阳（清漾村主任）、祝华庆（石门镇统战部长）、毛志红（清漾村党支部委员）、毛雨龙（清漾村驻村干事）、毛永兴（原清漾村支书）、毛法祥（原清漾村支书）、毛朝明（火龙果基地老板）、毛旭明（清漾村村民、原村主任）	5月31日下午	清漾村党群服务中心二楼会议室
3	访谈人：课题组成员 整理人：鲁晨阳	毛冬青（江山市历史文化研究所所长）、姜淑芬（江山市文化广电旅游局局长）、郑武士（江山市旅发公司总经理）、郑建清（江山市旅委规建科科长）	8月6日下午	江山市委党校三楼会议室

在研究过程中，课题组针对调查中的缺漏和研究中产生的新问题，还采取了电话访谈、微信交流等多种方式进行了调查。比如，课题组成员通过电话访谈了清漾村驻村干事毛雨龙、毛旭明等，通过微信访谈了毛友进、毛友刚、毛伟、毛英俊等清漾乡贤或乡贤家属，通过微信追踪访谈了清漾村历任党支部书记。

访谈结束后，课题组成员花费大量的时间和精力整理了全部访谈录音，形成了数十万字的访谈文字材料，为本项研究提供了较为充分的一手资料。

第二章　访谈录选登

为了发挥口述资料的史料价值，同时印证研究得出结论的可信度，课题组专门整理了有代表性的访谈记录。除个别涉及隐私等敏感性问题或不便公开的部分做了删节外，力求以原汁原味的形式展示给读者，以保证其真实性。当然，正因为是原汁原味的访谈实录，没有根据研究主题和逻辑关系重新进行编排，故而在文字表达上可能缺乏逻辑性，甚至出现一些重复、离题、不顺、混乱等现象，而且访谈对象在语言中可能还夹杂方言、口头禅等，可能会对读者的阅读产生一些不便。然而，正是这些原汁原味不可避免、难以理解的地方，恰恰从一个侧面体现了其真实性。

一、村主任毛万阳访谈

访谈员：主任您是本村人吗？

毛万阳：是的。

访谈员：您在之前是不是也做过本村的书记和主任？

毛万阳：做过的。

访谈员：请您大概介绍一下我们村庄改革开放以来的基本情况和发展历程？

毛万阳：好的。我模糊记得以前我们是生产队，然后变成合作小组，再是包产到户。我的村发生最大的变化就是最近几年。80年代的时候，我们村响应上级的号召，种养殖多一点，当时江山倡导"一桃二白（猕猴桃、白羽乌骨鸡、白鹅）"，那个时候就出现了很多乱搭乱建的现象。当时污染最严重的就是白鹅，当时我们有任务的，每家每户都要养几只，专业户也有，散养也有。当时村里很多地方都是坑坑洼洼，之前我们没有养鹅的时候，村里的土地虽然没有硬化但也是很平整的。

访谈员：之前我们的种植业主要种植什么？

毛万阳：主要是水稻。现在猕猴桃在我们江山算是比较成功了，去年镇政府从贵州招商引资，种植红心猕猴桃，可以卖到十七八块钱一斤。

访谈员：原先那种污染的状态持续到什么时候？

毛万阳：一直持续到 2005、2006 年，然后就是新农村建设了，要求对家禽进行圈养，大量的棚就拆除了，那些养白菇的形成基地了，但是不在我们清漾村。20 世纪 90 年代应该是白菇的兴起时期，我们清漾村也大概有 20 来户种植白菇的。去年我们把村里养白菇的棚都拆掉了，为什么大家不养白菇了呢？这个和我们江山市"工业强市"有关系的，当时招商引资大家可以外出打工，白菇只需要 3 个月种植期，其他大半年都是闲着的，大家更愿意出去打工了。以前很多人去广州，但现在江山市工资也差不多了，也有很多去江山的。现在我们本村没有养菇的了，但是我们村有一个人在贺村那里，他有一个 4000 平方米的厂房专门种植白菇。

访谈员：我们村有多少人种植猕猴桃？

毛万阳：我们村主要是白菇和白鹅，没有种植猕猴桃，还有白鸡。白鸡比白鹅还要早，养白鹅的后来因为利润问题变成养猪了。养白鹅的话有承包一个水库，下面是鱼，上面是白鹅，造成水库水质变得很差。养猪也是这样，江山某地有一个水库，水库附近全是养猪场，猪粪都是直接排到水库里的。

访谈员：这个养猪场是什么时候大量关闭的？

毛万阳：因为我们村是景区，所以比较早，2014、2015 年的时候就全部禁止养殖了。我们村没有办过加工厂。我们村变化最大的就是习近平总书记来了之后，习总书记来之前我们村因为种养殖业，村里环境很差，路边和小溪里都是垃圾。我们现在村民就是主要靠旅游，村民可以做点小生意，大部分劳力还是在离我们七八千米远的工业区务工。所以现在他们广东省也不去了，去广东的话抛家舍业的，现在附近有了工业区，大家都在家里务工了。

访谈员：所以现在还是打工的人是最多的吗？大概占劳动力的百分之多少？

毛万阳：我们村应该是占 90%。

访谈员：那你刚才讲的做小生意的呢？

毛万阳：那些都是妇女或者老人在做，劳力不愿意在家里的，因为挣不了大钱。

访谈员：现在我们村农家乐和民宿有几家？

毛万阳：农家乐就 2 家，民宿有 6 家，超市有 5 家，像毛旭明儿子开店的目前只有他一家，现在摆摊的也没有多少了。大概有 20 多个妇女是在仿古砖厂那里。因为砖厂的工资是按天的，所以正规劳动力没有多少，都是女工。她们的工资是 90 元到 100 元一天，不包吃住。现在我们村有好几个青年，大学毕业后一直没有去上班，有的上了几个月还是回来跟着父母在江山这边打工。父母一个月一万多，他自己打工也差不多拿到一万多。

访谈员：我们村出来的大学生每年有多少？

毛万阳：每年大概有 15 到 20 个考上的。毕业的很多学生也就在杭州打打工，也没挣多少钱。早几年有去温州的，现在大部分都是在杭州。

访谈员：现在我们村里的土地是怎样的？

毛万阳：村里的土地大部分都流转给了专业户，我们这里有一个江郎（归江山居）的项目指挥部，我们流转给政府的有五六百亩，剩余的都是没有整治过的零星的土地，村民在这些土地上可以种一些蔬菜。

访谈员：像我们村葡萄园那种流转给种植大户的大概多少亩？

毛万阳：大概有 200 亩，火龙果基地的 120 亩都是我们村的。

访谈员：旅游业对我们村的经济有哪些影响？

毛万阳：旅游业对村里经济的影响不是很大，因为整个江山市的旅游还不如附近的很多地方，我们和他们的旅游体制都不一样，他们是企业化的公司制，但我们更多的还是在吃大锅饭。现在客人不是很多，所以给大家带来的收入增加不是很多。

访谈员：现在我们的共享机制没有建立好，即便游客增加了，也不见得会增加我们村民的收入，村里和旅游公司以及政府之间需要更好的协调。我们村里的集体经济大概有多少收入？

毛万阳：村集体收入除了共建单位，几乎是零。

访谈员：共建单位指的是什么？

毛万阳：就是有些江山做得比较好的企业过来帮扶的，目前有旅游开发委员会和供电局，但是供电局没有资金帮扶，只是做电力服务的宣传的，没有资金进来的。

访谈员：我们村庄有没有相应的规划？

毛万阳：我们村庄的规划很简单。

访谈员：当时村庄规划和景区规划有没有合在一起做？

毛万阳：我记不太清了，应该是合在一起的。村庄规划比较简单就是弄了一个控制区和核心区，不准我们私自建房。

访谈员：现在村里除了村委会办公楼还有哪些是村里集体所有的？

毛万阳：还有文化站，当时是我建起来的。但是我2011—2012两年没有任职，后来再回来不知道怎么又变成镇里的？好像是因为当时有工程尾款是镇里代付的，所以就让镇里用几年但产权还是我们的。

访谈员：我们村里有没有文化礼堂？

毛万阳：就是在文化站。好像是有人管理的，但是没有管好。这个文化站没有利用起来，主要还是应付检查。

访谈员：我们的村晚是怎么办的？

毛万阳：村晚是在祠堂，我们村里出钱请江山的婺剧团，10000多元一次，村里自己也有些传统活动，像是舞龙舞凤和抬阁，这个抬阁是源于毛尚书。

访谈员：在您的村干部任职经历中，你觉得做得比较成功的是什么？

毛万阳：应该是看到我们村发生了很大的变化，像是原来因为养殖业村里坑坑洼洼的。因为之前我去过广东，当时我二十来岁，很想为村里做点事。后来2007年回来的时候我是三十多岁。现在旅游开发也对我们村产生了很大的影响，包括古村落保护等。另一方面，就是在做清漾村村干部过程中有很多的领导前来视察，我们村干部社会地位和人际关系比较好。整个江山都很羡慕我们村，因为我们村有很多领导来视察，其他村都以为领导给了我们很多好处，但实际不是这样的。我们村的党员大部分都做过书记的，上面领导来视察也是来看你工作的，如果做得不好马上就会被免职。我做的书记和主任除了中华人民共和国成立初的有一个做了28年外，我是做得最久的，我已经做了13年。还有就是当了书记之后我打牌的情况改掉了。

访谈员：那么在你任职过程中遭遇的困难有哪些？

毛万阳：当时有好几个村合并，我建议我们村合并，但是由于我们村比较复杂，没有合并。我是我们村毛氏第58代的，我们村宗族观念比较强，辈分比较影响村务管理，不能得罪辈分比自己大的，合并后我会比较好管理一点。

访谈员：村庄事务管理上你觉得哪方面最困难？

毛万阳：应该是侵占集体土地。因为我们自从 2007 年就不准审批建设用地，所以有些私搭乱建的比较难以管理，侵占集体土地当时不管，后来给管理造成了极大的困难。

访谈员：在您今后的任职中，您设想我们村庄该怎么继续发展？

毛万阳：我觉得应该和旅发公司好好地交流一下。在我们开发之前，当时有一个在江山挂职管旅游的杭州的领导，他当时找我们四个景区的书记到附近的景区转了一圈去学习，当时我看到他们的管理方式和我们完全不一样。他们是公司化，谁投资谁受益，老百姓们收红。像我们现在江山市门票不收钱，我觉得这种情况应该不会持久，因为旅发公司发不出工资。我觉得我们景点也应该搞股份制，老百姓有收益后，像占道经营和垃圾随意倾倒的情况就会改善。免费游的时候，虽然客流量大了，但只有部分摆摊的有收益，其他没有收益的就会有怨气，所以在开展工作的时候就比较有困难。

访谈员：谢谢您，我们今天的集体访谈暂时结束，稍后我们小组访谈可能还会找到您。

毛万阳：好的。

二、村党支部书记（镇下派）徐进前访谈

访谈员：我发现镇里有很多土鸡，现在镇里的卫生状况反而不如我们村里，我们村里现在是禁止养鸡吗？

徐进前：我们村庄现在不禁止养鸡，但是禁止放养，一旦发现放养，一律扑杀，我们有专门的经费补贴给老百姓。

访谈员：我们村现在有没有进行文化方面的开发？

徐进前：文化方面也或多或少地涉及了一些。比如，2007 年在进行旅游开发的时候，把清漾村的毛氏族谱进行追根溯源给找齐了。当时找了很多的部门也跑了很多的单位。

我们村目前收回了 13 栋古宅，最早的可以追溯到明朝末期，已经有好几百年了。但是，毕竟这么久了，古宅的墙体已经严重损坏，我们请示领导后进行修缮和保护。我们现在的古宅保护资金还有 300 万。其中，一栋古宅的修缮预算已经出来了，相关的手续也都办结了。我们打算先修缮一栋看下效果。然后，我们会把剩余的 12 栋全部修缮起来，开发成旅游景点。我们现在做毛恺的旅游开发。比

如说三尺巷，其实三尺巷不在我们这，是在溪底村，溪底村专门有个祠堂。所以毛恺并不是出自现在的清漾村，但是祖先是我们这里的人。原来的清漾村比现在的要大，土地改革的时候很多土地流转到其他村了。

我们村有千年的历史了，1500多年，出了很多名人，有8位尚书83位进士，所以说发展文化这一块非常重要。石门镇的党建馆是我们村的场地，那个地方原来还有一个皇榜，现在就剩两个字了，都被腐蚀掉了。皇印还是看得到的，但是不全了。那个房子是明末的房子，轻轻一推就倒了。几百年了，已经属于危房了。我们按照原样修复了。

我们村最可以挖掘的资源就是文化资源。村里财政吃紧，文化这一块如果能发展出来的话，一可以发挥我们自身的优势，二可以增加财政收入。如果清漾村能作为市委党校党建的教育点，我心里也很高兴，等于是帮我们做宣传。说句心里话，没钱什么都办不了。

访谈员：宅基地怎么办？

徐进前：宅基地平均下来差不多30万一栋，按平方米卖。村集体宅基地，是经过村民代表大会授权的，可以卖，不能卖给外村的。如果卖出去至少翻一倍。

访谈员：集体经济除了宅基地之外还有什么？

徐进前：还有两个山场，就像我昨天汇报的，一个走司法仲裁程序，还有一个租金还差我们20万。我们村第三个赚钱的地方就是去年置换回来的13栋老宅。我们村是首批古村落保护村，中央直属资金有300万，省财政资金有200万，现在还剩270多万。

访谈员：收回来的老宅产权怎么处理？

徐进前：房屋都是有土地证的，他们的土地证全部过户到我们村集体名下。如果没过户，是严禁在我们安置的宅基地建房的。安置区的老百姓，房屋都是我们设计的统一规格。

访谈员：我们村的乡贤多不多？

徐进前：不多，年龄比较大的，有一位湖州商会会长。清漾人，他的老宅给村里免费用10年。村里给他这个老宅做修缮，可以作为旅游景点宣传清漾村。这个老宅产权还属于他个人，但也在古宅保护名录里收录。这些乡贤，他们的资金、头脑、眼界、人脉资源都可以给村里带来很大帮助。

访谈员：毛氏文化不光是名人，还有文化的传承。比如家规祖训、精神文化，等等。是不是可以通过什么手段来弘扬一下？

徐进前：这也是我们领导一直强调的事情，预算也出来了。涉及家规祖训，要求每家每户想一条，党员先带头，然后再发展到全村。领导的意思也是想让清漾毛氏把以前的家规祖训能够记在心里面。

访谈员：在村风建设过程中，文化开发有没有融入里边？

徐进前：一个村的村风跟领导班子有密不可分的关系。

访谈员：旅游开发的过程中，融入了村风建设吗？

徐进前：副市长第一次来村里开会就说，你们清漾村要把民风建设放在首位。民风现在好多了，村里的垃圾分类工作开展得也很好。

访谈员：景区建设治理当中，在对村民的服务上村里有什么做法？

徐进前：一是做关联村，当成一项政治任务来抓。党员关联户，就是每个党员分多少户，名单全部公示出来。比如，得癌症的村民，村里一次性一户补助1000元。对于伤残大病困难户，要统计出来，上交到上面评低保户，低保户的大病报销力度更大。二是我们有六大中心：便民服务中心、调解中心、议事中心、党员活动中心、文体活动中心、老年活动中心。

访谈员：除了救济，还有什么服务项目？

徐进前：一是服务，二是秩序整治。沿途商贩差不多有20家，小商小贩摆摊设点规范化，摊位制式、颜色统一，所有钱由旅游开发公司出。很多群众想在自家门口摆摊，这比较影响道路交通。后来旅游开发公司老总来选好场地。

访谈员：醉江南是做什么项目？

徐进前：是做土地开垦、观光旅游和农庄旅游。公司招商引资，做土地流转。

访谈员：你的工作现在遇到的困难有哪些？

徐进前：我一共只有三个支委，去年美丽乡村工作时候辞职了一位，前段时间老书记也辞职了，现在支部工作就剩我自己了。因为这个村子还是比较复杂，因为毕竟是明星村和5A级景区村，工作任务比较重，特别是卫生。去年的时候我们这里还遍地都是鸡，虽然我们村民每个人有50元钱的圈养费，但是由于村里经费有限，当时这笔钱就没有发给群众，导致群众也不管理，直接散养。经过去年美丽乡村整治，家禽圈养现在已经做得比较好了。我们治理的重要依据就是我们清漾村的村规民约。我们的村规民约在经过司法局下发的版本基础上进行了两次修改。第一次修改是在美丽乡村之前，后来美丽乡村开始后又进行了一次修改。

我们重阳节会给所有 60 岁以上老人每人 200 元，80 岁以上 300 元，过年也有春节慰问金。我们以村规民约为依据，凡是不遵守我们村民代表大会通过的决定的，我们会在下一次大会上进行宣读，这个在村规民约里是有规定的。第二，在治理方面，我来这边之前，村里的村民代表大会比较乱。就是开会时候有人有事的就让自己亲戚代替，然后签字拿参会费。我来了之后，我就规定如果有代开的情况就直接免掉。当时，到会才 43 或 44 人，那次清理出去 9 个人。那次事情之后，我们现在的会议秩序以及队长的执行力都改善了很多。第三，就是组团联村。包括党建加基层治理这部分，我们按照市里面的要求实行网格化管理，实行三个覆盖，即组团联村全覆盖、网格支部全覆盖和党员联户全覆盖。现在整个江山市都是这样落实的，我们村现在分成两个网格，我们现在一共才 37 个党员，除了一个常年患病卧床的老书记，其余 36 个党员都有挂联村里的农户。我们分为主联和副联，主联主要是常年在家的、37 周岁以下的；副联就是那些常年在外面务工偶尔回来的。主联党员主要负责日常联系群众，了解群众需求，并反馈到村里。现在是这样，有些老百姓和村干部觉得这种政策是劳民伤财没有必要，对政策不是很理解。但我注意到现在来村委会的村民变少了，我想更多是因为这种政策就已经帮助村民处理了很多的事情。现在我们村的内部矛盾比较突出。第四，我们基层治理这方面主要抓的就是信访问题，其中主要抓的就是陈年旧事。比如，像欠老百姓的账，村里已经答应还了但是一直在拖，其中最长的已经拖了 22 年。我们有一个近 150 亩村集体山场承包，22 年承包期间一分租金没有收过。所以在去年我们班子换了之后，我们第一件事就是把山场收回来。因为他把板栗树砍了种桑木，所以我们必须要走司法仲裁程序，走法庭判决，现在法院已经受理了，9 月 25 日开庭。我们的法律顾问告诉我们村里是肯定会赢的，但是之后还要对山场进行一个估算。如果不抵押板栗树，我们就可以收回来，但是如果不抵押的话我们还要赔给他钱。前一段时间我们一户多宅整治做拆迁工作，当时我在外面学习，白天不在村里，一个月只有我们村一户没推进去，我们开会时村干部也都不发言。从严格意义上讲，在村庄环境和人文氛围方面，今年比去年我来的时候已经好了很多。以前这里乱到什么程度，就是队长可以凌驾于村集体之上。我来之前，他们队长开会讨论提高工资，然后找我来要钱。现在一户多宅整治工作确实很难，他们也知道地基是村里的，但是他们会担心自己孩子以后的建房问题。我就跟他们承诺说，我们拆了之后不收回宅基地。从严格意义上说，我们可以收回的。有时候我们村干部会工作到十一二点，大家也比较抱怨。但是，在村庄发展等方面，村里的很多规矩都比以前好多了。现在我们工作按照上级要求，党建统领一切，所以现在我们也在强化班子建设。以前村干部也就星期二来开个会，其他基本上没什么事情。但是，现在我们的村干部基本上处于全脱产状态。我们现在在做党群服务中心，正在设计阶段，但是还没有做。就是领导要求我们要把德治、自治、法治要融入进去，还要求我们每家每户都要想一条家训，要求党员能随时随地回答上来家训是什么，然后要求所有村民都要做到。但是，现在资金比较困难，像是做广告牌这样的花销。领导觉得这也是我们家风的体现，现在我们党员必须把联系的群众联系卡打印出来，问的时候群众要知道是哪个党员联系的。现在我们已经把党员联系户工作纳入了党员星级考评体系中去，半年要公示，年底要考评。镇里面规定总得分低于三星的党员要把组织关系转到镇里进行集中学习。党员联系户工作，我们通常讲"五上门、七大员"。现在也有很多部门来我们村里挂牌子，像是浙江省的科普基地。

三、村委、村妇代会主任王群菊访谈

访谈员：我们调研几天后，有这样一些感知：就是我们以毛氏文化为基础，习总书记的到访作为最重要的转折点，形成了现在这样一个外力推动型的旅游开发村庄。我们比较有样本价值的有这样几个层面：一个是生态文明，原来的脏乱差到现在村庄整洁的转变。但是，有一个不太理想的问题是：现在的项目比较碎片化，可能单独的项目比较好，但是整体就很突兀。如我们的安置小区，在我们这样古村落的环境中就会很突兀，这部分应该是我们规划的问题。第二个是通过景区开发和土地流转造成的产业结构、劳动力结构、生活方式、就业结构的转变。除此之外，还应考虑产权结构的转变，原来家庭承包，现在农业变成了规模经营，劳动力脱离了农田去打工，以及有些在规模经营农业打工。景区开发带来的业态的变化，虽然我们现在的农家乐、民宿没有发展起来，但还是有逻辑性的，还有超市。

王群菊：其实不做旅游开发的话，我们这边应该也会有超市的。现在我们的意识提高了，比较注意安全的问题，大家也都会到超市买东西。像左邻右舍这样的，大家也比较放心。

访谈员：但是我注意到大部分超市都是集中在景区周围的。

王群菊：这些人以前也都是开小店的，后来左邻右舍进驻了之后，他们开小店

的办不下去了，也开始转成左邻右舍的了。他们开小店的也是很早就开了的。我以前也是开超市的，我是2013年回来的。之前都是在镇上开店，我不喜欢在村里开店。开店比较辛苦，有孩子要带，还没有休息时间，年三十我们也在店里。当时，因为生二胎就把店关了。后来回村里批手续的时候，他们说让我当妇女主任。

访谈员：我们村庄这些年来哪些方面的发展你觉得是可圈可点的？

王群菊：我是搞卫生的。去年时候我们这边卫生还做得不是很好，有些保洁员跟你作对的，扫完后又倒出来。但是，现在我们这边卫生都做得比较好了。主要是找保洁员要找准。我在雇人的时候，我都会让他们来打扫一下，如果扫的不好我都不会再雇了。以前他们工资是1100元，现在是1680元。现在保洁员一共有3个，有一个腿脚不太好，有两个比较勤快的。我都不会让我婆婆去扫地，那个时候我婆婆在那里摆摊卖葛粉，我也不让她摆摊了。因为我们村里不让随便摆的，我也是不让别人说闲话，自己做好了才能去管别人。

访谈员：现在我们摆摊是不收摊位费的吗？

王群菊：这边是不收的，那边收也是象征性的，一年才一百块。但是，我们也是倒贴钱的，因为电费都是我们村里出的，一台冰箱一年都很多电费了。在家门口摆的都不收费的，小木屋里是100元一年。很多人都乱摆，把路都堵上了，车子都过不去。我们把她家门口换了青石板，她还说摔倒了要怪我们。

访谈员：去年美丽乡村现场会我们的主要工作是什么？

王群菊：就是到处扫地、搬东西，从早上六点弄到晚上六点。今年都还好，去年我们个个都是黑不溜秋的，乱堆乱放的要去清理。

访谈员：看来景区开发也给我们增加了很多的工作。现在我们变成景区村之后，不仅仅是我们村里的卫生保洁，有领导来景区视察也是我们村里的工作人员去接待的，旅游公司不需要接待，像徐书记每天接待任务都很繁忙。

王群菊：景区里面的卫生是他们管，但是外面都是我们做。有时候有领导来视察，我们书记没时间接待，到景区找解说员也是要付钱的。像我们以前收费的时候，我们本村人可以带自己亲戚进去不用买门票，我们村里就没有出现通过带游客进去来挣钱的这种情况。我知道有些景区，饭店老板告诉客人：你在我这里吃饭，我可以免费带你进去，但是我们村就没有出现这种情况。我们村是领导来江山后必来的。其他村领导不去的话，卫生差点也没关系。我们领导经常来，卫生就必须要搞好。他们来也就是来祖祠转一下，祖宅门口拍个照。

四、驻村干事（大学生村官）周中原访谈

访谈员：我们想要了解整个清漾村的历史过程，重点想了解改革开放40年以来清漾村的发展变化。据我们了解，清漾村发展的一个主要特点就是习总书记2006年来考察是一个很大的转折点。我们想从各个层面的人来了解清漾村的发展情况。我们想请你这位大学生村官说一下：现在作为支委，根据你的理解，为我们介绍一下清漾村的发展变化。

周中原：我来清漾村时间算比较长，至今将近五个年头。我是2013年的九月份来当大学生村官的，到今年的九月份就是第六个年头，满五年了。刚才卢教授说，改革开放40年的变化和发展，但是我只来了五年，所以我就谈这五年来我的感受。清漾村的发展，其实有很大的政治因素。清漾村的发展有那么几点：第一，就是它本身有资源。不知道各位老师是否听说过习总书记提出的三个"没想到"，他说没想到那么偏僻的小村庄，自然环境那么好，文化底蕴那么深厚。清漾村虽小虽偏僻，但是自然风景很好。然后，习总书记说到清漾村的历史底蕴如此深厚。清漾村有1500年的历史，我们清漾村也算是一个古村，比石门建镇要早。历史算一个方面。然后，清漾毛氏出了那么多人才，大家应该也了解，最著名的就是8个尚书、83个进士。所以它自身含有的一些资源，是它发展的一些基础和前提。这些就是清漾村之前的一些情况，它近些年的发展就是基于此。

在习总书记来之前，清漾村的基础条件确实是不怎么好的。那时候，这个区域的村落，普遍是以农业为主，比较传统，比较落后。而清漾村又是这个区域的三四十个村落中比较落后的。以前清漾毛氏族人其实做得很好，加工、建筑都很好，但是大概在近代已经没落了，清漾村的人才没有留在那里发展。到了2006年之后，一方面政府开始关注新农村建设，地方政府想要发展农村，从这个时候开始，清漾村的发展慢慢被重视起来。习总书记来了之后，也是了解到毛氏族谱，后来被列到国家档案馆的第一代的珍藏目录。还有一个就是这里是毛泽东祖居地。因为我们中国人对这个历史都有情怀，这些都是前提和条件。接着，就开始发展了，后来就是政府投入嘛！原来的祠堂已经被烧掉了，现在清漾村旅游的景区的主体主要是祖祠，有2000多平方米。还有一个祖宅，好像是1000多平方米。这两个最主要的主体，也是承载清漾毛氏文化的载体和平台。祖祠是屡建屡毁，它是在宋代就有了，后来被烧毁，明代的时候也被烧毁过。

2006年习总书记来的时候，祖祠处于半坍塌状态，被当作农户的柴房，也就是放柴火的地方。祖祠当时已经破落掉了，但是基地还在。祖祠对于毛氏文化还是很重要的，所以当时开始修建。祖宅也是一样的，还要更早一些。政府先是对这些建筑进行了一些基本修复，然后进行基础设施的改造。当时因为缺乏管控，在祖祠和祖宅边上有一些乱七八糟的农房。后来这些都在政府的组织下进行了搬迁和安置。在祖祠广场的边上就是安置小区，住着从农房搬出来的农户，这些都是前期的基础建设。后来就开始发展旅游，利用毛氏文化名人的效应，打出一些品牌，也就是毛氏文化发祥地。我们浙闽赣、江南的几省的毛姓都是清漾村这边发展过去的。毛氏文化源远流长，里面有很多文章可做，包括和其他毛氏的联谊，最重要的牌子当然是毛泽东的祖居地，这个比较抓人眼球。除了政治因素以外，从旅游开发者来说，也是一个吸睛点。景区做起来之后，特别是近几年，我们清漾村就以旅游开发为主。

访谈员：清漾村旅游作为景区是哪一天开始的？

周中原：景区是2008年的时候开始的，也就是我们改造好之后。清漾村一共进行了三期工程的保护和开发。当时开放的时候还请了毛新宇过来，场景还是比较隆重的。那时候就开始发展旅游，主要是以景区收门票的方式。刚开始还算是小景区，随着政府越来越重视，投入越来越大，景区的规模也越来越大。对于景区的打造，基础设施的建设也越来越多。每个项目都建设起来了。到了2017年11月份，我们投入了很大的资金，第一个要把我们的村庄建好。建设好自身的同时，能够吸引更多的人来。同时，随着旅游的发展，包括免费游活动，我们村庄的人气越来越多。还有一个5A级景区的创建也是一个关键，这是2016年的事情了。5A品牌创建下来，对于我们景区的各方面的名誉度都是一个实质性的提升。这是从清漾村本身发展的情况来说，那随之而来的肯定是产业，也就是老百姓增收这块。以前很传统的，都是种植业为主，那现在根据市场需求，民宿农家乐肯定是最基本的。虽然整个清漾景区的体量不大，比较小，但是也有将近11家的民宿、农家乐，这是第一个，也就是服务业。第二个就是商业，就是摆摊。一些留守的老人家卖土特产和水等一些基本的东西。他们的体量都不大，但是对于他们个人来说，一年能增收三四万。对于这些老人家来说已经很不错了，这是旅游附带的。农家乐肯定就更多了。

访谈员：现在摊点好像基本上就是祠堂门口这里？

周中原：对对对，就那几个。以前没有的，现在有了。对于他们来说，肯定是有好处的。农业方面，原本我们主要是种植水稻和蔬菜，还是比较传统的，经济价值也不高。其实，清漾人并不多，在整个石门镇也不算大，没有很多很有特色的东西。但是，现在因为旅游关系，有一些与农林结合的部分了。就像我们看到的火龙果，它也是属于清漾村的这个地方。他把它承包过来，从农管来说，肯定能提高收益。就火龙果的项目组来说，它依托于良好的旅游环境。火龙果的销售、品牌建设、政府扶持、售价等都是比较好的。引进特色农业的发展，这是另外一条线，从发展的角度来说。

然后，从村集体经济的角度来说，虽然之前清漾村旅游发展得很好，但是之前村集体经济收入其实不多，营业性收入是不多的。因为一般的农村营业性收入靠的要么是工业和建厂，要么靠集体生产、集体土木，这些清漾村都没有。我们一般的田都分了，山都分了，房子都分了，营业性收入比较少，最多就是部分少量山场的发包。但这个其实量不大，一般其实就是签三十年，一年才五六万，所以收入不大。但是，现在有所缓解，因为我们通过古村落的保护，弄了一个宅基地。我们把在祖祠旁边的老房子，也就是具有历史价值的古民居收购回来进行修缮。为了将农户从老房子里置换出来，我们用宅基地进行出让。我们商定了两三百万的土地有偿选位，大概有300万的收入吧！那么，接下来我们未来的发展就是把置换出来的大概11栋共5000多平方米的老宅，通过古村落保护项目的修缮之后，可以发展物业或开发。到时候就可以租给旅游开发的，搞民宿的，搞旅游场所。我们还设想未来可以开发古代婚庆，所以我们要修缮好，这是从村集体经济来说。

访谈员：我想了解一下，除了我们村里办公楼以外，村里还有没有可以办喜酒之类的公共场所。

周中原：没有，我们村里有想过这个事情。之前想做其他基础设施建设，还没有考虑到这一块。本来按道理，祖祠可以办，但是祖祠作为旅游景区不好办。所以我们想在凤凰城那边开放一个宴会大厅，一方面可以承接本村的一些宴席。其实像大陈村他们走得比较快，发展得好，但是他们的某些基础比如历史文化和清漾村比还是差很多。清漾村的条件更好点，就是发展没跟上。

我做了很多工作，手上申报的比较大的项目就是中国传统村落，这是国家级的。2014年的时候申报，2015年的时候批下来，我们是第二批中国传统村落。第一批被列入中央财政资金补助的古村落项目，配套的有 300 万左右的保护项目。我还申报了浙江省历史文化名村、中国历史文化名村的地方村、清漾毛氏文化社会科学普及基地等荣誉。

刚才说的是清漾村基本的发展情况，接下来我说说我看到的一些问题。之前，我们清漾村的班子建设是有一些问题的，导致我们不能很团结、很长期持续地干一件事情。还有就是我们急于去做上级交代的任务，却缺乏自己的思路。我们的村班子缺乏长期的思路和蓝图去发展，他们有很多想法但是实施不了，村集体经济发展缺乏一些措施。这是我们碰到的问题。现在就是上级安排什么，我们就做什么，缺乏自主发展的方略和推进方向。

在产业发展上，我们总体还处于比较低端的状态。从民宿而言，农房改造比较低端，价格不高，70 元到 100 元左右就可以包吃包住。农家乐也是，虽然开了很多家，但是能够比较正常、持续不断有好收入的也不多。他们的营业模式就是游客量多的时候做一段时间。但是，清漾村的游客量不稳定。因为清漾村景区体量小，整个商业配套比较单薄，游客滞留时间很短。清漾村的尴尬在于游玩，变成江郎山的附属。游客的主要目的是江郎山，清漾村只是经过一下，很多旅游团在这里游半小时，这对于我们的商业发展是极其不利的。

访谈员：要想想办法慢慢变成江郎山游了以后到清漾村住一晚上。

周中原：按照我们的规划来说，江郎山属于自然风光，清漾村属于人文，两者是可以相互结合的，可以承接到文化里，也是劳逸结合的过程。现在边上归江山居的项目，清漾村对面会配套一个商区。这个项目可以把人留下来，这样游客就可以到清漾村来玩。放开来讲，这个对清漾村也是有好处的。除了民宿、农家乐外，摆摊提供的旅游产品也比较少，我自己也在做这个事情，尝试改善这个情况。我们作为大学生村官，也和一些年轻人一样在祖宅边上租了一个店面，通过一些有创意的东西改善一下业态。我自己的模式是古村落的创意模式休闲体验店。比如，开发特色小食、尚书卡牌等，店铺的 logo 也充分运用清漾文化元素。

访谈员：你刚才讲了清漾村的发展，我想知道你从 2013 年来了清漾村以后，做了哪些工作？

周中原：说来惭愧，我个人觉得对清漾村贡献不大，说几个觉得还可以的人。我 2014 年到浙大读在职研究生后，我请了浙大的雏鹰社团到清漾村支教，这个支教一直持续到现在。在我来了清漾村以后，发现清漾近几年来在学习上没有特别大的成就,近几年来清漾村最高的学历只到硕士,没有博士。就文化底蕴如此深厚的村落而言,确实是一个小小的缺憾。所以我希望在学习方面为清漾村提供力所能及的帮助。这个支教持续至今,收到学生家长比较高的评价。农村留守孩子暑假比较散漫,有这些浙大的高才生前来支教,学生家长很欢迎也很放心。对于学生来说,有了学习的目标和榜样。我也和带队的社团负责人交谈,建议他们做一个课题,了解自己对这些留守孩子的影响,对这个支教活动做一个长期跟踪。以支教为例,有些学生很认真学习。村里有个小女孩车祸休学了,导致学习进度跟不上,但是她学习很努力。支教时,浙大学生给这个女生做辅导,这个女生常常学到晚上七点多才回家。这个支教对他们是有帮助的。学生和支教老师的感情非常深厚。虽然当时清漾村景区还没有免费游,但是清漾的小孩子会利用本人的便利带着支教老师到景区游玩。分别的时候,双方更是泪眼婆娑,依依不舍。这个支教对他们是有影响的。教育是百年树人的过程,长期的影响我们暂时看不到,但是我个人是希望这有一个长期的好的影响。我们也在尝试建立一个正式的合作项目,前段时间我也和镇团委商量是否可以建立一个实践基地,可以比较系统合理地开展支教活动。然后,就是宣传清漾村。比如说,新闻报道。从我们手上办起来的是——清漾村晚,已经连续办了四届。村歌《千年清漾》是获得国家金曲的,曾经有专业人士在人民大会堂演唱过的。春节都有这个村晚的,村歌有的。但是,我们没有发挥大的作用,这是组织能力的问题,是村班子的问题。

我做了一个活动,就是把军训服给村民,这是从我母校杭电带过来的。当时,大家用完都扔掉了。但是,我想干吗不拿过来呢?虽然看着简单,但是收回来还要洗、熨烫,运费我们是争取到物流公司的爱心快递,这是我为村里做的小事。现在,看到村民穿着迷彩,就肯定是我发的,还是有小小成就的。其他的就是参与乡村建设的整治,然后填申报材料,做很厚的册子,还有搜集图片之类的。这就是我发挥作用的地方。

我个人认为,我在这个村里只是发挥点小作用,现在还没有这个能力改变村子的现状。包括业态,也是当年清漾村一个比较重要的发展方向。既然我没有办法推动村民去做,那么我就先去做起来,看看有没有一些效果。农民都是很实际的,费尽口舌没有用,你要让他们看到真金白银才会动。

访谈员:你现在兼了支委,在你的工作中,你认为在清漾村管理中比较难的是什么?

周中原：个人感觉，最突出的是在农村人才太少，年轻人太少。可能是个人原因，我觉得和村里的大妈很难沟通，虽然我已经很尽力地站在她们的角度考虑。一方面这些大妈思维稍微僵化，比较固执，有代沟，很多我们说的话她们听不进去。我和年轻人沟通都没有问题，但是和大妈沟通有些道理讲不通。比如，整治。我们说这个整治是有好处的，但是她们就是不听我们的。在村里我也有次差点和人打起来。在整治的过程中都是难免的，当时是绿化整治。清漾村总体还好，就是沟通方面。虽然我已经把他们当妈妈辈、爷爷辈，站在他们的角度来考虑，但是他们还是太固执了一些。

还有一个是我们村的班子建设，还有待提高，这是实实在在的问题。还有我们的旅游发展，从政府方面来说，还太僵化了点。现在清漾旅游发展把文化挂在墙上，挂在两个宅子里。他们开放的体验性、互动性多一点，形象生动点，这方面是缺乏的。我个人是这样觉得。

访谈员：现在清漾村的旅游，不是文化村，是古村落旅游。现在定位开发的是古村落，而不是文化村，文化两个字没有很好地挖掘。实际上，就是两栋房子，同质化明显，和其他古村落没有区别。所以我说能不能延伸一下文化两个字，到底要保护什么？开发利用什么？我们的小周还是脑子比较灵活，比较有想法。

周中原：我们做一些尝试，但是我们能做的其实是有限的。有些人来了一次，但是并没有想法来第二次，这个就很成问题。

访谈员：你觉得这几年这样的发展，对清漾村来说，我现在看得到的，村庄变美，生态环境变化很大。除了这个方面，刚才讲到产业，在转化过程中还处于起步阶段，比较低端化，这实际上是经济的转型。我们做样板村，要体现出样板的意义。除了这两个之外，你觉得清漾村还有哪些转型的样本可以提炼的？其典型和特点在哪里？

周中原：清漾村相对于其他村而言，最大的特点就是文化。其实，很多村都有文化，只是有没有开发的问题。文化又是一个大而广之的概念，完全可以拿来主义。清漾文化就是一个家族的绵延传承，既然你要算到毛氏前面，就可以算上很多中国历史。以姓毛为基础，整个家族演变脉络为基础，无限扩大。它的整个文化挖掘就很丰富了。如果单单几个姓毛，我如果不是姓毛的，那兴趣就不大了。但是扩大到整个文化的话，它可以挖掘的就更多了。到其他村也是一样的，虽然不是每个村都可以把开发文化然后做景区，但是每个村都有一些文化的核心可以挖掘出来做很多东西。比如说，有些村可以做农产品或者工艺品，把文化拿起来，他这个价值就高了，宣传性也多起来。现在普遍的，农村的发展政府是很重要的。农村处于衰弱状态，所以我们要乡村振兴。之前的状态是我们一直在衰弱，人才和资源都在走，优秀的人都留不下来。你要注入新的活力的话，首先你要注入一些钱，注入一些项目，注入一些扶持，才能给慢慢休克的人打入鸡血，他才有动力发展。

访谈员：清漾村民外出打工主要是去哪里？

周中原：那各个地方都有，杭州、湖州、上海、衢州、金华，江山也很多。他们并不是不回家，只是工作、居住都在外面，只是把清漾村当老家偶尔回来看一下，无法对清漾村发展造成直接影响。

五、村民毛旭明（原村主任）访谈

访谈员：修复祖宅花了多少万？

毛旭明：2003 年，我当村主任时修复祖宅，花费 34 万左右。清漾祖宅那块匾是胡适题的，原来是放在村里的。后来，祖宅修复时那块匾遗失了。但在遗失之前，这块匾上的字我父亲已经印下来了，放在家里。

访谈员：胡适题的这块匾是什么时候遗失的？

毛旭明：1933 年毛子水先生回来时，毛子水先生让人题的这个字。当时，这个字已经写好邮寄回来的。毛子水先生说，字写得不好，名气是有的。当时，"文化大革命"毛子水家很多东西也被烧掉。那块匾上的字放在毛子水家里的瓦片下面，毛子水的儿子在江山中学当音乐老师，"文化大革命"结束以后拿出来，但是腐烂掉了。我父亲印下来的那块匾现在收藏在衢州博物馆。

访谈员："文化大革命"的时候村里被毁的严重吗？

毛旭明：祖宅修复时，很多对联都是我父亲记在心里，然后从江山老年大学里边请到有文化的、字写得好的人一对对写起来全部做好的。父亲是离休老干部。1958 年大办食堂，祖宅就变成了食堂，那个时候祖宅的对联已经损毁了。我大伯意识到这块匾的重要性，就把这块老匾收藏在家中。到"文化大革命"时期这块匾转移到民兵连长家里，比较安全。但是，由于太穷了就被卖掉了，后来收买的人又把这块匾捐到衢州博物馆了。

访谈员：您父亲毕业于师范学校？

毛旭明：毛子水妹夫徐方田在江山办过师范学堂，教的人出来以后去各地学校当校长。当时，我父亲在这个学堂学习，但父亲的字写得不好看。徐方田觉得父亲字写得太差，不适合当校长。父亲觉得难为情就回来了，为把字练好，练了六摞纸。

访谈员：祖宅大门外石头上刻的理门、义路是什么意思？

毛旭明：这个字是我父亲写的。原来这里只有一条路，2003年把它分开拆成两条路重新修过。就是"理、义"两个字，这两个字是清漾我父亲这一辈的辈分。

访谈员：这个是第一次修建的时候搞的，还是后来习总书记来了以后建的？

毛旭明：2003年先修好之后习总书记才来的。

访谈员：门口标语写的保护好、开发好、利用好，这里讲的是清漾村还是讲的毛氏文化？

毛旭明：讲的是清漾村，结合新农村建设把新农村保护好、开发好、利用好。

访谈员：习总书记当时看过这个族谱吗？

毛旭明：当时族谱没有拿过来，在档案馆。

访谈员：毛光烈第二次修缮？

毛旭明：习总书记到宁波，同毛光烈讲你们江山有个清漾村，是毛氏祖宗的地方，你有没有去玩过？毛光烈说没有去过。习总书记同毛光烈讲你一定要看一下，带点钱去不用带太多。后来，毛光烈来了以后，我带他去了祖墓。毛光烈问我，你修复祖宅花费了30多万块钱，那个祖祠要修的话需要多少钱？当时我同他讲需要三四百万。后来从宁波拨过来400万。1996年祠堂烧掉了，2010年4月修缮，到10月16日正式开放，用这400万修建了祠堂。

访谈员：祠堂为什么烧掉？

毛旭明：在1982年前，这个祠堂是8个生产队的仓库，放一点农具、稻谷等。在1982年以后，分给了每家每户。离得近的很多东西都放在这里，后来起火烧掉。原来道路不通畅，消防车进不来，烧掉的比较厉害。在1996年烧掉以后，一些人该用还是在用的，用木头自己搭一下。烧掉以后政府有给农户补偿。

访谈员：祠堂烧掉之前有没有一些比较有价值的东西保存下来？

毛旭明：以前"文化大革命"时已经破坏掉了，很少保存。

访谈员：清漾毛氏文化族谱的完善、修建祖宅、重建祖祠，除了这些，开发的还有什么？

毛旭明：可以归纳清漾五大类文化：第一类是祖祠的对联，每一副对联都有历代祖宗的故事，还有灵牌位是清漾毛氏家族文化。第二类清漾祖宅那一块的文化，苏东坡有提诗。第三类是清漾祖宅的家教家训文化。第四类是名人文化，包括诗歌文化、廉政文化、国学文化。第五类是族谱文化。

访谈员：村里面在做的清漾文化的活动有哪些？

毛旭明：2007 年以后村里的面貌都发生了很大变化，环境投入、规划起到很大作用。

访谈员：您感觉毛氏文化最核心的特色是什么？

毛旭明：毛氏文化的精髓主要就是，江山是一个文化古县，江山人写的有 8 本书记录到纪晓岚的《四库全书》中，毛氏的占了 6 本，其中有 4 本书是清漾毛氏写的，还有 2 本是搬出去的毛氏写的。民国时期，小学毕业 2 块大洋，初中 4 块，高中就是 8 块大洋，奖励学习，这个钱是宗族给的。2003 年考上大学是 100 块钱。以前村里的钱是归宗族的，中华人民共和国成立后归公了。现在村里有两个在英国留学的，以前很重视出国读书，成立后不太重视了。

我爷爷毛阎祥比毛子水大几岁，两个人同辈。我爷爷考上了秀才。父亲 8 岁时，被爷爷带到清漾书院。以前要有出息就读书。我儿子初中毕业就没再读书，我一个儿子一个女儿，女儿高中毕业，当时家里不怎么富裕。像我父亲这一辈人初中高中毕业的也很多。现在村里有几个研究生，去年考上一个博士，每年都有考上大学的孩子。

访谈员：毛子水有没有孙子还在村里？

毛旭明：毛子水的孙子终身务农，毛子水的儿子毛仲廖上海复旦大学毕业后在江山中学教英语。毛子水一个儿子一个女儿，女儿带到台湾了。后来他女儿也去美国教书了。毛子水带去的有弟弟、女儿、侄女。毛仲廖有两任妻子，第一任妻子生了两个儿子，妻子死了以后两个儿子跟奶奶住。后来，又娶了一任妻子，生了三个女儿。毛子水孙子的孙子去年也考上了大学，毛子水孙子的儿子，现在在厦门，有一点小儿麻痹症。

访谈员：村里的民风不是很好，为什么？

毛旭明：拆迁、旅游开发问题比较多。每次开发补偿不平等，导致民心混乱，百姓意见很大，政策不公平，民风逐渐很差。

访谈员：现在毛氏家族每年有什么文化活动？

毛旭民：舞龙、打锣。祭祖都是自由去的，没有统一的，一般都会来。毛氏家族的人都会来，自由祭拜，没有统一组织。以前重男轻女，女的不准进去，男的才可以进去。中华人民共和国成立前是统一的，成立后就没有啦！每家每户的祭品放到祖宅，每家的所有男丁到祖宅那边祭拜，女的不能进去。男的祭拜完了把宗门打开，所有子孙跪在那里开始念族规祖训，族长带领子孙念。按文化分香饼，男的两片，小学毕业两片、初中毕业四片、高中毕业八片、大学毕业就十六片。对文化、人丁、长寿比较重视，七十岁以上的老人加两斤猪肉。中华人民共和国成立以前，女儿出嫁，嫁之前要到祖宅那里祭拜一下，儿子结婚也要去拜。

访谈员：您觉得在旅游开发过程中如何做好习总书记讲的"三个好"？

毛旭明：旅游开发解说应该多去传达毛氏文化精华。比如，毛恺的廉政文化、毛子水的国学文化等。旅游开发公司更注重的是利益，对毛氏文化没有很好开发。比如说，多传达族规祖训文化以及对对联的解释等。文化的东西如果只看不解读，那么一般很少有人看得懂，容易失去兴趣。

访谈员：来旅游的有哪些类型的人？

毛旭明：有些是来寻根的，有些是来观光的。

访谈员：请您介绍一下这个村改革开放以来习俗的变化？

毛旭明：1949 年之前本村的毛氏不能通婚，改革开放以后这个情况有变，也有结婚的。

访谈员：以前结婚有什么重要的风俗？

毛旭明：打锣敲鼓唱戏。

访谈员：您儿子结婚是哪一年？结婚时有哪些风俗？

毛旭明：1998 年，结婚仪式比较简单。"文化大革命"以前，很多形式都有。比如说，拜天地。当时有花轿，现在结婚放在酒店比较多。第一天，大会酒，所有朋友都来，所有菜肴都是新的。第二天，新郎要带迎亲团队到新娘家里边。新娘家拦门，新郎会撒一些糖果、香烟等，女方会请迎亲队伍吃饭。走的时候分两批，抬嫁妆的先走，第二批是新娘自己走。小孩子抱一个子孙桶，会得到一个红包。

访谈员：村里过节过年热闹嘛？

毛旭明：现在不是很热闹，有舞龙，很多都是政府组织的。"文化大革命"前，每一年都有。"文化大革命"后，很少搞了。闹元宵什么的都没有了。像老年过节、过寿等都没有。

访谈员：那您记得舞龙、舞狮是什么时候开始的？

毛旭明：一般是正月初一到二十五。

访谈员：现在其他村还有没有？

毛旭明：其他村没有了，都是组建的。舞龙，是镇政府组织的。

访谈员：您记忆中，这个大概是什么时候开始舞的？

毛旭明：清漾村开发时，抬阁是石门镇的特色。抬尚书阁，形式是有一个小孩扮演成毛尚书，其他小孩子在方桌旁边读书，文化站有照片。很多小孩会去祭拜毛尚书，希望考上大学。

访谈员：村里还有别的活动吗？

毛旭明：正月初一村里组织趣味运动会，舞龙、猜谜语，村晚晚上演一台戏。开发之后这几年都有，中间断掉很多年。

访谈员：村里有举办过毛氏文化节？

毛旭明：十月十六、十八、二十八日都搞过。端午节吃粽子，打麻糍；七月半在家里供奉、祭拜，不能出去；清明节吃清明果。

访谈员：为什么过七月半有马的形象？

毛旭明：给太公当坐骑用，家家户户都要买。过年吃的米糕，吃了米糕年年高。

访谈员：过年还有拜年吗？

毛旭明：这个没有断过。

访谈员：建新房有什么讲究？

毛旭明：上梁，请木工、泥水师傅喝彩，出煞。

访谈员：现在还有吗？

毛旭明：现在还有的。

访谈员：新房子大堂上挂的对联？

毛旭明：搬新房进去的时候，娶妻办喜事的时候，生日祝寿，这三种情况下挂对联。

访谈员：挂的规矩是什么？

毛旭明：生日是女婿，结婚是舅舅，建房子是岳父，之后都是按辈分。

访谈员：村里办白事有什么风俗？

毛旭明：过世时，请八仙抬到坟墓去埋葬，女儿给八个人每人买一双白球鞋。每个女儿拿一条烟，有几个女儿拿几条，现在与以前相比费用增加了。

六、火龙果基地负责人徐正浩访谈

访谈员：您能不能简单介绍一下当时您做这个火龙果基地的背景呢？

徐正浩：当时是我们两个人合伙一起做，朋友间的相互信任，两个人关系较好。当初之所以种火龙果，是因为那几年的宣传。比如，报纸的宣传，宣传未来现代农业会有很好的发展前景。我也是偶然的机会出去玩时看到人家山上种的。火龙果发展分几个阶段，那个时候我的火龙果是白心到红心的转变。市场调研了以后，我们认为红心发展趋势比较明显，我就查资料，我们这边也是可以种的。第一年就弄了一些火龙果苗来试种，没试种成功，全军覆没。第二年的时候，我和我的合作伙伴去了很多地方去考察，像广西、福建、海南、广东、浙江等地。在考察过程中，我们咨询了一些专家。然后，决定选好品种，选了台湾的火龙果品种。这样初步雏形就定下来了。就是运气比较好，发现了江郎山这边的这块土地。找到这里的时候，我们也不认识，和这边人也不熟悉，但刚好这个苗木基地老板要改行，这样这块土地我们就套上了。

访谈员：大概是什么时候？

徐正浩：2010 年的时候。

访谈员：种植规模大概是多少？

徐正浩：我们刚开始做的时候，他们给我们预备的是 60 亩。但第一期我们只做了 30 亩，这 30 亩做得很成功。当时很多人对我们搞农业不看好，持怀疑态度。因为江山以前种哈密瓜，最后失败了。像我种的红心火龙果市场比较好，可能是因为我这个品种在这边是第一次吧！台湾引进过来的。第一年供不应求，价格还卖得高。当时红心火龙果在我们当地卖到 40 元一斤，口感也好。第二年我们就开始大面积种植了。

访谈员：第二年扩大了多少？

徐正浩：我现在的总面积是 111.3 亩，第二年的估计是 30 多亩，第二期是 35 亩至 45 亩，第三期和第二期差不多。现在目前整个果园进入了全面丰产。像这种木本水果，有三年的生长期。整整三年才能进入全面疯长，2016 年开始进入全面丰产期。

访谈员：每一年大概的销售额是多少？

徐正浩：基本上达到每一亩大概 2 万多元，基本上是每年 200 多万，去年是 240 万。

访谈员：你们是采用什么样的经营模式呢？

徐正浩：我们最早是公司，后来成立家庭农场。因为政府当时大力提倡家庭农场的政策，感觉不做家庭农场会吃亏的，然后就把公司注销了，政府对家庭农场大力扶持。

访谈员：家庭农场是什么时候？

徐正浩：2013 年。

访谈员：政府的扶持力度怎样？

徐正浩：在浙江的话，那不得了，这一点很值得骄傲的。从开始到现在目前，政府已经给了我 300 多万。

访谈员：这 300 多万用来做什么呢？

徐正浩：用于基础设施的投入、技术改造、循环农业的提升、农场的提升等各方面，今年年底可能达到 400 多万。

访谈员：每一年都有投入吗？

徐正浩：不是的，有项目才给的。不一定每一年都给钱，这个项目要经过论证，是合理的，可以达到预期效益的，政府才给投入。

访谈员：从 2010 年到目前大概有多少项目？

徐正浩：小的项目多了，5 万、8 万的。大的项目现在基本上两个：一个叫循环农业，一个叫国家级农业重要开发项目。

访谈员：有相关的这些电子材料吗？

徐正浩：有的。

访谈员：刚开始是公司制的模式，那从 2013 年变为家庭农场，有什么实质性变化吗？

徐正浩：家庭农场是以家庭为主要市场劳动力的，有适度规模的。现在讲起来我们叫"夫妻档"，一对夫妻搞 20 或 30 亩地，种蔬菜种水果，一年到头也很少聘请几个人的，这个叫家庭农场。新政策刚下来的时候肯定是有些不足的，其实是一套班子，现在变成了几个牌子。关于政府人数数据统计上也是有错误的，数据上显示很多，有公司、家庭农场、合作社，其实就是一家，只是挂了三个牌子。后来，政府也意识到这个问题了，该是公司就是公司，该是家庭农场就是家庭农场，该是合作社的就是合作社，要把它分开。后来，我们就把公司注销掉了。不是说不挂家庭农场这个牌子就不给投入了，农业主体分为几个部分，只要达到要求都可以的，选择一个适合自己的就行。我这边是因为当时，大概 2016 年的时候评为浙江省示范性家庭农场，荣誉给你以后家庭农场这个牌子就不好撤掉了。

访谈员：那你觉得家庭农场的优势在哪里？

徐正浩： 政府补贴，规模适度。

访谈员：除了这个政府补贴之外还有其他的吗？

徐正浩： 对我来说我是按照公司的思路来发展的，因为把这个名誉给我了，我又不好弄掉。所以我只好顺着这个路子往下走。按严格来讲，我们这个不能称为家庭农场。因为我们一年雇用的外面劳动力那么多了，而家庭农场一年一般聘请一到两个长期工，临时工请一些，其他的都是家里人。我的家庭农场其实偏离了这个方向。

访谈员：那这个土地也是通过流转的？

徐正浩： 土地是通过流转的。

访谈员：每一亩多少钱？

徐正浩： 现在是按照 500 斤稻谷，稻谷涨，田租就涨。这些年以来我们每年都给农户一些甜头的，每一年我们都会上涨的。村里的事情我们也会帮助的，像有一年我们农村文化礼堂建设的时候，我们也出一些钱，参与村建设，力所能及地做一些事情。

访谈员：本村农户有在这里打工的吗？

徐正浩： 有的，在这里上班的本地人基本上有 20 多个。

访谈员：这个火龙果基地本身总共多少人？

徐正浩： 连同管理的 30 人不到，大概 26 或 27 人，除了我们两个老板，一个会计，都是清漾村的人。

访谈员：一年大概收入多少钱？

徐正浩： 分好的和不好的。收入好的，在我这边一年收入达到 7 或 8 万，最好的像我们队长两夫妻一年收入十几万。

访谈员：从 2013 年开始做家庭农场，从工具方面或其他方面，有所谓的现代农业的特征吗？

徐正浩： 现代农业是有的，而且有很多。原先农民普遍认为，东西种在露天的肯定是很好吃的、天然的、环保的，其实后来我就颠覆了这个概念。比如，种在外边的要受到空气的污染、雨水的污染。像我们这边不是很严重，我曾经去广东看火龙果，因为我这里火龙果不够卖，去广东调一些。我的火龙果可以放一个月或半个月，广东的火龙果放三天就坏掉了。除了运输的原因，还有就是广东种的火龙果受到酸雨的污染。其实，很多农业要靠现代农业设施设备去支撑的。像我们的设施保温大棚、喷滴灌，以及今年最主要的还加入了全光谱补光技术。像大棚和玻璃温室建起来以后，我们在里边做一系列的实验。比如，种苗的培育、病虫害的防治、过冬。现在不仅卖火龙果，还卖苗、卖技术。在市场方面，附近的江西，还有武夷山那边火龙果基本上用的都是我的种苗。我们当初提出的以第二、第三产业带动第一产业的发展。我们现在已经做到以第一产业为基础，纯粹火龙果种植是我们的第一产业，已经做得很好了。第二产业就是火龙果的深加工或产品延伸，还有就是种子苗技术。我觉得这一块我们走的还是挺前沿的。

访谈员：种苗、技术这些大概占收入的多少？

徐正浩：种苗和技术的外输并不一定说一年带来多少利润，卖种苗一年收入也有几十万吧！但更深远的意义，在于当我的火龙果不够卖的时候，我就可以通过我的这种资源调过来一批火龙果。如果火龙果深加工做得好的话，就等于有很多人给我种火龙果，这样的话风险不用我担，就相当于中介。像很多大公司企业，中秋节发礼物，很想发火龙果，但是很难在一两天内采购到批量的新鲜火龙果，而我就有这种优势，可以在两三天内采集这么多火龙果给他们发过去。

访谈员：你们火龙果是什么品牌？

徐正浩：江山清润红火龙果。

访谈员：关于产业链方面，除了考虑深加工与育苗外，还有考虑其他方面的发展吗？

徐正浩：有的。主要的产品像火龙果面条、火龙果年糕卖的也是比较火的，这些都是自己做的。因为红色的面条比较喜庆，办喜事的时候作为回礼。原先的年糕是白色的，现在做成红色的，过春节的时候大家图个喜庆。现在最主要的是开发了火龙果红酒，现在我们市场批发价自己人的话一瓶100元，感觉也挺受大家欢迎的。以前在市场上没有关于火龙果的饮料，像超市里以前就找不到。

访谈员：这些相当于合作吗？

徐正浩：不是的，是我们自己在做的，果酒我们有自己的加工基地。

访谈员：你们火龙果主要是销售到哪里？

徐正浩: 游客占了大约 30%，本地人大约占 30%，微商大约占 20%，还有剩余的比例销售是送往超市。目前江山最大的零售超市是左邻右舍，我们在和他们合作，并且这些超市把我们的火龙果销售得很好。

访谈员: 这个左邻右舍超市是全国连锁吗?

徐正浩: 没有，主要是在浙江、江西、福建。有 5 千多个门店，如果一个门店一天销售一斤火龙果，那总的加起来已经很不错了。

访谈员: 有没有在淘宝上销售过?

徐正浩: 也尝试过，但可能我们专业知识不够，以及运输的制约，没怎么发展起来，目前也在寻找适合的途径。当时送出去 10 个火龙果，有 8 个就坏掉了。由于火龙果运输较远，有的在快递派送的时候就坏掉了。找快递索赔时，发现里边有一个条款: 不提倡水果快递。像农产品这种附加值比较低的，不适合走淘宝，适合超市。

访谈员: 你们的企业来清漾村发展，而清漾村的发展在 2006 年是一个转折点，在这样的背景下，你们有没有一种捆绑式的发展，或者说你们两者的发展有什么相互影响关系?

徐正浩: 贡献谈不上，就是单纯的我们租用他们的田给他们钱，田租会比周边的适当高一点，村里的人到我们这里上班打工;村里有什么事，像修建沟渠，我们会出钱帮助修好，这对我们有利，对他们更有利。我们现在第三产业的考虑，将火龙果与清漾村文化、毛氏文化结合起来。我们现在外边做一个叫阳光房的东西，目前已经和教育部门联系，以后这里可能会作为一个中小学生实训基地。

访谈员: 您来这里这么久，和村里的村民、村委会有打过交道吗? 感觉怎么样?

徐正浩: 和村组织这一块关系很融洽，有什么事情都会相互沟通，包括镇里面每年的两会也会把我们作为列席代表，这说明对我们是很重视的。农民的话，有时我们也会提些意见，他们也会接受，特别在水利、游客方面，我们提的建议他们也很接受。农户方面，我不是本地人，除了熟悉的会有时在一起，其他的就不了解了。

访谈员: 你怎么看待清漾村的民风呢?

徐正浩: 石门这边的人很坏的，这里的人个性很强。但很欣慰的是，在这里这么久，到目前为止没发现这里的村民来偷火龙果的，建材设备也没有被推翻。

至于村民为了他们之间的利益关系不好的，这个和我们没关系。像我朋友种植蓝莓，蓝莓成熟时，栏杆都被人家拔掉了。像清漾村现在发展得这么好，对我也是很有好处的，游客多了，来我这里的游客自然也多了。

访谈员：有与清漾本村的旅行社合作吗？

徐正浩：有合作的，但旅行社也有他们的难处。现在的游客管理很严，游程不是自行决定想改变就改变的。比如，作为导游今天带着去哪几个景点去参观，必须事先签进协议里边去，才可以来这边。不然的话来这边，万一有人投诉，对导游不太好。

访谈员：你们来到这边有多少合作伙伴？

徐正浩：来到这边也没怎么合作。像设施设备和他们也没关系。像菜籽饼，就是原材料是他们本地村民的，像油菜（籽饼）他们给我们种植火龙果，这一块是有合作的。

访谈员：牛羊粪有没有利用？

徐正浩：菜籽饼的量比较大，如果不够我就在外边再添一点。像养猪的，猪粪经过无害化处理后，分管农牧结合的省级领导希望我把猪粪拉过来用，说有补贴的。但分管绿色食品的领导就说不要用猪粪，这个东西（有些指标）严重超标的，无害处理不能完全搞干净，到时候弄进去，检查超标就很麻烦了。这其实是部门与部门之间，或者说分管领导的出发点不一样，搞得我都不知道听谁的了。后来咨询专家后，猪粪到目前为止是没使用的，用了以后会很容易使土壤板结。目前在江山做得好的、成功的还有一个是质量追溯体系，虽然到处都在弄，但弄起来的不多。目前这个软件基本上是我来操控，上次农业局还请我去给他们培训。目前我们的质量追溯体系建立的比较完整，包括通过二维码的扫描就可以知道我的火龙果什么时候用过什么肥料，什么时候采摘的火龙果，什么时候除草的。这种方式可以使火龙的情况一目了然，然后就是检测的数据实时上传是不好更改的。游客不放心，随时摘下一个就可以检测。此外这套设备也为村民提供了方便，有的村民对买来的菜之类的东西或者拿出去卖的菜不放心，拿到我这里检测。整个江山能使用这种设备的人不多。

访谈员：像你做得越来越好，本地的村民有没有什么想法，或者对你的发展有什么影响吗？

徐正浩：那还好，但有一些小问题的，也是通过村一级或镇一级领导出面解决。比如，有几个人让我把果园的一条路给小孩子上学用，他们说小孩上学外边的公路不安全。我就没同意，因为走在我这里出了问题，我得承担责任，后来镇里出面解决了。还有就是当时做玻璃棚的时候，没和当地的人提前说，挖了个地沟，就把混凝土弄进去了，人家来了，很不高兴，说也不提前说一声。后来我们觉得自己做得不太合理，就给他们补助了一些钱。像什么社会风气不好来阻挠的是没有。开始我和村里的人不熟悉，后来和他们中间几个人打成一片，事情也就好了。

访谈员：有没有增加租金之类的事情？

徐正浩：没有，因为有合约的，签到了 2028 年。如果到 2028 年以后不想租给我或者涨租金，我认为也是合理的。

访谈员：玻璃房有多少平方米？

徐正浩：1000 多平方米。我们要搞无土栽培、自动喷灌、几个新品种的长势，实验室做种苗的培育。我们现在要有忧患意识，考虑到火龙果种植技术有点简单，人家想超越，比较好复制。现在我们已经考虑到后备的产品了，现在在培育两个品种，其中一个是台湾凤梨。

访谈员：现在已经不是单一地种火龙果了？

徐正浩：凤梨只是种植了一小部分，万一火龙果被淘汰的时候，凤梨就可以立马跟上去。现在先搞好技术之类的，在别人还不知道怎么种的时候，我走在别人前面，就可以卖了。

访谈员：除了凤梨还种植其他的吗？

徐正浩：还培育了释迦牟尼果，这个培育得可能不太成功，要改方向。释迦牟尼果种了这么多年，前年被冻死了，后来又长出来了。每一年我都会关注一个品种，明年可能会关注红心芭乐。

访谈员：你们这些技术都是去台湾学习的吗？

徐正浩：基本上是台湾的专家到我们这里来。来到我这边待 4 或 5 天给指点一下，好的种苗、好的技术他们也会推荐。现在我打算从一位老先生手中学到台湾凤梨的种苗培育技术。凤梨的种苗要 3 块多钱一根。

访谈员：接下来你们还要做些什么呢？

徐正浩：准备开始做标准化，我认为标准化做得越好，产品的质量就越好。当规模越来越大的时候，也必须去做。但一个理念出来到工人理解，再到最后的实践，需要很长的过程。我们现在的问题是劳动力严重缺失，现在在我们果园上班的都是 60 到 70 岁的老人，60 岁以下的基本上都找不到。这批人的好处是手上技能很好，小伙子就干不过他们。但是，也有很明显的不足，就是机械化没办法操作、标准化没办法执行。必须手把手地教他们，有时候他们还会忘掉一些。等这些老人走了，找谁去干活我都不知道。

访谈员：不是还有很多年轻人返乡吗？

徐正浩：返乡的基本上都在江山的企业里发展。江山的门厂很多，一年打工基本上有十几万，他们基本上都在厂里。

访谈员：除了说到的发展瓶颈外，还有其他的发展问题吗？

徐正浩：政府能不能出面把这个物流问题给解决一下，与快递公司交谈，给他们一些大力倾向农产品的补助政策。还有就是真正通俗易懂的科学比较少，很多东西输入到这里以后，太复杂，像我们这样层次的人就看不懂。要给农民一些更容易懂的东西。未来的劳动力怎么解决？现在农业局也在搞职业农民培训。这一方面可以扩大农民劳动力来源，让很多人有一技之长，可以更好地发展农业。另一方面如果农民在农业领域做得好的，以后可以作为一个支撑。像我这样的，高级或中级农业师考出来，到时候退休金、社保就比人家高。

访谈员：现在已经有了是吗？

徐正浩：已经开始了，像农业组、企业组已经在弄了，但面对农民的话还有一段距离。但我认为这也是以后的趋向，以后农民到我这里干活，拿了高级职称的，工资就高；没有职业农民证书的支撑，工资就低一点。

访谈员：您这个品牌是只在江山有影响吗？在杭州怎么样？

徐正浩：我们还没考虑进军杭州。

访谈员：有没有考虑品牌打造方面？

徐正浩：内心是有想法的，就是在目前我们的东西没有出现严重滞销的情况下，我们还没考虑这么多，因为每一年我们都不够卖。很多问题我们也是考虑的，像比如万一火龙果滞销了怎么办？当前我们和浙江省农科院食品研究所合作，合作的课题叫火龙果储藏技术。在江山对猕猴桃、板栗的保鲜很成功，保鲜不是简单地说经过一段时间不坏掉，而是水分与糖分的流失在可控制范围之内。像火龙果保鲜问题解决好了，假如可以保鲜 3 个月，我可以再发展一段。元旦到 7 月份之前是没有果子卖的，这样就损失掉很多客户。如果保鲜问题解决了，再多种一些，然后可以提前储存冷藏。

访谈员：台湾那边有在做这方面的探索吗？

徐正浩：他们也没做出来，也在探索。

七、集体座谈

座谈对象：江山市历史文化研究所所长毛冬青、江山市旅发公司总经理郑武士、江山市旅委规建科科长郑建清等。

访谈员：请给我们介绍一下清漾毛氏的情况。

毛冬青：江山搞毛氏文化搞得早，2009 年就成立了江山毛氏的研究会。毛氏在江山人口非常多，占十分之一，60 万人口里面有 6 万人是毛氏。还有就是历史非常久，从晋代开始，这个地方是我们毛氏的封地。

两晋之交，江南毛氏第一代州陵侯毛宝，封在长江边上。

周文王的儿子、武王的兄弟，就是毛伯郑，是中国历史上第一个姓毛的。他及其继任者毛国世称毛公，从他开始，一直传到毛宝。毛宝世居荥阳，今天的河南原阳，是始于伯郑的北方的五十二代。八王之乱，北方土地大片沦落，他随晋王朝，就是司马王朝从北方到南方，我们史书上面讲就是随扈南渡。后来立了功，朝廷就给他在长江边上割地封侯，这是第一代。

第二代，大儿子叫毛穆之，先是继承了父亲的爵号。后来立功，把爵号让给了弟弟，自己就任建安侯。这个建安不是指南京的建安，它是福建建阳。所以第二代封在福建，从福建建阳过来。浦城也是毛氏的地方。

第三代，毛璩的功劳更大，被封在衢州这边，称为归乡公。整个衢州和靠近龙游的兰溪的一部分也是的。但中华人民共和国成立之后，江山很多地方都划给江西了。所以，原来地方比较大，后来改朝换代之后，那就不是我们毛氏的封地了。

我们毛氏从第四代开始住在这个地方。第三代在长江边上打仗打死了，铁棺材拉回来，安葬在衢州城里面。唐代有个知府，想迁移这个陵墓，被人劝止了。后来知道原来在朝廷是有封号的，不能随便动。但也不能这样破破烂烂，所以他指定人通知毛氏子弟去修坟。后来就去了 3 个地方的毛氏，都是今天江山范围的。一个是清湖；一个是我们今天凤林镇，小地名叫乌石坂，谱上叫川石；第三个是靠衢州边上的后溪。这些宗支一起去修坟。所以才说江南毛氏根在清漾，毛氏是我们江山的。因此才可以是江山的，才可以是衢州的，才可以是江南的。

我们是第三代繁衍出来的后代，是毛璩的后代。我们讲江南毛氏，我们清漾的始迁祖，他是第八代，他是辗转迁到清漾去的。当时整个衢州都是我们的封地，那里山好水好，他就去了。他的子弟就分开来，去这些地方。之后，就不再是毛氏的封地了，南北朝改朝换代了，但毛氏的渊源就是这样的。我们整个南方，还有小部分北方的毛氏，按照我们线索脉络的证据和分析，90%都是我们清漾毛氏家族的后代。

第二个是后来的人物，因为清漾毛氏有读书的传统，念书的人比较多。一开始的时候，家族不准族人当官。因为记住了曾经的惨痛教训，前三代，几乎全部都战死，这在《晋书》里都有记载的。第四代后就没有继续当官，在江山繁衍生息是为了给祖宗留点血脉。开始几代，按祖训不准出去当官，到了唐代才有人出去当官了。所以家谱上讲得很清楚，稍微有一两个人出去，那就当了大官了。有了这样的先例，以后出去当官的人就很多了。以前，出去当官的人，有的到了云南，有的到了贵州、广西，因为交通不便或者战乱，有的去了就没回来。所以现在就有这些地方的人，都回江山来找祖宗根脉。我们都不认识，他们自己跟我们讲他是谁谁的后代。然后，我们家谱里面一翻，真的有这样的人物记载。他怎么去的，我们本来不知道。但现在交通通信方便，才掌握了这个情况。正因为这样子，全国很多地方，特别是南方，他们都共同认我们江山清漾是江南毛氏的发起地、发祥地。

还有一个是我们现在喊的一个口号——毛泽东的祖居地。韶山毛氏就是我们这里迁出的一支。那边他们都接受了，他们祠堂里面，按我们江山的世系一路画下来。以前找不到这么远，跟我们接上以后，一直能够找到周文王，然后上面能够一直找到黄帝了，这对他们是很大的帮助。

还有一个原因，我们江山现在各个地方各个村落都有毛氏。但是这个毛氏最早落下来不是清漾。第四代，家谱上说住在后庄，我们分析是靠近衢州的地方，后溪街那个方向。第五、第六代，好多地方都有，清湖也有。第八代，就是从清湖毛塘搬到清漾去的。谱上讲哥哥住在清漾，弟弟住在清湖，这是第八代。唐代有3个宗支去衢州修归乡公墓，另外两支现在到哪里去了，我们都不知道。今天能够找出来线索的，全部是属于清漾的。

还有就是今天江山有一支毛氏，它叫棠峰毛氏，这个不是清漾毛氏的后代，但仍是毛宝的后代。它是唐代从湖州迁过来的。所以6万江山毛氏人口里面，大概有5万多人是清漾公的后代。

江山这个地形是狭长的，最主要是一条须江，旁边有条仙霞古道。江山比较著名的村庄都沿仙霞古道分布。就我们从城南出去，第一个清湖，然后石门、凤林、峡口，一直到廿八都，全部都在仙霞古道沿线，这中间就是石门镇，所以古代多少文人墨客、大官，他经过仙霞古道，必定要经过石门。

还有，江山按照人口、文化遗传、著名人物统计来看，江山文化最杰出的地方，也是以石门为中心。

访谈员：清漾毛氏里面，代表性人物有哪一些？

毛冬青：我们通常讲有八个尚书，这八个尚书不是全部都是清漾村的，但都是清漾毛氏的，都是江山的，是江山土生土长出去当上尚书的。

清漾祠堂里，有副对联就讲到了五个人。"天下四君子，两朝三尚书"中，毛栗、毛滂、毛抗、毛注和毛恺都是清漾人。按今天讲毛恺是在石门镇的溪底村，现在镇政府的老街边上。当时古代的时候，没有这么严格，一个石门就是镇安都。

天下四君子是指"栗、滂、抗、注"四人，没有一个是尚书。两朝三尚书不是指两个朝代出了三个尚书，指的是毛恺一个人。毛恺在明代，在嘉靖、隆庆两朝当了三任尚书，礼部吏部刑部。毛栗，在方腊起义的时候，农民军攻入安徽歙县，所有当官的都跑了，他穿戴官服，坐在中堂，把官印给了孩子，叫孩子给朝廷，报告朝廷说他父亲忠于职守，将与城同在。毛滂，历史书上评价比较复杂，苏东坡以身家性命去举荐他，当过武康县令，当过秀州（今嘉兴市）知州等，最后一个官职是掌登闻鼓院，就是告御状的地方。其他的我们不讲，就是才华是得到苏东坡的充分肯定的，是浙江史上的著名文化人物，是大诗人。毛抗，是个劝农使。他从县官当起，宋朝农田非常重要，他忠于职守，开垦啦、围田啦，这个历史上有记载。最后一个毛注，是谏议大夫，就是专门检举官员不法的，史书上说蔡京就因为他被赶出杭州。这四个人有气节、有才能、无畏无惧，为的都是人民大众。第五个人就是毛恺，他一生任了二十多个官职，最后一个官就是刑部尚书。他告老还乡回到江山，没有两三个月就去世了。他二十多个职务全部都清清白白、勤勤恳恳。吴承恩专门为他写了《道德逢辰颂》，他在当官的时候，就用他的俸银资助读书人，以致堂堂的尚书竟然家无余粮。

古代清漾人有个特征，不把财富看得很重。这也不是什么贵而不富，其实是每个人都在做社会救济、社会办学。很多的官员都是在做这个事，但没有身份地位肯定就干不成事。宋代有个毛衷，他到了广西贺州那里当刺史，手上也是兴办了书院。

访谈员：毛氏文化里面你觉得最核心的是什么东西？

毛冬青：出，就兼济天下；居，就在家里安守本分。这就是所谓的勤耕与穷读。就是你随时要做好准备，要学会本领，要能够为国家施展抱负、才能。另外一个就是要守好本分。毛子水的铜像上面有四个字——"虚静恬淡"，他讲人世间最重要的事情就是"道德之至"，他提倡一个道德，一个真理。

清漾毛氏这些思想追求，还可以从他祠堂里的那些对联中看出来。他们那些祠堂对联，是我从家谱里面几百副的对联里面挑选出来的。因为有些当时的祠堂，我们也没见过。

2002年，浙江省文化厅和社科联联合做浙江省家谱名录。所有我们浙江省的祠堂，都只有一个堂号，我们清漾却有两个。外面的叫合敬堂，各个地方的毛氏来祭祖，要派代表来，你不能全部来，来了之后容纳不了这么多人，只能一派一派地派代表来合敬。比方，我们冬至日，必须派代表，大家沐浴换衣服，按古代的礼规，来了以后一派一派的代表来一起合敬。里面的堂号叫追远堂，北方过来的衣钵在这个地方。祖宗的脉源在北方，一直往前面追，最起码追到毛伯郑。所以北方到南方，第一代毛宝，他是北方五十二代。从毛宝开始，往下面数，数到毛泽东是五十六，数到毛子水也是五十六，数到蒋介石夫人毛福梅也是五十六。他们三个相差不了几岁，都是五十六代，台湾那边也很感兴趣。

还有，南北方的其他地方，没有像我们清漾毛氏世系这么完整的家谱，北方没有，南方也没有，只有我们清漾村一地有这么完整的。虽然很多人对毛遂是不是二十二代有争论，但是一代一代人，它一代都不缺。所以2002年，我们第一批入选了国家档案文献。我们的版本是1869年，同治己巳年间的，接续宋代的。

访谈员：清漾景区原来不免费一年大概多少？

郑武士：不免费，一年也就200多万。

访谈员：现在看村民的墙都统一粉刷过，这个是什么时候搞的？

毛冬青：去年，美丽乡村现场会。钱是省里出的，整个石门镇拿了1000多万，所有开支都在这里。

访谈员：现在旅游公司在清漾村的管理上，分工是怎么分的？

郑武士：旅发公司去年与旅委脱钩独立运行的。与景区所在地乡镇之间，管理体制、机制及职能上确实有待理顺。比如，那个祖宅，严格上还不是属于景区的，还是属于村集体，每年我们向它们付租金。

访谈员：一年给多少？

郑武士：10万左右。所以整个村，有关管理体制机制及相关职能还没有真正融合在一起。清漾村目前还没有真正意义上的民宿，一个都没有，最多是农家乐。从严格上说，农家乐还是初级的。现在清漾村面对的问题是，在旅游发展的新形势下，如何加快转型发展的问题，尤其如何培育发展业态的问题。这个问题我们旅发公司也在考虑、摸索当中。如何发挥或突出清漾耕读文化并把它融进去，加上伟人文化，尤其以毛泽东为代表，作为伟人的祖居地，怎么把它的内涵发掘出来。

访谈员：现在这个景区投入进去多少钱？

郑武士：现在投入不大。今年计划投入的200多万主要是想把文化融进去，把"天下四君子，两朝三尚书"五个典型人物的雕塑先做起来，放在祖宅边上，游客至少知道清漾村还有哪些走出去的人物。去年为筹备全省美丽乡村建设现场会，对清漾大道进行"白改黑"，投入好几百万。

郑建清：整个清漾村的开发建设，是不断地完善，一期开发建设搞了个南路口。而且从南路口到江郎山，是一条沥青路。当时的想法呢，是通过这条路把江郎山和清漾村连在一起。现在来看，没起到设想中的作用，江郎山的游客没按照原来的设想，转移到清漾村来。对当地老百姓出行起到了方便。百姓确确实实得到了实惠，但是他觉得得到的实惠太少。以前在那里待过，认识那些钉子户，以前给你打电话扯来扯去，这个村的村民真的不好讲话。都是姓毛的，都是一家的，却弄了好几派，连个村书记都选不出来。民风说它淳朴也可以，但是民风还需要教化引导。共享的问题，我们通过壮大村集体经济，让老百姓得到好处。我和"刺头"说你明明得到好处，为什么说没有？他说我得到什么好处？我说你原来没有搞旅游景区的时候，你闲暇时间、空余时间，你就是玩，就是打牌，说不定还输掉钱。现在我们雇你来，管管停车场，搞搞卫生。你一年搞了几工，他报上来我一年在景区搞了几工，每工多少钱，我说这个就是你的收入。第二个，如果没有景区开发，你新房子怎么盖？盖得了吗？你去问清漾村的老百姓，可能普遍会说没什么好处的。其实他是得了许多好处的。原来祖宅的祭祖广场，是烂泥地，现在全部搞好了，绿化也搞好了，这也是一种福利。

文

献

篇

记录清漾

中国村庄发展

WENXIAN PIAN
JILU QINGYANG

文　化　为　基

第一章 村级规章制度

第一节 清漾村村规民约

（2014年，经村民大会表决通过）

为切实加强村民的自治和法治意识，全面深化新农村建设，根据《中华人民共和国宪法》《中华人民共和国村民委员会组织法》等法律法规的精神，特制定本村《村规民约》。

一、公德民俗

第一条　村民应自觉遵守宪法和国家法律法规。

第二条　村民应积极参与村各种公益福利项目的建设。

第三条　村民有义务维护村内的和谐安定，自觉遵守社会公德，发扬中华民族优良传统。

第四条　村民应做到团结互助，邻里和睦相处，不搞宗派活动；崇尚科学，反对邪教，不搞封建迷信；抵制黄、赌、毒，自觉参与平安建设。

第五条　村民在主张权利时，不得损害国家、集体利益和他人的合法权益。

第六条　提倡文明过节和节俭办事，喜事新办，丧事从俭，破除陈规旧俗。倡导不放或少放烟花爆竹。

第七条　倡导殡葬新俗，尸体必须实行火化，骨灰应安放到集体公墓。

第八条　本村开展五好家庭、创业家庭、和睦家庭、美丽家庭、清洁家庭、平安家庭等评选活动。

二、生态家园

第九条　积极参与"五水共治"和"清洁家园"行动，倡导健康文明的生活方式和生活习惯，主动参加"五水共治"支援劳动或筹资筹劳。

第十条　保持村容整洁。严禁在河道、水沟、水渠、水塘、桥头、道路两侧等公共场所乱倒生活垃圾、建筑垃圾。垃圾实行源头分类、减量处理、定时定点投放。家禽一律实行圈养，不得放养。

第十一条　增强环保意识。提倡用环保袋或菜篮子购物，减少一次性塑料制品用量。禁止村民燃烧垃圾和秸秆。

第十二条　主动参与农村生活污水治理，污水要纳管，雨污要分离，使用生态户厕。生产污水必须经处理实行达标排放。

第十三条　提倡节约用水，保护饮用水和生活用水卫生。推广洁水养殖模式，禁止在水库、山塘内施肥和投放废弃物进行水产养殖；禁止用电、毒等捕捞方式捕捞水产；严禁乱扔、乱丢病（死）畜、禽等，必须进行深埋或送市集中处理点处理。

第十四条　不得在大小村道边堆放废土、乱石、杂物，不得在道路上乱挖排水沟。

第十五条　履行河道、村道保洁责任，共建整洁村容村貌。

三、平安建设

第十六条　村民之间要和睦相处建立良好的邻里关系；遇事要谦让、宽容、相互谅解。

第十七条　在经营、生活、借贷等社会交往中应遵循平等自愿互利互惠的原则。

第十八条　儿童、精神病人等限制行为能力人或无行为能力人给他人造成损害的，由其监护人承担赔偿责任。

第十九条　村民饲养管理动物造成他人损失的，饲主及管理人员要承担赔偿责任。

第二十条　村民确因生产生活需要投放鼠药等毒物时，必须事先通知并设立标志，防止发生意外。

第二十一条　积极配合村级调解组织开展矛盾纠纷排查、化解工作；家庭和邻里如发生纠纷，当事人应避免矛盾激化与扩大，应互让或和解，并及时申请村调解委员会调解，调解不成功的，村调委会应上报乡镇（街道）调委会调解，当事人也可直接向人民法院提起诉讼。

第二十二条　不论发生何种纠纷，不得以任何借口煽动村民到政府机关、学校、企业、医疗单位、村民委员会办公场所、他人住宅等地起哄捣乱、制造事端，不得寻衅滋事，扰乱社会治安秩序。

第二十三条　村民有义务监督社区矫正人员在村内进行教育改造，配合做好归正人员安置帮教工作。

四、婚姻家庭

第二十四条　夫妻双方在家庭中的地位平等，反对男尊女卑，双方应共同承担家庭事务和管理家庭财产。

第二十五条　实行计划生育，育龄人员自觉采取避孕节育措施，已婚育龄妇女自觉参与环孕检。

第二十六条　对丧失劳动能力无固定收入的老人，其子女必须确保老人所需的粮食和生活必需品的消费。老人丧偶后有再婚的自由，子女不得刁难、干涉。老年人有权用遗嘱等方式处理自己的财产。

第二十七条　父母、继父母有承担未成年或无生活能力子女的抚养义务，不准虐待病残儿童。

第二十八条　符合入学条件的儿童必须接受九年义务教育。

第二十九条　参军光荣，适龄青年有服兵役的义务。

第三十条　监护人要加强儿童教育管理，防止因用火、用电、玩水不慎引发事故。

五、民主管理

第三十一条　积极参与基层普法依法治理工作，配合村里开展民主法治村创建活动，巩固和发展基层民主法治建设成果。

第三十二条　村务、党务要在村务公开栏中定期公开。涉及村民利益的事项，如集体资产处置、土地承包权调整、集体经济分红、村干部报酬、村公益事业经费筹集方案和建设承包方案等应经村民代表大会或村民大会表决通过。

第三十三条　建立民主理财制度，村务监督委员会参与制订本村集体财务计划和管理，负责对本村集体财务活动进行民主监督。

第三十四条　未经村民会议或村民代表会议讨论决定，任何组织或个人擅自以集体名义变更与处置村集体资产等均为无效，村民有权拒绝。

六、土地管理

第三十五条　农村土地、宅基地、自留地和自留山，属农村集体所有，任何单位和个人不得侵占，不得以买卖或其他形式非法转让土地；村民建房要报规划、国土部门审批后方可开工建设，严禁未批先建、批东建西、少批多建。庭院占地要依法合规。

第三十六条　村经济合作社和村民可根据实际对耕地种植结构进行调整，鼓励村民依法自愿进行土地流转。（大面积土地流转必须经过村民代表大会同意）

第三十七条　未经批准不得在农田进行建房、挖沙、采石、取土等行为，破坏种植条件。经过批准临时使用土地的使用者，必须缴纳村集体复耕保证金，按照要求复耕完毕后不计息退还。

第三十八条　村经济合作社引导土地承包经营权流转，支持和保护村民间合法的土地流转行为，促进农业规模经营。村公益事业征用农户土地，村民应积极配合，村委会须给予相应补偿。

第三十九条　自觉遵守一户一宅的规定，主动配合"三改一拆"工作，违章建筑要自觉自行拆除。

第四十条　村民履行好各项义务后，方可申请宅基地等主张，否则一律暂缓审批。

七、山林管理

第四十一条　严禁山边烧草烧灰，防止森林火灾发生，如因此发生火灾当事人要承担赔偿责任，严重的要承担刑事责任。

第四十二条　管好用好生态公益林和防洪林，采伐林木必须依法审批，严禁乱砍滥伐生态公益林和防洪林。

第四十三条　竹木在拖行下山时不得损害路边他人的作物，否则必须承担赔偿责任。

第四十四条　村民不得侵害他人承包山林的财产，否则必须承担赔偿责任。

第四十五条　承包山地与耕地相邻的，山地上的果树、林木、毛竹等，其枝叶不得伸展至耕地，应以果树、林木、毛竹的滴水在山地为准。

八、户口管理

第四十六条　婚嫁一般情况下只限本人户口迁入，如有子女随迁必须符合计生政策。

第四十七条　双女儿户家庭其中一女招婿，男方属农业户口需从外村迁入本村落户的，按正常婚迁办理落户。

第四十八条　村民离婚后，双方户口都在本村未迁出，双方或一方再婚者，需从外地迁入农业户口到本村落户，其他村民不得阻拦其户口迁入。

第四十九条　离异村民的子女，不能强迫其迁出本村。

第五十条　居民户口原则上不得迁入落户，确需迁入并经所在的村民小组同意后方可迁入，但不享受村组各种福利待遇和承包经营权、审批宅基地、集体资产分配等。

九、附则

第五十一条　为使本《村规民约》得到有效的施行，凡违反本《村规民约》拒不改正或拒绝接受处理的，按以下规定处理：

1. 批评教育，并在村民代表大会上通报批评。

2. 暂缓参加村（组）各项承包活动。

3. 暂缓生育和建房审批。

4. 暂缓办理一切证明手续。

5. 暂缓参与村级各项评选活动。

6. 偷盗瓜果、毛竹、冬笋、树木、水产、家禽，损坏村民或集体利益的应照价赔偿，情节严重的依法处理。

7. 外来人员在本村居住的参照执行本《村规民约》。

第五十二条　本《村规民约》可根据实际情况适时进行修改和补充。

第五十三条　本《村规民约》由村民委员会制定并经村民会议通过施行，村民委员会和全体村民有权互相监督执行的情况。

第二节　专门性规章制度

一、石门镇清漾村庄环境综合治理责任制

为确实改变清漾村村庄整体面貌，加大整治力度，根据 10 月 9 日清漾开发协调会市委傅根友书记的指示精神和清漾村的环境综合治理实施方案（石委发〔2008〕57 号文件），为提高干部积极性，确保工作落在实处，抓出实效，经镇党政人大联席会议研究，特制订本责任制。

（一）考核内容及分值

1. 进村入户进行广泛宣传，宣传相关法律、法规、政策；宣传景区管理办法和村规民约。使村民思想认识有所改变和提高。每户 10 次以上有记录。（10 分）

2. 动员、劝说农户将家禽家畜进行圈养，尽量少养，放养的每次扣 5 分。（15 分）

3. 动员、协助农户搞好家庭卫生，室内室外经常打扫。保持清洁，不清洁的每次扣 3 分。（15 分）

4. 动员、帮助农户做好室内室外物品摆放整齐有序，室外不乱堆放杂物。乱堆放的每次扣 3 分。（15 分）

5. 负责落实好农户生活污水排放，无污水淤积、随意排放现象。随意排放的扣 3 分。（10 分）

6. 负责落实农户对不协调建筑和赤膊墙整治，拆除露天厕所，每项工作各 5 分。（15 分）

7. 负责做好涉及农户的土地征迁工作，每增加 1 户的加 5 分。（10 分）

8. 指导、帮助农户进行庭院绿化，美化，每一农户新增绿化面积 15 ㎡以上。新载 15 株直径 5cm 以上的果树及绿化树苗或新添 10 盘以上花卉的，每项 10 分。

9. 附加分：

①责任人的责任户被评为优美庭院户的加 3 分，清洁家庭户的加 5 分，文明示范户的加 10 分。

②负责做好涉及农户的拆迁安置工作，每户加 10 分。

（二）考核对象：清漾村庄整治领导小组成员、责任领导、责任人。

（三）考核办法

1. 本责任制按百分制进行考核，设基本奖 2300 元。考核奖 = 基本奖 /100X 考核得分。

2. 领导小组成员，责任领导及特殊岗位人员按镇机关干部工作考核责任制确定的系数（石委发）29 号文件考核发放。

（四）考核督查

1. 各责任人：将各自开展的工作及完成情况及时填入登记表和工作登记簿，督查组视情况不定期开展核查，责任人将登记簿、表交责任领导审核后，年终交督查组核实考核。

2. 本责任制由督查组负责考核，并将考核结果报镇党委、政府审定。

中共石门镇委员会　　石门镇人民政府

2008 年 10 月 14 日

二、首问责任制

（一）单位和个人到便民服务中心办事，第一个接待的工作人员为首问责任人。

（二）首问责任人必须对前来办事的人员热情接待，主动了解办理事项，给办事人员满意的答复；不得使用"不知道、不清楚、不归我管、找别人去"等推诿性语言。

（三）首问责任人对属于自己职责范围内的事，若来访人手续完备，应在规定的时限内予以受理、处理；若手续不完备，应一次性告知来访人全部办理要求和所需的文书材料；对不属于自己职责范围内的事情，要负责联系或直接落实具体接待人员。

（四）遇有相关窗口工作人员不在或有事外出时，首问责任人要负责接待，记录办理事项和要求，并尽快联系具体承办人员，确定办理时间、办理要求和联络方式。

（五）相关窗口和窗口工作人员对首问责任人转办的事项，必须及时认真办理，不得推诿、拖延；首问责任人对转办的事项仍需进行督办，直到事情办理结束。

（六）违反本制度，依照《责任追究制度》的规定，追究有关直接责任人的责任。

三、限时办结制

（一）限时办结制是指便民服务中心及窗口工作人员对服务对象申请办理的事项，根据不同的要求在承诺时限内办理完成，做到优质高效的管理制度。

（二）服务对象提出的申请事项，办事程序简单，申报材料齐全，可当场办结的，办事人员要即收即办。

（三）服务对象提出的申请事项，需经审核、确认等，不能当场办结，办事人员要根据办理时限规定，出具《受理通知书》，并在承诺的时限内办结。

（四）服务对象的申请事项属于转报、上报审批的，承办责任人应尽快与乡镇（街道）便民服务中心或上级主管部门联系，负责全过程办理，并原则承诺办理时限。

（五）申请事项不符合政策规定的，工作人员应及时做出解释，按规定出具不予办通知单。

第二章　村庄建设规划和方案

第一节　村庄建设规划

一、石门镇清漾村 2006 年村庄整治规划

清漾村位于石门镇南部，村庄区域面积 3.78 平方千米，共有 337 户，1109 人，耕地面积 827 亩，山林面积 3574 亩，2005 年人均纯收入 4165 元，村级集体收入 9.06 万元。自古清漾村为历史文化村落，为江南毛氏发祥地，2005 年 12 月被衢州市命名为特色文化村，清漾祖宅已重修好恢复了原样，祖宅广场建造也于 2005 年 12 月 26 日开工，清漾古村落已列入省级历史文化保护区。根据江山市委、市政府"十村示范、百村整治"工程要求，经村两委研究，特制订 2006 年村庄整治规划如下。

（一）村庄绿化

绿化村庄大道一条，机耕路三条及村庄内空余宅基地绿化，需投资 5 万元。

完成时间：2006 年 3 月底。

责任人：毛万树。

（二）路灯亮化

新安装路灯 30 盏，投资 3 万元。

完成时间：2006 年 5 月底。

责任人：毛仕生。

（三）村道硬化

硬化旅游景点连线村道，长 550 米，投资 10 万元。

完成时间：2006 年 8 月底。

责任人：毛大忠、毛建荣。

（四）卫生洁化

建垃圾池 4 个，垃圾填埋场 1 个，拆除露天厕所 20 个，建公厕 2 个，预计投资 4 万元。

完成时间：2006 年 10 月底。

责任人：毛建荣。

（五）建造村办公大楼

占地面积 110 平方米，建筑面积 330 平方米，投资 14 万。

完成时间：2006 年 11 底。

责任人：杨芝华、毛大忠。

（六）创建村俱乐部

投资 1.5 万元。

完成时间：2006 年 12 月底前。

责任人：杨芝华。

为更好地抓好我村的整治工作，切实加强领导，明确各自职责，确保此项工作落到实处，经村两委研究，建立清漾村整治工作领导小组，其组成人员名单如下：

组长：杨芝华

副组长：毛大忠、毛万树

成员：毛仕生、毛建荣、毛存志、毛立月

石门镇清漾村村民委员会
2006 年 2 月 10

二、清漾村五个发展——2010 年发展目标

根据中共江山市委关于在全市村（居）组织中开展"五新争先"活动的意见，清漾村根据实际情况，经村两委共同研究到 2010 年将完成如下任务：到 2010 年实现生产总值 800 万元，农民人均纯收入 8300 元。

（一）农业产业增收发展规划

1. 种植业发展规划

在清漾村已有的种植业基础上，继续推广发展食用菌产业，到2010年，给予相应的技术支持。同时，利用本地优势，大力发展苗木产业，到2010年发展苗木150亩。

2. 养殖业发展规划

鼓励发展本地特色养殖，继续发展白鹅养殖，生猪养殖，推广温氏养鸡，鱼类养殖，逐步形成养殖规模。

3. 第三产业发展规划

清漾村是一个旅游村，以此为契机，发展一批农家乐，开展农家乐培训班，带动第三产业的发展。

（二）村庄整治建设规划

1. 建立健全卫生保洁制度，继续聘请保洁员并且确保各包干区有专人负责。

2. 做好绿化工作，在做好村庄绿化的同时，鼓励家家户户做好庭院绿化，新增绿化面积3000平方米。

3. 做好村庄美化工作，赤膊墙整治力争达到95%以上。

（三）农村基础设施建设规划

1. 路灯亮化做好清漾大道主干道亮化工作并逐步扩展到整个村庄，安装路灯50盏。

2. 道路硬化。硬化村内主干道3千米左右。

3. 新建休闲健身广场、篮球场一个。

4. 新添办公设备，提高远程教育播放条件。

（四）村级集体经济发展规划

1. 盘活山场，实行对外承包，返租倒包。

2. 村级集体经济收入达到360000元以上。

（五）低收入农户奔小康规划

1. 明确帮扶对象，并根据各农户的实际情况做出不同的帮扶措施。

2. 利用旅游开发为契机，制订相对应的帮扶措施，为其增加就业及在家经商机会。

3. 与江山市里帮扶部门结对，给予低收入农户一定的物质补助。

4. 实行村干部与低收入农户帮扶结对政策，给予低收入农户在农业生产、特色产业等各方面的帮助，带动低收入农户的共同发展，帮助全村低收入农户 17户，到 2010 年，基本达到小康水平。

5. 努力寻找就业机会，帮助一部分低收入农户外出务工。

第二节　村庄建设方案

一、石门镇清漾村创建"中国幸福乡村"详细工作方案

为认真做好清漾村的"中国幸福乡村"创建工作，根据市委发 [2009]30 号的文件精神，对照"中国幸福乡村"创建内容及标准，结合我村实际，对各项创建工作制订如下工作方案。

（一）总体目标

围绕"富裕、满意、文明、美丽、和谐"的目标，根据各项创建内容及标准，力争在 2009 年将清漾村建设成为"富裕、满意、文明、美丽、和谐"的"中国幸福乡村"。

（二）工作措施

1. 成立组织，加强领导。为扎实推进"中国幸福乡村"的建设工作，村里成立建设行动小组，具体安排如下。

组长：毛万阳；副组长：毛大忠；成员：毛万树、毛志红、王土英、毛存志、毛仕生、邢丹丹。由各成员负责相应的单项创建项目。

2. 加强发动，深入宣传。坚持创建"中国幸福乡村"这一有效载体，全面提升新农村建设的整体水平，切实加大宣传动员力度，充分利用广播、农民信箱、板报、宣传栏、横幅、宣传单、干部进村入户宣讲等方式开展宣传发动，大力宣传"中国幸福乡村"建设的重大意义、指导思想、方针政策、目标任务、工作成效和典型经验等，从根本上提升农民群众的创建知情度、参与度和支持度。

3. 具体创建措施

（1）富裕乡村

在创建富裕乡村方面，根据创建标准，参照 2008 年年报数据，我村在农民人均纯收入、人均集体可支配收入、农村劳动力非农业从业人员比重三个方面需要努力。

2008 年清漾村农民人均纯收入为 5626 元，为使农民人均纯收入增加，提高人均集体可支配收入，同时加大非农业人员比重，我村将从以下四个方面来做。

一是依托清漾旅游开发优势，发展一批农家乐，借鉴衢州七里乡的乡村休闲旅游发展经验，因势利导，因地制宜地种植一些迷你观光蔬菜、水果、开发蔬菜采摘游，文化体验游等特色旅游项目，以旅游业带动农民增收。

二是大力支持发展种养业，成立粮食、植保合作社，发展食用菌、茶叶、畜禽等生态农业，对原有的种养殖户加大科技培训的力度，选用适销对路的优质品种，积极推广标准化生产方式，实现规模化、标准化种植模式，建立种养业科技示范基地。同时，扶持新种养殖户，由示范基地对新养殖户进行帮带，共同增收。

三是积极拓宽就业渠道，不定期地向农民提供就业信息，结合镇政府的农民素质工程定期开展各项劳务技能培训、农业实用技能培训，切实提升农民创业就业技能，增加农民工资性收入。

四是引进以生态农业开发为主的江山市清漾生态农业开发有限公司，以此带动全村生态农业产业及乡村休闲生态旅游业的进一步发展与提升。对联家垄水库的责任山进行返租倒包，以此增加村集体收入，实现规模化经营。

（2）满意乡村

在创建满意乡村方面，根据创建标准，我村在农村社区服务中心建设、安全饮用水普及率、文化体育示范村创建等方面需要努力。

根据我村现有基础设施，将继续完善各项配套设施，建立一站式便民服务窗口，与开发办协商在景区内设立医疗卫生服务点，对资源加强整合；目前，我村正积极配合镇政府做好农民饮用水工程，预计入户率可达 80%；我村因规划设计的要求，目前尚欠缺一个可供村民娱乐、锻炼的休闲广场，现由村两委与宁波影王集团协商后，决定在村建立影王放映室，同时新建室外健身广场，并进一步改造办公场所，完善各项公共基础设施，提升公共服务满意率。

（3）文明乡村

在创建文明乡村方面，根据创建标准，我村在文明村创建、计划生育工作、各类文明活动的开展等方面需要努力。

在争创文明村方面，特别是努力做好四个文明建设工作，参照创建标准认真落实各项创建工作，并做好台账资料的搜集，重点抓好"五五"普法宣传工作，扩大普法知法面，提高村干部的科学文化素质。

加大计生殡改工作力度，重点抓好计划生育工作。截止七月份为止，清漾村计划生育率为90%，如不出现意外，年底可达92%以上。在做好宣传工作的同时将工作落到实处，责任到人，杜绝计划外生育现象的出现，按要求和标准做好生态公益墓地的建设。

在文化建设方面，以清漾毛氏文化为依托，由点连线成网，做好十月份的毛氏文化节活动，给全市甚至全省都留下深刻印象，充分发扬清漾毛氏特色文化，开展以清漾村规民约、二十四约戒为主的文化培训班，逐渐由点连线，结合镇妇联组织的家庭美德活动评选出一批先进，由线成网，从根本上改变村风民风。同时，深入挖掘毛氏特色文化，积极利用这一有利人文资源开展各类特色活动，如"春泥"活动，家庭美德评比活动等。

（4）美丽乡村

在创建文明乡村方面，根据创建标准，我村在生猪养殖污染治理率、河道、沟渠、水塘整治率及村内道路硬化率等方面需要努力。

经过一年多时间的旅游开发与村庄环境整治，清漾村目前村庄内部规划规范，环境整洁优美，但在生猪养殖污染治理率、河道、沟渠、水塘整治率及村内道路硬化率三个方面仍旧不达标，下一步，将重点对村内的5户生猪养殖污染进行治理，建设沼气池，目前共有3个沼气池，十月底再建3个，对排泄物进行彻底有效地无害化处理。对村内的文川溪、祠堂前水塘进行治理，清理疏通河道，对水塘内的淤泥进行清洗，对河道、水塘存在的垃圾、漂浮物进行打捞并统一处理，对村内所有河道水塘进行一次彻底的清理，使整治率达到100%。

村内道路硬化方面，目前已基本达标，下一步将对村内部分宅间道进行修缮。

（5）和谐乡村

在创建和谐乡村方面，根据创建标准，我村在提升软硬件环境新风貌、落实信访"三无"目标、民主法治村创建等方面需要努力。

按照"六统一四化"和全面导入 CIS 城市品牌形象标识系统的要求，我村目前在全面导入 CIS 标识工作方面还比较欠缺，下一步将根据统一要求在村办公场所、办公用品等方面全面导入 CIS 标识，积极推介城市品牌形象。

在信访工作方面，加强信访工作力度，从根本上疏通信访渠道、确保"三无"目标的落实。

在创民主法治村方面，我村目前已申报了衢州市的民主法治村的创建，各项硬件工作及台账资料的搜集也已到位，争取今年能够创建成功。

石门镇清漾村党支部

2009 年 8 月 17 日

二、清漾村文化礼堂敬老孝老活动方案

（一）活动时间： 2015 年 1 月 6 日上午 10:00—12:30

（二）活动地点： 清漾村文化活动中心一楼

（三）参加人员

组织者：姜金梅、毛志红、周中原

参与者：10 名长寿老人、村两委干部、排舞队和鼓队成员

（四）活动流程

1. 敬老孝老倡议书——毛志红

2. 宣读老人名单——毛万阳

3. 村干部向老人戴大红花

4. 清漾子弟读祖训

5. 清漾儿女喂老人吃蛋糕

6. 表演锣鼓、排舞活动

第三章 合同与协议选编

第一节 工程建设合同

一、土地整理项目工程建设合同书

甲方：石门镇清漾村经济合作社

乙方：枫林镇枫一村 周某某

为了使工程保质保量，按期完工，经甲、乙双方协商同意，签订本合同。

（一）甲方将清漾123.29路渠工程承包给乙方施工（机耕路长781米，宽4米，高0.4米，渠道长781米，宽1.2米，高1.6米）

（二）承包价款计人民币壹拾零万零仟叁佰柒拾零元整（￥：100370元）。涵管由甲方提供，乙方负责安装，不另计报酬。

（三）承包方法：包工包料，甲方监督材料的质量和使用数量。

（四）乙方投标交押金5000元，工程完工50%后如数退还。如中标不做工程，押金没收。

（五）标准及规格：见甲方施工要求、施工图纸、工程量计算表。如工程需要改增工程量，需经甲、乙双方协商同意，出具工程变更联系报镇实施小组审批后方可施工，并按实际增减工程量结算工程款。

（六）付款办法：工程完成总工程量的50%后，付承包款的30%，工程完工付承包款的30%，通过镇项目实施小组验收合格后付30%，其余10%作为质量保证金在市级验收合格一年后无质量问题的付清。

（七）乙方必须听从甲方实施员的技术指导，质量监督，甲方施工员要做好质量检查记录，如发现有质量不符合工程标准、要求的，乙方必须负责无偿返工。

（八）工期：乙方必须在合同生效后5日内开工，于2003年3月20日前完工。

（九）奖罚：乙方在工期内未完工，超出一天罚 10—30 元，以此类推。

（十）乙方要加强施工安全管理，若发生安全事故，责任由乙方自负。

（十一）其他事项：未尽事宜由双方协商解决。

（十二）本合同一式三份，甲、乙双方，鉴证单位各执一份。本合同自签订之日起生效。

甲方：石门镇清漾村经济合作社（章）

乙方：枫林镇枫一村　周某某（章）

鉴证方：石门镇土地整理项目实施小组

二、清漾旅游开发工程承包合同书

甲方：江山市石门镇清漾文化村（以下简称甲方）

乙方：清漾毛氏子孙江山市大峦口乡东坑村民毛某某（以下简称乙方）

经市委、镇政府、村委决定，对甲方进行旅游开发工程承包，由乙方承包施工。经双方协商决定，订立以下条款：

（一）工程施工项目：广场、上山道、厕所、清漾湖。

（二）施工期限：2005 年 11 月 6 日至 2006 年 2 月 6 日竣工。如因天气转变而误工期，施工时间按实际误工期相应推迟。

（三）工程承包方式：包工包料。

（四）施工方式：按设计图纸施工。

（五）验收方式：按图纸验收。

（六）承包工程款：约叁佰伍拾万元。按足额预算，若出现工程式样与图纸不符，经甲、乙双方施工员签字施工，如材料价格提高，超过预算等，按国家建范规定给予补差（补差费由乙方上级部分自己争取，甲方一概不予负担费用）。

（七）付款方式：市政府工程款拨到甲方，即付乙方，乙方不予追款。

（八）其他外加管理费，按总直接费根据江山市园林、市政三级标准给予乙方，甲方不予扣留。

（九）乙方本工程完工后，按工程顺序安排，继续工程施工。

（十）本合同一式叁份，甲、乙双方各执一份，镇政府一份。

甲方：毛某某　毛某某
乙方：毛某某

二〇〇五年十一月六日

备注：

1. 场地附物，如各种树林、老茅坑，补价由乙方工程款之内支出。
2. 场地租用费、人力开支（误工费）在工程款内开支。

第二节　土地承包经营合同

一、山场承包合同

发包方：江山市石门镇清漾村委、经济合作社（以下简称甲方）

承包方：江山市石门镇清漾村村民毛万阳（以下简称乙方）

为了发展村林业生产，经甲方讨论决定将坐落在周炉村上山顶山场使用经营权对外承包，并于 2004 年 4 月 6 日通过公开招标，由乙方中标取得山场经营权包括现有林木。现甲乙双方充分协商，就承包合同事项一致达成如下协议。

1. 甲方将其所有坐落在周炉村上山顶山场 68 亩发包给乙方种、养殖管理。山场的四至界址是：东至周炉村田；南至周炉村虎坑口分水为界；西至周炉村山上分水下合水为界；北至周炉村田。

2. 承包期限 30 年，从 2004 年 4 月 6 日起至 2034 年 2 月 31 日[①] 止。

3. 承包款总金额柒万元整（70000.00 元）甲方收到承包款后须向乙方出具收据。

4. 合同生效后，山场上原有的林木归乙方所有，乙方须办理完林木砍伐审批手续，甲方有义务协助乙方办理林木砍伐的审批手续，因此而支出的各种费用由乙方承担。

5. 承包期间，乙方对山场有占有、使用、收益和处分的权利，有权自决定在山场上种植林木及其他作物，甲方不得干涉乙方的经营自主权。

---

① 原文如此。

6. 承包期间，乙方若种植用材林，那么有几次砍伐权，砍伐林木所得收益归乙方所有。甲方给予办理有关乙方所需的证明，其他手续由乙方自行负责。

7. 承包期间，除法律、法规规定可以解除合同的情形外，任何一方不得擅自解除合同。一方擅自解除合同给对方造成损失的，应当赔偿由此造成的损失（包括实际损失和可得利益损失），以及承担对方因解除合同而提起诉讼的一切费用（包括律师代理费、差旅费、材料制作费用）。

8. 承包期间，乙方不得在山场上建造永久性建筑物，甲方不得同意他人在山场上建房、造坟及其他有损于乙方的行为。

9. 承包期间，如遇国家建设征用山场，征用山场的土地补偿费归甲方所有，山场上附着物和青苗补偿费归乙方所有。

10. 承包期满，乙方必须拆除山场上的临时建筑物，如未拆除的，该临时建筑物归甲方所有，甲方不作任何补偿。

11. 承包期满，乙方必须砍伐掉其所种植的林木，采伐迹地由甲方在当年或次年造上林木，并验收合格。

因甲方故意不协助办理林木砍伐审批手续，应甲方所需证明致使乙方无法砍伐其种植的林木而造成损失的，甲方应当赔偿乙方因此造成的损失，并承担由此而提起诉讼的一切费用（包括聘请专业人员估价的费用、律师代理费、差旅费、材料制作费等）。

12. 合同终止，甲、乙双方愿意继续承包的，应当重新订立合同。

13. 本合同自甲、乙双方签字盖章之日起生效。

14. 山场附图是本合同的组成部分，合同期满后，乙方须按山场附图规定的四周界至将山场交还甲方。

15. 合同争议的解决方式：在本合同履行过程中发生的争议，由双方当事人协商解决，协商不成的，任何一方均可以依法向人民法院起诉。

16. 本合同正本一式四份，甲、乙双方各执一份，合同副本一份，送石门镇人民政府存档。

发包方：江山市石门镇清漾村村委、经济合作社
法定代表人签字（盖章）：毛善文　毛旭明
乙方代表签字（盖章）：毛万阳

二〇〇四年四月六日

补充协议

甲、乙（即甲方：石门镇清漾村村委、经济合作社；乙方：毛万阳）双方在2004年4月6日签订的《山场承包合同》第11条"承包期满，乙方必须砍伐其所种植的林木，采伐迹地由甲方在当年或次年造上林木，并验收合格"的规定必须是在乙方经林业局审批同意砍伐的情况下方可进行，若有超出审批限额，超出部分乙方不得砍伐，可评估折价由甲方收购，也可在原合同同等条件情况下继续承包经营，并与甲方另行签订承包协议。原合同其他条款照旧不变。

本补充协议经甲、乙双方共同协商，与原合同具有同等法律效应。

甲方：江山市石门镇清漾村村委、经济合作社

法定代表人签字（盖章）：毛大忠

乙方代表签字（盖章）：毛万阳

二〇〇八年十月二十八日

二、农村土地承包经营权转包（出租）合同

合同编号：

甲方（转包方、出租方）：江山市石门镇清漾村村民委员会

住所：江山市石门镇清漾村　　　　　　　联系电话：

乙方（接包方、承租方）：江山市火龙果农业开发有限公司

住所：江山市石门镇清漾村塔石畈　　　　联系电话：

根据《中华人民共和国农村土地承包法》《农村土地承包经营权流转管理办法》《浙江省实施〈中华人民共和国农村土地承包法〉办法》等法律、法规和国家有关政策的规定，甲乙双方本着平等、自愿、有偿的原则，经双方协商一致，就土地承包经营权转包（出租）事宜，订立本合同。

（一）转包（出租）土地基本情况及用途

甲方愿意将其承包的位于石门镇清漾村七、八组的72.3亩土地（详见下表）承包经营权转包（出租）给乙方，从事（主营项目）农业开发火龙果生产经营。

转包（出租）土地基本情况表

序号	地块名称	地类	面积	四至界限				原土地承包经营权证或承包合同编号
				东	南	西	北	
1	塔石畈地块	农田	72.3	峡敦溪	峡敦	花峡线公路	溪底村界址	
合计（大写）: 柒拾贰点叁亩 （小写）72.3 亩								

（二）转包（出租）期限

土地转包（出租）期限为 15 年，自 2012 年 1 月 1 日起至 2027 年 1 月 1 日止（最长不得超过土地承包期剩余期限）。甲方应于 2012 年 3 月 31 日之前将土地交付乙方。

（三）转包（出租）价格与支付方式

转包（出租）付款价款按下列第 1、3 种方式计算：

1. 每亩每年支付（实物名称）稻谷 250 公斤。

2. 每亩每年支付人民币＿＿＿＿＿＿元。

3. 考虑物价等因素的约定：按当年实际收购价计算成现金。参照本年谷价支付明年租金。2012 年按 130 元 / 佰斤计算，共需支付租金 650 元 / 亩 *72.3 亩 = 46995 元

转包（出租）价款付款方式为每年付一次，付款时间为每年 12 月 31 日前。

（四）甲方的权利和义务

1. 甲方与发包方的土地承包关系不变，甲方继续履行原土地承包合同规定的权利和义务。

2. 有权获得土地流转收益的权利，有权按照合同约定的期限到期收回流转的土地。

3. 有权监督乙方合理利用、保护转包(出租)土地，制止乙方损坏转包(出租)土地和其他农业资源的行为，并有权要求乙方赔偿由此造成的损失。

4. 流转土地被依法征收、占用时，有权依法获得相应的土地补偿费和安置补助费。

5. 尊重乙方的生产经营自主权，不得干涉乙方依法进行正常的生产经营活动。

6. 法律法规规定的其他权利和义务。

（五）乙方的权利和义务

1. 依法享有生产经营自主权、产品处置权和产品收益权。

2. 维持土地的农业用途，不得用于非农建设。

3. 依法保护合理利用土地，应增加投入以保持土地肥力，不得随意弃耕抛荒，不得损坏农田水利设施，不得给土地造成永久性损害。

4. 依法享受国家和当地政府提供的各种支农惠农政策补贴和服务。

5. 流转期间土地被依法征收、占用时，乙方应服从，但有权获得相应的青苗补偿费和投入建设的地面附着物补偿费。

6. 转包（出租）到期时，及时向甲方交还转包（出租）的土地或者协商继续转包（出租）。

7. 法律法规规定的其他权利和义务。

（六）违约责任

1. 因变更或解除本合同使一方遭受损失的，除依法可免除责任外，应由责任方负责赔偿。

2. 甲方非法干预乙方生产经营活动，给乙方造成损失的，应予以赔偿。

3. 乙方逾期支付流转费用，每延迟一天，按应支付费用的1%承担违约金。

4. 甲方逾期交付土地，每延迟一天，按流转费用的1%承担违约金。

5. 乙方不按合同约定使用土地，改变土地用途、破坏水利等基本设施或给土地造成永久性损害的，甲方有权解除合同，并由乙方向甲方支付赔偿金。

（七）其他约定

1. 国家以及各级政府的普惠制粮油种植补贴（含农资综合直补、国家良种补贴、油菜良种补贴等）享受对象为乙方（实际种植者），但经甲乙双方协商同意：本项补贴乙方是否返回给甲方。

2. 本合同订立后，双方应将合同报发包方、乡（镇、街道）农村土地承包管理部门备案；乙方对土地进行再流转，需经得甲方书面同意。

3. 合同期满后，若甲方继续流转该土地的，乙方在同等条件下有优先权；若不继续流转的，乙方对土地进行投入提高地力的，以及在当时为生产经营需要而设立的相关设施及地上附着物，能拆除而不影响流转土地生产的，由双方协商采取作价补偿或恢复原状等方法进行处理；如果拆除会降低或破坏流转土地生产的，不得拆除，通过协商折价给予乙方经济补偿。

4. 其他需要说明的事项。

5. 本合同在履行过程中发生争议，双方协商解决。协商不成，可以请求村民委员会、乡（镇、街道）人民政府（办事处）调解。不愿调解或调解不成的，可以向农村土地承包纠纷仲裁机构申请仲裁，也可以向人民法院起诉。

6. 本合同自双方签字后生效。经协商，决定否鉴证。未尽事宜，双方经协商一致后可订立补充协议，与本合同具有同等法律效力。

7. 本合同一式四份，双方各执一份，发包方和乡（镇、街道）农村经营管理部门各备案一份（如有鉴证，相应增加一份）。

甲方：江山市石门镇清漾村村民委员会

乙方：江山市火龙果农业开发有限公司

2012 年 2 月 3 日

三、江山市石门镇清漾村"正明山"土地流转合同

甲方（发包方）：江山市石门镇清漾村经济合作社

乙方（承包方）：毛洪青

根据中华人民共和国《物权法》《农村土地承包法》和有关法律、政策规定，为保护和合理使用土地，本着自愿互利、公正公平等原则，经甲乙双方协商，订立本合同。

（一）承包土地情况

土地位于石门镇清漾村"正明山"，面积 135 亩（含坟地、电杆墩），土地四至范围为：东至溪；南至田；西至田；北至田。

（二）承包期限

承包期限为 30 年，自 2014 年 4 月 1 日至 2044 年 3 月 31 日止。承包款（每年剔除坟地、电杆墩）为人民币 52000 元 / 年（大写：伍万贰仟元整元 / 年），首期承包款为壹拾年，之后以每叁年为一期，分期支付租金，在每期的三月底前付清下一期的租金。如租金拖欠壹年，甲方有权单方面终止合同，另行发包。

在承包期内镇级以上政府、部门如因项目建设需要征用乙方承包土地的，甲方提前一个月通知乙方，乙方需无条件服从。已交承包款按所涉面积和相应年限退还乙方，地面附属物归乙方所有，土地征用费归甲方所有。如给乙方造成经济损失的，甲方按照评估部门的评估金额给予乙方补偿。承包期内承包方交回承包地或发包方依法收回承包地时，承包方对其在承包地上投入而提高土地生产能力的，有权获得相应的补偿。

承包期满后，山上的附属物、种植物，一个月内由乙方自行处理，不作价；在同等条件下，乙方有优先续租权。

（三）土地用途

乙方承包土地限于从事种植业、林果业等农业用途，乙方可以在承包土地范围内建造必要的生产管理用房、晒场等临时农业生产配套设施（在规定的流转面积比例内）。

（四）廉政条款

甲乙双方权利义务

1. 甲乙双方必须严格遵守党的政策规定和国家有关法律法规。

2. 严格执行清漾村正明山承包的合同文件，自觉按合同办事。

3. 双方的业务活动坚持公开、公正、诚信、透明的原则（法律认定的商业秘密和合同文件另有规定的除外），不得损害国家、集体和他人的利益。

4. 建立健全廉政制度，开展廉政教育，设立廉政告示牌，公布举报电话，监督并认真查处违法违纪行为。

5. 发现对方在业务活动中有违反廉政规定的行为，有及时提醒对方纠正的权利和义务。

6. 发现对方有严重违反合同义务条款的行为，有向其上级有关部门举报、建议给予处理并要求告知处理结果的权利。

甲方义务

1. 甲方及其工作人员不得索要或接受乙方礼金、有价证券和贵重物品，不得在乙方报销任何应由甲方或其工作人员个人支付的费用等。

2. 甲方工作人员不得参加乙方安排的超标准宴请和娱乐活动，不得接受乙方提供的通讯工具、交通工具和高档办公用品等。

3. 甲方及其工作人员不得要求或者接受乙方为其住房装修、婚丧嫁娶活动、配偶子女的工作安排及出国出境、旅游等提供方便等。

4. 甲方工作人员及其配偶、子女不得从事与甲方工程有关的材料设备供应、工程分包、劳务等经济活动等。

5. 甲方及其工作人员不得以任何理由向乙方推荐分包单位或推销材料，不得要求乙方购买合同规定外的材料和设备。

6. 甲方工作人员要秉公办事，不准营私舞弊，不准利用职权从事各种个人有偿中介活动和安排个人施工队伍。

乙方义务

1. 乙方不得以任何理由向甲方及其工作人员行贿或馈赠礼金有价证券、贵重礼品。

2. 乙方不得以任何名义为甲方及其工作人员报销应由甲方单位或个人自付的任何费用。

3. 乙方不得以任何理由安排甲方工作人员参加超标准宴请及娱乐活动。

4. 乙方不得为甲方单位和个人购置或提供通讯工具、交通工具和高档办公用品等。

（五）甲方的权利义务

1. 维护乙方的土地承包经营权，不得非法变更、解除承包合同。

2. 尊重乙方的生产经营自主权，不得干涉乙方依法进行正常的生产经营活动。

3. 执行土地利用总体规划，组织本集体经济组织内的农业基础设施建设。

4. 监督乙方按照合同约定用途合理利用和保护土地。

5. 有权制止乙方损害承包地和农业资源的行为。

6. 协助乙方按合同行使土地经营权，帮助调解乙方和其他承包户之间发生的用水、用电、土地界址等方面的纠纷。

（六）乙方的权利义务

1. 依法享有承包地使用、收益和土地承包经营权流转的权利，有权自主组织生产经营和处置产品。

2. 承包地被依法征收、占用的，有权依法获得相应的补偿。

3. 依法享受国家有关土地和种植作物的补贴。

4. 维持土地的农业用途，不得用于非农建设，不得给土地造成永久性损害。

（七）合同的变更和解除

1. 承包合同自成立之日起生效，承包方自承包合同生效时取得土地承包经营权。承包期内，发包方不得收回承包地，不得单方面解除承包合同。

2. 承包合同生效后，发包方不得因承办人或负责人的变动而变更或解除，也不得因集体经济组织的分立或者合并而变更或解除。

3. 因不可抗力致使本合同无法履行时，可以变更或解除本合同，双方互不承担责任。

（八）违约责任

1. 甲方违法收回乙方承包地，或者干预乙方生产经营活动，使乙方遭受损失的，应承担赔偿责任。

2. 乙方未按规定用途使用承包地、改变农业用途，或者造成土地永久性损害、土地荒芜的，甲方劝阻制止无效时可依法解除合同，并由乙方承担土地恢复费用。

3. 其他违法违约行为依据国家法律、法规和政策规定处理。

（九）其他约定

1. 本合同如发生纠纷由双方协商解决；协商不成时，向上级农村承包合同管理部门申请仲裁；不服仲裁决定的，可以在收到裁决书之日起 30 日内向人民法院起诉。

2. 本合同双方签字之日起生效，一式三份，甲乙双方各执一份，石门镇公共资源交易中心一份。

3. 本合同未尽事宜甲乙双方协商一致可订立补充协议，补充协议与本合同具有同等效力。

发包方：清漾村经济合作社　　　　　承包方：
法定代表人：毛志红　毛万阳　　　　法定代表人：毛洪青
日期：2014 年 4 月 1 日　　　　　　日期：2014 年 4 月 1 日

第三节　房屋拆迁补偿安置协议

甲方：拆迁单位石门镇清漾村村民委员会

乙方：被拆迁户毛仕信

根据清漾历史文化村保护与新农村建设项目工程需要，确保开发项目建设步伐，有计划、有步骤地进行各项工程建设，根据国务院、浙江省房屋拆迁管理条例，以及其他有关法律、法规之规定，甲方和乙方在平等、自愿、协商一致的基础上，就房屋拆迁补偿安置等问题达成如下协议。

第一条　拆迁房屋依据

因清漾历史文化村保护与新农村建设项目工程征地拆迁建设的需要，根据有关法律、法规规定，以及中共江山市委关于清漾历史文化村保护与新农村建设项目有关问题协调会议纪要，确定清漾开发项目拆迁政策参照 46 省道改造的补偿政策实施房屋拆迁。而乙方所有的房屋以及附属物属于该项工程拆迁范围内，必须拆迁。

第二条　乙方房屋的基本情况及所得补偿金额

乙方必须服从清漾开发项目建设需要，统一将坐落在清漾 87 号的房屋，由乙方自行拆迁（降层），经现场丈量，建筑面积为 116.2125 ㎡，建筑占地面积 / ㎡，土地证号为：/，房产权证号为：/。其中：

1. 砖混合结构房屋补偿为：建筑面积 / ㎡，每平方米评定补偿金额为 / 元，计 / 元。

2. 砖木结构房屋的补偿：主房建筑面积 102.1125 ㎡，每平方米评定补偿金额为 220 元，计 22464.75 元。附房建筑面积 / ㎡，每平方米评定补偿金额为 / 元，计 / 元。

3. 泥土结构房屋的补偿：主房建筑面积 / ㎡，每平方米评定补偿金额为 / 元，计 / 元。附房建筑面积 / ㎡，每平方米评定补偿金额为 / 元，计 / 元。

4. 简易房、牲口房、厕所：建筑面积 / ㎡，每平方米评定补偿金额为 _ 元，计 / 元。

5. 棚房：建筑面积 / ㎡，每平方米评定补偿金额为 / 元，计 / 元。

6. 屋面楼梯间：建筑面积 14.1 ㎡，每平方米评定补偿金额为 30 元，计 423 元。

7. 附属物补偿金额计 228.8 元。（具体详见核算清单）。

8. 临时过渡房补助费，按大、小、中户确定一次性补助，乙方 / 户，计 / 元。

以上三项总计补偿金额为（小写）23116.55（大写）贰万叁仟壹佰壹拾陆元伍角伍分。

第三条　补偿金额支付方式

本协议签订后付总补偿款的百分之三十，房屋拆除完毕后再付总补偿款的百分之六十，余款待新房按规划设计要求建好验收后付清。（不需要安置宅基地的，房屋拆除完毕后，补偿款全部付清）

第四条　房屋搬迁时间及奖励

乙方必须在 2007 年 9 月 20 日前将房屋拆除完毕，交出房屋所占用的宅基地。为确保安全，原旧房由乙方自行拆除，在拆房过程中，如有伤亡事故由乙方自行承担。乙方在 2007 年 9 月 20 日前拆除房屋的由甲方给予适当奖励。

第五条　安置形式

经查实乙方为 / 镇 / 村村民，系农业人口 / 人，被拆房屋用地属集体土地，根据政策规定给予拨地建房，按农村私人建房规定的大中小户限额进行统一规划，统一落实。为此，移房宅基地落实在 /，建筑占地面积 / ㎡，乙方在新建房屋时，必须严格按照规划要求和提供的统一图纸施工，不得违章建筑，如出现违章建筑，乙方必须无条件自行拆除。

第六条　乙方在房屋建成后，可持本协议及市政府批准建房的有关资料，自行向房地产管理部门办理房产权证及土地使用权证。

第七条　在签订本协议时，乙方应向甲方移交有关原房屋产权证及土地使用证件，由甲方统一向房管、国土部门办理注销手续。

第八条　本协议由甲乙双方签字盖章后生效，并共同遵守，本协议一式三份，双方各执一份，报清漾历史文化村保护与新农村建设领导小组一份。

甲方：石门镇清漾村村民委员会

乙方：毛仕信

经办人：毛万阳　毛大忠　徐雪莲

2007 年 9 月 13 日

第四节　其他文献

一、清漾一期项目开发工作总结和后续工程工作思路

（一）一期项目开发工作回顾

2006 年 8 月 15 日，时任浙江省委书记习近平莅临清漾视察，对清漾村保护与开发做出重要指示，此后，党和国家重要领导、省部级领导十多人前来视察指导。我市市委、市政府高度重视，2007 年 2 月 12 日，市委、市政府专门成立清漾历史文化村保护与新农村建设领导小组，下设办公室，全面展开清漾村保护与开发工作。市委傅书记两次主持召开清漾项目建设协调会，认真听取汇报，并做重要指示。市委徐副书记多次主持召开任务交办会、督办会，市相关部门领导多次到清漾村视察指导，及时协调解决开发过程中存在的有关问题。

为认真贯彻市委、市政府的指示精神，2007 年 8 月 16 日，开发办抽调规建、国土、交通、石门镇等部门有关干部，进驻清漾村现场办公，正式启动项目建设。清漾项目一期工程总投资 2200 多万元，历时 8 个月，期间，虽遭受了五十年一遇的特大雨雪冰冻灾害的影响，但开发办全体同志工作认真负责，积极主动配合，天天工作在项目建设的第一线，加班加点，较好完成了一期工程建设任务。

1.加强宣传教育，认真做好拆迁安置工作

拆迁安置工作碰到许多困难：一是拆迁户对安置地不满意；二是拆迁户存在实际困难，家禽、家畜没地方放养；三是两委换届，两委干部工作受到一定制约。如村民对项目建设不理解、不支持，什么东西都要钱，要价很高，甚至产生过激行为，出面阻挠施工建设。对此，镇村及开发办干部通力合作，加强对村民的宣传教育，认真做好拆迁安置工作：一是不厌其烦地上门做好村民的思想工作。向村民积极宣传清漾项目建设的重要性，宣传拆迁安置政策。二是坚持原则，按政策办事。开发过程中，严格按照市政府有关拆迁安置补偿标准文件执行，防止工作反弹。三是耐心细致做好难点户的工作。在详细调查基础上，镇村干部分组落实到难点户，耐心细致讲透政策，同时请国土、公安等相关部门支持，对个别难点户采取有力措施。通过种种举措，完成拆迁安置农户 32 户、降层改造 3 户，整治赤膊墙 5 万多平方米，拆除违章建筑 70 多处，较好地完成了

各项工作任务。

2. 加强管理，加快推进项目建设进度

坚持公开招投标。根据公开、公平、公正的原则，按照规定程序和纪律，开发办认真把好工程招投标这一关，邀请市纪委、审计、旅游局纪检、石门镇等部门领导组成招投标工作领导小组，直接参与招投标工作，并对整个招投标过程实施监督。

抓好工程的监督管理。主要是强化三抓：即抓质量、抓安全、抓进度。一是抓质量，开发办技术人员加强现场督查。同时，对重点项目聘请监理公司派员进行跟踪监督，并要求施工单位项目经理，每月不少于20天在施工现场督查。二是抓安全，就是强化安全意识，确保施工安全。在施工现场设置警示标志，施工人员戴安全帽，拆迁房屋时人员站岗等规范操作。三是抓进度，抢抓时间，确保一期工程顺利完工。一期工程建设历时8个月，时间紧，任务重，压力大。特别在遭遇了雨雪冰冻灾害后，开发办全体同志放弃许多休息时间，坚持加班加点。在市领导的重视和关心，以及相关部门通力合作下，经过努力进取，开发办较好完成了清漾项目一期工程建设任务，具体内容包括：一是完成了清漾南北两个入口区建设。南入口区完成510㎡游客中心、100㎡旅游公厕及3000㎡南入口停车场，北入口区完成1000㎡停车场工程建设。二是完成1000㎡祖宅厅门埠建设，路面铺设鹅卵石和青石板，在祖宅门口整理出300㎡荷花池，并完成了100㎡的旅游厕所建设。三是完成毛子水故居的整体修缮。主要是毛子水故居屋面的整修，故居内部装饰，并对房屋进行全面清洗，重现了当时故居的风貌。四是完成800m文川溪河道整治工程，并按照园林式样，设计完成3000㎡凤尾池建设工程。五是完成清漾塔、祖坟修缮工程。对清漾塔身裂缝进行修复及墙面处理、塔基平台进行加宽建设；清漾祖坟空埂拓宽，并砌挡土墙加固。六是完成长4.4km的江郎山至清漾连村公路部分路基建设，以及进入清漾村部分路段旅游指示牌的设置。七是完成230m祖宅一线房屋屋面的整修，屋瓦全部更换小青瓦，同时对四条祖宅屋巷路面进行整修。八是完成40m碑廊建设，聘请22名全国著名书法家书写牌匾和楹联，并完成制作安装，进一步提升了清漾景区的文化品位。九是完成牌坊至村委道路及游览道路沿线的整体绿化工作。总投资概算2200多万元。

3. 提升品位，千方百计挖掘毛氏文化

毛氏文化的研究和发掘，是清漾项目开发的一项十分重要内容，也是清漾项目提高知名度，增强吸引力的特色所在，但是毛氏文化实际遗留下来的东西不多，资料十分短缺，文化陈列的任务十分繁重。在实际工作中，我们主要做好三方面工作：一是做好毛子水故居、祖宅陈列文化资料的收集工作。市人大何副主任多次组织相关人员到台湾、韶山、北京、舟山等地，收集了许多毛子水的藏书、画、照片、字等遗物，资料非常珍贵，现存市博物馆。二是做好祖宅、毛子水故居陈列工作。聘请有关专家、专业人士，完善陈列大纲、陈列细则、室内陈列效果图等。在实施过程中，祖宅陈列，前堂主要布置国家、省、市的各级领导来清漾视察的照片，中堂主要陈列家具、族规族训上墙，后堂太公龛主要陈列祖先牌位，两边厢房陈列 8 位尚书和 80 多位进士图片。毛子水故居陈列，门厅主要介绍序、前言、披屋主要介绍毛子水的九六人生、任职、学术，前堂主要陈列毛子水卧室、父母卧室和毛子水书房和客房，后堂主要介绍毛子水的盛誉哀荣，包括师友情谊、交友、名人题字、缅怀音容等。三是做好毛氏族谱修编等工作。族谱修编工作量较大，族谱断代，短缺较多，开发办与文化部门相关人员加班加点，进一步完善了毛氏延脉世系图，编制《毛氏文化教育读本》等。四是对清漾定位统一口径。按照厉志海书记要统一对外宣传口径，加快清漾旅游开发的批示精神，去年底，市人大何副主任牵头，组织召开了清漾毛氏文化研讨会，邀请衢州市毛氏研究知名人士郑艮安、张水录和衢州市宣传、文化等部门人员参加，经充分酝酿、讨论，最后给清漾初步定位："江南毛氏发祥地""毛泽东祖籍地"，对外统一了宣传口径。

4. 团结协作，认真做好开业各项工作

按照市委、市政府确定的 4 月 28 日开业计划，开发办重点做好以下五项工作：一是认真制订好开业方案，并会同有关部门精心组织实施。二是做好景区门票的设计、报批和印制工作。三是做好员工招聘培训。通过公开招聘，招收管理人员及导游 11 人，目前已全部上岗。四是完成了导游辞编写，宣传资料策划制作等工作。五是完善景区配套设施。如停车场、游客中心制作安装好 4 幅景区全景图、游览线路图，游步道沿线制作安装好 10 处旅游指示牌，并增设了 20 对垃圾桶等。

（二）一期项目后续工程工作任务

根据总规要求和实际情况，一期项目后续工程的主要任务是：

1. 工程建设方面

①复建建筑面积 1766 平方米的清漾祖祠。

②建清漾毛氏宗脉名人馆，整修建筑面积 380 平方米老房屋，做内部装饰、陈列等。

③建设建筑面积 460 平方米的清漾茶庄，提升清漾接待档次和品位。

④加快建设长 4.4 千米的清漾至江郎山连村公路硬化和绿化工程。

⑤整修 600 米的仙霞古道。

⑥做好安置区配套工程建设。

2. 抓好村庄环境整治工作

①做好拆迁 17 户农户的安置工作。

②结合新农村建设整治工作，对不协调建筑物进行整改；迁移和改造有碍观瞻的三线线路和设备；亮化景区道路和景点；对村庄进行环境卫生整治和庭院绿化。

③制定清漾村环境整治方案、完善村规民约和加强景区管理。

3. 文化陈列、宣传方面

①制定祖祠及清漾毛氏宗脉名人馆陈列大纲方案，收集相关资料，做好布置工作。

②精心制作关于清漾廉政教育和景区风光的专题宣传片。

③筹划和实施"江南毛氏文化节"，主要是宣传"江南毛氏发祥地""毛泽东祖籍地"，扩大清漾毛氏文化影响力，做好开业庆典活动。

4. 抽调人员、落实资金

根据实际需要拟从相关部门抽调人员，以进一步推动各项工程有序进行。其中需要抽调人员如下：旅游局 6 人，建设局、规划局、林业局、水利局、交通局、文广新局、供电局、电信局各 1 人，石门镇需拟派专职分管领导常驻清漾，同时抽调 3 名专职干部做好拆迁工作。二期工程项目建设总投资约 1730 万元（不含部门投入资金）。

5. 完善祖宅、毛子水故居等房产权过户工作并做好相关农户的安置工作。

我们将在市委、市政府的工作部署和要求，与相关部门、镇村和清漾村民一道开拓进取，合力推进，努力完成市委、市政府交给开发办的各项工作任务。

清漾开发办

2008 年 8 月 12 日

二、清漾文化礼堂工作总结

今年浙江省委、省政府大力开展农村文化礼堂建设，符合建设"两富"浙江的时代要求，农村文化礼堂建设是满足农民群众文化需要的惠民工程，是构筑农民精神家园的灵魂工程。为提升农村公共文化服务水平，打造农民群众的精神家园，清漾村按照"文化礼堂、精神家园"的定位，以有场所、有展示、有活动、有队伍、有机制等为基本标准，通过 2 个多月的努力，一个投资 10 多万元集娱乐、休闲、学教于一体的农村文化礼堂，于 2014 年 7 月正式落成启用。

"清漾文化礼堂"的设计，融入了当地的乡情特色，按照"两堂一廊"（即文化礼堂、最美微讲堂、文化长廊）的格局来规划建造，特别是"文化长廊"用图片和文字展示了清漾村的村史村情、乡风民俗、最美人物、美好家园等四个板块，成为清漾村民和来村旅游人士了解清漾村最好的展示窗口，同时长廊也迎来了大量村民聚集在一起休息、谈天聊家常的好地方；室内"文化礼堂""最美微讲堂"的改建为清漾村的庆典、礼仪、培训、学习等群众性活动教育提供了良好的场所；自 7 月正式落成启用以来，文化讲堂已经举办了培训、党课宣讲等各类活动 4 次。在"文化礼堂"举行了邀请本村乡贤和关心村庄建设的热心人士的"清漾村'谋发展、助建设'座谈会和"党的群众宣讲活动"。农家书屋，摆放了许多书籍、杂志报纸，为农民读书、了解新闻、学习技术提供了新场所。文化活动中心，提供排舞室、台球室、器材室，村民健身休闲硬件条件明显提升。

总的来说，文化礼堂已经成为村民学习实用技术知识，开展各类文体娱乐活动的文化殿堂和促进文明和谐的精神家园。

清漾村文化礼堂的建成，使我们清漾村的农村文体活动内容更加丰富多彩，受到了村民们的一致认可，也意味着我村农村文化礼堂建设工作取得了阶段性成效。今后，我们村文化礼堂将在前期工作的基础上，明确建设文化礼堂的指导思想、工作目标、主要任务和工作措施。同时对文化礼堂今后的工作进行细致规划，研究制定出规划超前、可操作性强的实施方案，开展集学教型、礼仪型、娱乐型于一体的各项活动。

农村文化礼堂工作的开展事关群众切身利益，坚持资源整合，以村两委为主导、全村共同参与，充分整合春泥计划、农家书屋、农村党员电教中心等资源。建立健全工作队伍。发挥村青年志愿者、工作辅导员、农村文化能人等，配合开展工作。成立领导小组，明确责任，使工作开展有序。

2014 年 10 月 27 日

后　记

　　本书是浙江省第二期文化研究工程重大项目《中国村庄发展的浙江样本研究》的子课题，浙江省第二期第三批重点课题《衢州市江山市清漾村发展研究》的最终成果。

　　早在 20 世纪 80 年代，自己就开始涉足乡村领域的研究，特别是 20 世纪 90 年代以后，对中国乡村社会变迁与乡村治理的研究具有特殊的学术志趣，并始终坚持运用田野调查的方法，至今已经持续坚持了几十年，也取得了一些成果。本书可以说是我主持的又一项经验研究成果。

　　在本课题立项之前，就与《中国村庄发展的浙江样本研究》重大项目的总负责人和设计成员进行了多次交流，并赴江山市清漾村做了初步调查，最终确定与浙江省社会科学院合作，开展本课题研究。鉴于课题研究任务重、时间紧，课题立项后，迅即组建了一个由杭州师范大学、宁波财经学院、金华职业技术学院、台州科技职业学院、中共江山市委党校、中共宁波市委党校、中共诸暨市委党校等高校和党校师生构成的课题组。先后三次赴江山清漾村开展实地调查，获取了大量的一手材料，并据此分析得出研究结论。在研究过程中，课题组还先后召集了两次全体成员和相关专家参加的研讨会，交流研究情况、讨论研究观点。最后，课题组成员分工撰写完成本成果。

　　本书是集体合作劳动的产物。先由课题负责人卢福营提出基本框架和写作要求，再分工完成初稿，最后由卢福营对全书进行了修改、加工和统稿工作。本书编写的具体分工如下：

　　导　论　卢福营

　　史地篇　张小玲　张　阳

　　经济篇　曾智洪、丁沙沙、王子豪

　　治理篇　何　花、熊　兢、卢福营

文化篇　朱　瑾、占建青

生态篇　郑高花、安亚琴

专题篇　卢福营、鲁晨阳

访谈篇　王子豪

文献篇　鲁晨阳

课题调研过程中得到了浙江省社会科学院副院长、《中国村庄发展的浙江样本研究》重大项目总负责人陈野的指导和支持，浙江省社会科学院、杭州师范大学公共管理学院、杭州师范大学后陈经验与地方治理研究院、江山市人民政府、中共江山市委党校、江山市石门镇政府、清漾村干部和群众都给予了极大支持，苏梦博、叶君红、韩丹华、肖羽翊等研究生参加了部分课题调研工作，在此一并表示诚挚的感谢！由于需要感谢的人员太多，原谅不能一一列举。

卢福营于钱塘江畔

2020 年 8 月 8 日

　　"中国村庄发展：浙江样本研究"项目研究和书稿撰写，由浙江省社会科学院组织院内外相关科研人员集体承担。此刻，面对11部厚重书稿，回顾项目组寒来暑往五春秋的研究历程，前期酝酿筹措的漫长经过、奔波于乡村大地深入调研的艰辛历程、埋首于电脑键盘奋笔疾书的种种身影，均历历在目。感怀系之，作此以记。

　　本项目于2016年初由浙江省社会科学院副院长、研究员陈野倡议谋划，旨在整合全院从事乡村研究的科研力量，加强顶层设计，开展重大项目研究，为本院凝练一个可持续的科研方向和学术品牌。经与院乡村研究中心主任、研究员闻海燕反复磋商，咨询省市农办，赴村实地调研等前期摸底筹备，于2016年正式动议有关村庄发展研究的事宜。

　　2017年2月6日，时任浙江省省长车俊在《历史大变局下的农村新集体经济文化建设调研与思考》调研报告上做批示予以肯定。2017年2月13日，时任省委常委、宣传部部长葛慧君批示要求"在本省多选一些村庄做深入研究，形成一批实践样本。如需要，省社科院一起参与"。2017年2月16日，省委宣传部常务副部长来颖杰批示："请社科院再做深入调查，进行样本总结。"省委省政府和省委宣传部的指示和要求，使我们更加明确和坚定了开展村庄发展研究的思路，加快了项目筹划的进度。

　　2017年6月，村庄发展研究项目被立项为浙江省社科院重大专项课题。2017年9月，被立项为浙江省第二期文化研究工程重大项目，陈野研究员为项目负责人，浙江省农办原副主任、著名乡村研究专家顾益康先生和闻海燕研究员为首席专家。期间，根据实地调研情况、省市县农办意见、省规划办和评审专家建议，项目研究方案经过十数次的调整修改，最终确立为在全省11个设区市中各选一个村作为研究个案，撰写11部专著，形成"中国村庄发展：浙江样本研究"丛书。

　　研究与撰写过程中，项目组发挥前期学术积淀深厚、科研人员学科背景多样、组织协调机制高效灵活、项目组成员高度团结等优势，深入乡村和各级农办、档案局、史志办、文旅局等政府部门实地调研，广泛收集谱牒档案、镇村史志、契约账册等文献资料，驻村开展上千人次的口述访谈。项目组全体成员冲寒冒暑，以认真负责、刻苦钻研、严谨踏实、精益求精的研究态度和工作精神，为课题研究尽心竭虑，无私奉献，并在研究中形成了精诚团结、友好合作、交流研讨、互帮互助的优良团队氛围。各子课题负责人认真组织、悉心筹划、精心统筹、务实开展课题研究，带领各自课题组成员通力合作，为如期完成研究和撰稿任务起到关键作用。各子课题的具体科研工作情况，可参见各部专著的后记，此处不做一一赘述。

项目负责人陈野研究员对项目高度负责、执着认真，全力投入、全程负责项目的启动、开展和推进，承担了策划项目，确立研究思路、主题、体例、理论分析框架和研究内容，设计篇目大纲等全局工作；定期组织召开内部讨论会，研讨篇目框架、研究内容、行文规范；数次邀请专家进行指导评审；多次率队赴省市县相关政府部门座谈请教，倾听学习来自乡村建设实践的真知灼见；先后深入数十村庄开展实地调研访谈；根据自查结果和专家审稿意见与每一位子课题负责人商议修改计划，对11部书稿作三次全面统稿，并做多种局部调整。

项目首席专家顾益康先生自始至终关注关心本项目研究，在百忙之中数次参加项目组研讨活动，对研究方案提出具体思路建议，认真评审数部子课题书稿，指导子课题负责人开展研究，特别是以其丰富的乡村工作经验、深厚的学术研究造诣和对本项目的深入了解，为丛书撰写了站位高远、剖析深入、具有提纲挈领作用的丛书绪论。

首席专家闻海燕研究员在项目对接农办系统、联系专家学者、选择村庄个案等方面发挥重要作用，以长期从事农村经济研究的学术积淀帮助相关子课题开展研究。在项目开展的全过程中认真、积极、负责地协助项目负责人陈野研究员开展实地调研、组内研讨、稿件审读等相关工作。尤其力挑重担，担任"绿水青山就是金山银山"科学理论发源地，在我国新时代生态文明建设中具有重大价值、重要影响力的余村发展研究子课题负责人，带领余村课题组取得丰富研究成果。

　　浙江省社会科学院科研部王玮老师承担了项目组内勤外联、会议记录、通知纪要、送审打印等具体编务工作，以其认真负责、细心周到、任劳任怨、不计报酬的工作态度和精神，为项目完成起到不可或缺的保障作用。

　　借此丛书书稿完成撰写、即将交付出版之际，我们衷心感谢中共浙江省委宣传部、浙江省社科联、省规划办和来颖杰、盛世豪、郭华巍、邵清、陈先春、刘东、董希望等领导对本项目研究的信任肯定及在研究过程中的悉心关怀！衷心感谢夏阿国、邵峰、杨建武、郭占恒、王景新、毛丹、赵兴泉、梁敬明、郭红东、胡豹、任强等专家学者对书稿质量的严格审阅把关和学术指教！衷心感谢张伟斌、迟全华、俞世裕、何显明、胡海良、潘捷军、毛跃、陈柳裕等院领导对本项目研究的重视、关心和指导！衷心感谢北山村、花园村、龙峰村、缪家村、蚂蚁岛村、清漾村、上园村、邵家丘村、沙滩村、棠棣村、余村村两委会和全体村民的热情参与、积极配合和无私奉献！衷心感谢相关省市县农办、宣传、文旅、社科、文化、旅游等众多政府部门对本课题研究和实地调研的大力支持和鼎力相助！衷心感谢浙江大学出版社和责编老师专业、细致、负责的编辑出版工作！

　　由于我们水平所限，书中错漏不足之处在所难免，恳望各位领导、专家、学者，各位读者予以批评指教！

2020 年 11 月 26 日